Lehrplanentwicklung im Fach Evangelische Religion
in Schleswig-Holstein

Ausgesondert
Bibliothek der
Pädagogischen Hochschule
Freiburg

Beiträge zur *Erziehungswissenschaft* **und** *biblischen Bildung*

Herausgegeben von Hans-Theo Wrege

Band 2

PETER LANG
Frankfurt am Main · Berlin · Bern · New York · Paris · Wien

Gudrun Philipp

Lehrplanentwicklung im Fach Evangelische Religion in Schleswig-Holstein

PETER LANG
Europäischer Verlag der Wissenschaften

Die Deutsche Bibliothek - CIP-Einheitsaufnahme

Philipp, Gudrun:
Lehrplanentwicklung im Fach Evangelische Religion in
Schleswig-Holstein / Gudrun Philipp. - Frankfurt am Main ;
Berlin ; Bern ; New York ; Paris ; Wien : Lang, 1997
  (Beiträge zur Erziehungswissenschaft und biblischen
  Bildung ; Bd. 2)
  Zugl.: Kiel, Univ., Diss., 1996
  ISBN 3-631-30922-8

NE: GT

D 8
ISSN 1430-063X
ISBN 3-631-30922-8
© Peter Lang GmbH
Europäischer Verlag der Wissenschaften
Frankfurt am Main 1997
Alle Rechte vorbehalten.

Das Werk einschließlich aller seiner Teile ist urheberrechtlich
geschützt. Jede Verwertung außerhalb der engen Grenzen des
Urheberrechtsgesetzes ist ohne Zustimmung des Verlages
unzulässig und strafbar. Das gilt insbesondere für
Vervielfältigungen, Übersetzungen, Mikroverfilmungen und die
Einspeicherung und Verarbeitung in elektronischen Systemen.

Printed in Germany 1 2 3 4 5   7

Für meine Familie
und die Professoren Dr. Hayo Gerdes und Dr. Walter Bodenstein,
die mich während meiner Studienzeit begleitet haben.

Danksagung

Mein besonderer Dank gilt meinem Doktorvater Prof. Dr. Hans-Theo Wrege und Herrn Prof. Dr. Dr. Klaus Kürzdörfer, ohne die diese Arbeit nicht geschrieben worden wäre.
Danken möchte ich vielen Freunden und Helfern für Unterstützung und Anregung und den Mitarbeiterinnen und Mitarbeitern der Bibliotheken der PH-Kiel, der Theologischen Fakultät und der CAU.
Mit Rat und tätiger Hilfe haben mir zur Seite gestanden:
Erika und Anil Chugh und Roland von Oettingen.

Inhaltsverzeichnis

Einleitung 7

Kurze Übersicht über die Kirchen-, Schulordnungen, Richtlinien
und Lehrpläne, die im folgenden bearbeitet werden 9

1.	Die Lehrplanentwicklung in Schleswig-Holstein	11
1.1	Die griechische Lehrplanentwicklung	11
1.2	Die Septem Artes Liberales	22
1.3	Die Kloster- und Domschulen	26
1.4.1	Das vorreformatorische Schulwesen in Schleswig-Holstein	30
1.4.2	Die Lateinschulen	31
1.5	Der Einfluß der Reformation auf das Bildungswesen in Schleswig-Holstein	34
1.6	Der Entwurf einer Schulordnung von Stephan Klotz	41
1.7	Die Entwicklung der Schulordnung im 18. Jh. in Schleswig-Holstein	43
1.8	J.G.C. Adler und seine allgemeine Schulordnung für die Herzogtümer Schleswig und Holstein von 1814	47
2.	Die Lehrplanentwicklung in Schleswig-Holstein unter Preußen	63
2.1	Die Stiehlschen Regulative von 1868	63
2.2	Die Allgemeinen Bestimmungen über Einrichtung, Aufgabe und Ziel der preußischen Volksschule von 1872	73
2.2.1	Die Allgemeinen Bestimmungen in Schleswig-Holstein aus der Sicht Theodor Kaftans	78
2.3	Die Lehrplanentwicklung nach den Allgemeinen Bestimmungen	83
2.4	Die Lehrplanentwicklung unter den Nationalsozialisten	92
2.5.	Die Barmer Theologische Erklärung von 1934 und ihre Auswirkungen auf die Schule	104

2.6	Zusammenkunft der Kirchenführer in Treysa August 1945 und ihre Auswirkungen auf die Schulpolitik der evangelischen Kirche	110
2.7	Die Auswirkungen von Treysa und Barmen auf die Lehrpläne	115
2.8	Die Unterstufe der Volksschule und spätere Grundschule	119
2.9	Die Volksschuloberstufe/Hauptschule	142
2.10	Die bleibende Bedeutung der Evangelischen Unterweisung für die Lehrpläne	154
3.	**Die Evangelische Unterweisung in Schleswig-Holstein**	157
3.1	Die Entstehung der Evangelischen Unterweisung	157
3.2	Methodik der Evangelischen Unterweisung	161
3.2.1	Theodor Heckel	161
3.2.2	Martin Rang	163
3.2.3	Oskar Hammelsbeck	164
3.2.4	Helmuth Kittel	167
3.2.5	Gerhard Bohne	168

Schlußbemerkung　　　　　　　　　　　　　　　177

Abkürzungsverzeichnis　　　　　　　　　　　　　191

Literaturverzeichnis　　　　　　　　　　　　　　193

Einleitung

Die Lehrplanentwicklung des Faches Religion in Schleswig-Holstein kann nicht ohne die griechische Lehrplanentwicklung[1] gesehen werden, wie die nachfolgende Arbeit zeigt.

Durch die Verbindung mit dem Christentum blieben Fragmente dieser griechischen Lehrplanentwicklung erhalten, und es wurden heidnisch-religiöse Inhalte gegen christlich-religiöse ausgetauscht.

Die Klöster übernahmen die lateinisch-hellenistische Kultur und übten die Funktion von Bildungsanstalten aus, wenn auch überwiegend zur Schulung ihres Nachwuchses.

Den nächsten großen Einbruch im Erziehungswesen brachte die Reformation, die auch in Schleswig-Holstein - besonders durch Bugenhagen - Auswirkung auf die Bildung der Bevölkerung zeigte.

Die wechselvolle politische Geschichte der beiden Herzogtümer verhinderte die Durchsetzung der fortschrittlichen Schulordnung des Stephan Klotz.

Erst J.G.C. Adler gelang mit seiner *Allgemeinen Schulordnung* eine Reform der Schul- und Lehrpläne, die ein Miteinander von Staat und Kirche zum Wohl der Bevölkerung ermöglichte.

Die im Jahre 1866 vollzogene Anbindung an Preußen und die damit verbundene Gültigkeit der *Stiehlschen Regulative* bedeutete in der Bildungspolitik eine Veränderung des bestehenden Gleichgewichts von Staat und Kirche in Schleswig-Holstein. Der Religionsunterricht, den J.G.C. Adler als aufgeklärter Rationalist und Mann der Kirche in seinen *Allgemeinen Bestimmungen* initiert hatte, wurde in den *Stiehlschen Regulativen* nicht fortgeführt.

In meiner Arbeit wird lediglich der Religionsunterricht in der Volksschule bzw. Grund- und Hauptschule untersucht. Die anderen Schultypen mit ihrer Sonderentwicklung sind hier nicht berücksichtigt.

In der kurzen Zeitspanne der Weimarer Republik wurde das Verhältnis Staat - Kirche neu gefaßt. Der Einfluß der Kirchen beschränkte sich jetzt in der Schule auf die Kontrolle der Lehrpläne im Fach Religion und die Mitarbeit bei der Ausbildung der Religionslehrer.

Damit entfernte sich die Kirche immer weiter von ihrer Vormachtstellung im Bildungswesen, die sie im Mittelalter durchaus besessen hatte.

---

1   Der Begriff *Lehrplan* wird hier nicht in neuzeitlich - institutioneller Weise gebraucht. Ich beziehe mich auf die Formulierung J. Dolchs, entnommen aus seinem Buch: Lehrplan des Abendlandes, Ratingen 1959, S.38.

Unter der Herrschaft der Nationalsozialisten wurden diese Lehrpläne im Fach Religion als unnötig empfunden, und man überließ es den Schulen, Lehrpläne für dieses Fach zu erstellen. Wo dies geschah, zeigte sich meist ein unheilvoller Einfluß des nationalsozialistischen Gedankengutes.

Nach dem Zweiten Weltkrieg bestimmten die Siegermächte zunächst die Bildungspolitik in den einzelnen Zonen nach ihren Vorstellungen. Die Kirche war im Westen willkommene Mitarbeiterin aufgrund der *Barmer Theologischen Erklärung*.

Die nachfolgende Lehrplanentwicklung im Fach Religion zeigte eine ständige Veränderung des Verständnisses von Religionsunterricht.

Dieser Vorgang ist noch nicht abgeschlossen. Im Augenblick befinden wir uns in einer Phase der Verschmelzung von Gedanken der *Evangelischen Unterweisung* und des *problemorientierten Religionsunterrichtes*.

Die Beschaffung des Materials - besonders für das Herzogtum Schleswig - erwies sich als sehr schwierig, da die meisten Akten im Jahre 1944 beim Brand des katechetischen Amtes in Kiel vernichtet wurden. Aus diesem Grund mußte oft auf Sekundärliteratur zurückgegriffen werden.

Weitere Schwierigkeiten liegen in der komplizierten Begriffsbestimmung von *Lehrplan* und in den einzelnen Schularten. Hier war besonders sorgfältiges Arbeiten notwendig, um einzelne Schularten und Lehrpläne vergleichen zu können.

Schwierigkeiten bereitete auch die wechselvolle Geschichte der Herzogtümer Schleswig und Holstein, die zeitweilig unter verschiedener Herrschaft standen und deshalb auch in der Schulpolitik nicht immer gleiche Wege gingen.

Kurze Übersicht über die Kirchen-, Schulordnungen, Richtlinien und Lehrpläne, die im folgenden bearbeitet werden

1. Bugenhagensche Kirchenordnung von 1542 (Schulordnung enthalten) gültig für Schleswig und Holstein
2. Volksschulordnung des Christian III. von 1544
3. Herzog Carl Friedrichs Gottorpsche Schulordnung von 1733 und 1734 (Herzog Carl Friedrich verfügte nur über den holsteinischen Anteil)
4. Königlich-Holsteinische Schulordnung 1747
5. Allgemeine Schulordnung für die Herzogtümer Schleswig und Holstein 1814

Lehrplanentwicklung unter Preußen

6. Stiehlsche Regulative 1868
7. Allgemeine Bestimmungen über Einrichtung, Aufgabe und Ziel der preußischen Volksschulen (Volks- und Mittelschullehrplan bis 1921/22 gültig)
8. Richtlinien zur Aufstellung von Lehrplänen für die Grundschule 1921

Lehrplanentwicklung unter den Nationalsozialisten

9. Lehrplan für den deutschen Religionsunterricht (Schleswig-Holstein)

Lehrplanentwicklung nach dem 2. Weltkrieg

10. Lehrplan für die Grundschule Schleswig-Holsteins 1946
11. Richtlinien für die Lehrpläne der sechsjährigen Grundschulen 1949
12. Richtlinien für die Lehrpläne der Oberstufe (7. bis 9. Schuljahr) der Volksschule Schleswig-Holsteins
13. Richtlinien für die Lehrpläne der Grundschule Schleswig-Holsteins 1952
14. Richtlinien für die Lehrpläne des 5. - 9. Schuljahres der Volksschule des Landes Schleswig-Holstein 1954
15. Richtlinien für die Lehrpläne der Grundschulen Schleswig-Holsteins 1961
16. Richtlinien für die Lehrpläne der Hauptschulen des Landes Schleswig-Holstein 1966
17. Lehrplan in Schleswig-Holstein 1975
18. Lehrplan für die Grundschule und Vorklasse in Schleswig-Holstein 1978
19. Lehrplan Hauptschule in Schleswig-Holstein 1982

1. Die Lehrplanentwicklung in Schleswig-Holstein

1.1 Die griechische Lehrplanentwicklung

Vorstufen des geplanten Lehrens kennen schon die Griechen der Antike. Maßgeblich für die Erziehung ist die ἀρετή, die griechische Bezeichnung für Tugend, Tapferkeit, Tüchtigkeit, ja überhaupt für jede gute sittliche Eigenschaft des Menschen. Bauernfeind gibt für ἀρετή außerhalb des Neuen Testamentes folgende Übersetzungsmöglichkeiten: Vorzüglichkeit, Mannhaftigkeit, Verdienst, Tugend, Selbstbekundung und Ruhm. Die Entscheidung für die jeweils richtige Bedeutung ist auch heute noch schwierig und nur aus dem Kontext möglich.[2] In der Welt der Hellenen ist die ἀρετή ein Geschenk der Götter, zu dessen Vollkommenheit aber eigene Anstrengung notwendig ist.[3]

Höchstes Ziel der Griechen ist die Erreichung der ἀρετή. Dabei hat sich die Bedeutung des Begriffes im Laufe der Zeit gewandelt. Bei Homer ist die ἀρετή das, was aus einem tapferen Krieger einen Helden macht.[4]

Der Lyriker Tyrtaios faßt den Begriff weiter. Zu der eigenen Tapferkeit muß der Nutzen für die Gemeinschaft kommen, ohne den die ἀρετή keine ἀρετή ist.[5]

Platon verbindet die ἀρετή mit der παιδεραστία. H.-J. Marrou schreibt dazu: "Die leidenschaftliche Beziehung, die Liebe, löst einen Wunsch nach höherer Vollkommenheit aus, nach einem idealen Wert, nach der ἀρετή. Vom erzieherischen Gesichtspunkt aus ist die Liebesbindung augenscheinlich vor allem für den jüngeren Partner, den jugendlichen Eromenos, von Belang."[6] Durch die Beziehung eines Älteren zu einem Jüngeren kann die höhere Vollkommenheit, der ideale Wert, die ἀρετή, erreicht werden.

---

2   Bauernfeind, Otto, Art. 'ἀρετή' in: G.Kittel (Hrsg), ThWNT, Bd.1, Stuttgart 1933, S. 457 ff.

3   J. Dolch, Lehrplan des Abendlandes, Ratingen 1959, S. 15.

4   H.-I. Marrou, Geschichte der Erziehung im klassischen Altertum, Richard Harder (Hrsg), Freiburg 1957, S. 28.

5   ebenda, S. 34.

6   ebenda, S. 52.

Die Sophisten versuchen, ihre Schüler zu einer politischen ἀρετή zu erziehen, damit sie für ein Staatsamt gerüstet sind.[7]
Sokrates wählt den Weg der Suche nach der Wahrheit, um seine Schüler zur geistigen Vollkommenheit, zur ἀρετή, zu führen. "Das menschliche Ziel der Erziehung erfüllt sich in der Unterordnung unter die Forderung des Absoluten."[8]
Aus diesem kurzen Abriß wird die Vielschichtigkeit des Begriffes ἀρετή deutlich. Für die Griechen ist sie das Ziel der Erziehung.
Im 7. und 6. Jh. v. Chr. tritt neben die ἀρετή die παιδεία (Zucht, Erziehung). Marrou definiert den Begriff folgendermaßen: "παιδεία erlangt damit die Bedeutung von Bildung, nicht im tätigen vorbereitenden Sinn von Erziehung, sondern sie wird im vollendeten Sinne verstanden, den das Wort heute bei uns besitzt; dem Zustand eines voll entwickelten Geistes, der alle seine Möglichkeiten entfaltet hat, dem des Menschen, der wahrhaft Mensch geworden ist."[9] (s. unten, 1.1).
Sie umfaßt im attischen Bereich Gymnastik - bestehend aus Weitsprung, Wettlauf, Speerwurf, Diskuswurf und Ringen - und Musik, die die folgenden Teildisziplinen beinhaltet: Lesen, Schreiben und Vortrag der Dichtungen im Chor oder zum Saiteninstrument.[10]
Im 5. Jh. v. Chr. erweitert sich das Erziehungsprogramm unter dem Einfluß der Sophisten "um die philologischen und realistischen Fächergruppen".[11] Alle Fächer werden auf der Grundlage der griechischen Muttersprache unterrichtet.
Platon (427-347) entwickelt als erster eine bewußte Lehrplantheorie. Er faßt die einzelnen Lehrstoffe zu einer Gesamtheit - einem Lehrplan - zusammen. In seinen 'νόμοι' fordert er einen "Schul- und Bildungszwang für alle künftigen freien Bürger und Bürgerinnen."[12]

---

7   ebenda, S. 77.

8   ebenda, S. 92.

9   H.-I. Marrou, Geschichte der Erziehung im klassischen Altertum, S. 146.

10 J. Dolch, Lehrplan des Abendlandes, S. 18, die Inhalte des Erziehungsprogrammes sind auf der Schale des Duris dargestellt.

11 ebenda, S. 24.

12 ebenda, S. 35, Platon spricht sich für die Bildung der Bürgerinnen und Bürger aus. Dieses war in Athen nicht selbstverständlich. K.D.F. Kitto nimmt in seinem Buch: Die Griechen, Stuttgart 1957, eine getrennte Ausbildung an. Er weist auf eine Unterrichtung der Mädchen bei der Mutter als Hausfrau hin. (S.186f).

Hier ist der Zeitpunkt für einen kurzen Exkurs über die Lehrplanproblematik:

Dolch faßt den Begriff Lehrplan als "Auswahl und Anordnung von Lehrgütern für einen bestimmten, meist etwas umfassenderen Lehrzweck." In der Gegenwart führt Erich Weniger folgendes aus: Lehrplan ist eine Kodifikation des Lehrgefüges wobei unter Lehrgefüge der strukturierte Zusammenhang des unterrichtlichen Geschehens zu sehen ist. D. Knab definiert den Begriff kurz als "Richtlinien für den Unterricht."[13] G. Adam bedenkt die neuere Entwicklung. Er weist darauf hin, daß bis 1920 einheitliche Lehrpläne für die einzelnen Fächer galten. Dabei boten die Lehrpläne durch ihre unbedingte Verbindlichkeit dem einzelnen Lehrer relativ wenig Spielraum. Bei den nachfolgenden Richtlinien war der Lehrer - was die Inhalte betraf - freier. 1968 wandelten sich die Richtlinien in Rahmenrichtlinien, curriculare Lehrpläne und Curricula.[14]

Saul Robinsohns Schrift aus dem Jahre 1967: 'Bildungsreform als Revision des Curriculums' zeigte auch Auswirkungen auf den Religionsunterricht. Der damalige Leiter des Pädagogisch-Theologischen Instituts in Kassel, S. Vierzig, erarbeitete zunächst einen Lernzielkatalog, um daraus ein Curriculum entwickeln zu können. Sehr schnell offenbarten sich Schwierigkeiten. Zum einen ließen sich nicht alle Lernziele des Religionsunterrichts operationalisieren, zum anderen zeigte sich ein so enger Zusammenhang zwischen Lernzielen und Inhalten, daß keines ohne das andere formuliert werden konnte. So wurden Vierzigs Ideen nicht realisiert. Entscheidend kam die starke Einengung des Lehrers durch ein vorgegebenes Curriculum hinzu. Mit der Einführung der Rahmenrichtlinien hatte man dem einzelnen Lehrer gerade mehr Freiheit in der Gestaltung seines Unterrichts gegeben. Diese Freiheit wurde nur ungern wieder aufgegeben.

Dennoch sind in der heutigen Pädagogik noch Elemente der Curriculumtheorie vorhanden, wie z.B. die Unterteilung der Lernziele in Richt-, Grob- und Feinlernziele und die Unterscheidung kognitiver, affektiver und psycho-motorischer Bereiche.[15]

---

13 Erich Weniger, Didaktik als Bildungslehre, Teil 1: Theorie der Bildungsinhalte und des Lehrplans[5], Weinheim 1963, S. 21ff.
D. Knab, Lehrer und Lehrplan, in: Geschichte in Wissenschaft und Unterricht, 20 (1969), S. 791ff.

14 G. Adam/R. Lachmann (Hrsg.), Religionspädagogisches Kompendium - Ein Leitfaden für Lehramtsstudenten[3], Göttingen 1990, S. 122.

15 ebenda, S. 126f.
Rune Larsson, Religion zwischen Kirche und Schule, Malmö 1980, S. 73 ff.

In Bayern wurde mit der Einführung des 'Curricularen Lehrplans' versucht, die jeweils positiven Elemente der beiden Ansätze miteinander zu verbinden, ohne die negativen übernehmen zu müssen.[16]
Die Verfasserin beschränkt sich in ihrer Arbeit auf die Definition J. Dolchs (s. oben, 1.1), weil nur der geschichtliche Entstehungsprozeß des Lehrplans dargestellt wird.[17]
Stefan Hopmann beschreibt die Schwierigkeiten einer klaren Definition folgendermaßen: "Nun fußt die gemeinsame Verwendung eines Begriffes nicht notwendig auf gleichen Leitideen. Die Rede vom Lehrplan konnte eine Stundentafel, aber auch eine detaillierte Unterrichtsbeschreibung meinen. Weder umgangs-, noch verwaltungs- oder fachsprachlich wurde klar zwischen schulisch, regional oder zentral verfügbaren Lehrplänen unterschieden. Wenigstens bis zum Ende des 19. Jahrhunderts gab es keinen einheitlichen Sprachgebrauch."[18]

---

16   K. Westphalen, Praxisnahe Curriculumentwicklung[6], Donauwörth 1973, S 12 ff.

17   Leo Roth (Hrsg.), Handlexikon zur Erziehungswissenschaft, München 1976. S. 330.

18   S. Hopmann, Lehrplanarbeit als Verwaltungshandeln, Kiel 1988, S. 28.

Josef Dolch stellt in seinem Buch *Lehrplan des Abendlandes*, auf S. 38 einen platonischen Lehrplan der νόμοι vor:

Praktisch - theoretische Ausbildung (für die nächtliche Versammlung)		
20. - 21.	Ephebie (geistige, sportliche und militärische Ausbildung durch den Staat)	
18. -19.	Höhere Arithm., Geom. und Astronomie	
4. Stufe 16. - 17. Lebensjahr	Elementare Arithmetik, Geometrie, Astronomie, unentbehrliche Kenntnisse für Krieg, Haus- und Staatsverwaltung	Jagd zu Lande und zu Wasser als Kriegsvorübung
3. Stufe 13. - 15. Lebensjahr	Leierspiel, Fortsetzung des literarischen Unterrichts, Beteiligung am Chor	Marschieren, Lagerschlagen, Bewegung in Rüstung
2. Stufe 10. - 12. Lebensjahr	Lesen und Schreiben, Poesie und Prosa, grammatischer Unterricht	Fortsetzung Schwimmen, Tanz und Ringen
1. Stufe 7. - 9. Lebensjahr	Gesang und Spiel, gelegentliche Abzählübungen	Reiten, Bogenschießen, Speerwerfen, Schleuderschießen
3. - 6. Lebensjahr	Kindergarten im ländlichen Bezirk[19]	
Familiäre Entwicklung und Pflege der Gesundheit und des Gemüts vor allem durch Bewegung und heiteren Gleichmut		

---

19 Platon will, daß die drei- bis sechsjährigen Kinder beiderlei Geschlechts sich täglich am Tempel einfinden. Dort werden sie von Wärterinnen beaufsichtigt und zum altersgemäßen Spiel angeregt. Dolch benutzt dafür den Begriff *Kindergarten*. Ernesto Grassi (Hrsg.), Platon 'Nomoi', Hamburg 1959, S. 164 (Stephanusedition 794 ac).

Bereits bei Platon wird also der Wechsel zwischen körperlicher und geistiger Tätigkeit nicht aufgegeben. Das Fach Religion fehlt in diesem Lehrplan, weil die religiöse Erziehung durch die mathematisch-astronomischen Fächer gewährleistet wird, die grundsätzlich auf metaphysischer - und damit religiöser Grundlage stehen. Der Begriff der *religiösen Erziehung* erweist sich als vieldeutig. Platon sieht die Einheit von Kunst, Wissenschaft und Religion. Dichtkunst soll zeigen, daß der Gerechte seinen Lohn ernten wird, in diesem Leben oder in dem künftigen. Musik soll die Seele bilden, damit im gemeinsamen Chorgesang und Kultreigen die religiöse Gemeinschaft erlebt werden kann.
Durch die Wissenschaft wird die "Sinnbestimmtheit alles Lebens und Tuns vom ersten Anfang an, umgekehrt die Rückbeziehung auch der höchsten Erkenntnis auf das *Natürliche*, die Physis, ermöglicht."[20] Die religiöse Erziehung findet folglich in allen Fächern statt. Sie ist für die Gemeinschaft und den einzelnen notwendig zur Sinnfindung des Lebens.
Es wird im folgenden zu untersuchen sein, ob sich die Stellung der Religion und damit die religiöse Erziehung im Christentum verändert hat. In diesem Zusammenhang wird auch die Reformation und ihr Verständnis der religiösen Erziehung für die Lehrplanentwicklung von Bedeutung sein.
Aristoteles (384-322), der Schüler Platons, bietet den folgenden Fächerkanon: "Grammatik (Lesen und Schreiben), Gymnastik (Leibesübung), Musik und vielleicht noch Zeichnen."[21] Über die fehlende Mathematik sind nur Vermutungen anzustellen. Dolch führt aus, daß Aristoteles wahrscheinlich die älteren Schüler in der Mathematik unterweisen wollte und entweder über dieses Gebiet nicht mehr geschrieben hat oder die Schriften für uns verloren gegangen sind.[22]
Die ἐνκύκλιοσ παιδεία (gewöhnliche/alltägliche Bildung) konkretisiert sich in einem entsprechenden Lehrplan, mit dessen Hilfe die Griechen auch in der Fremde und unter Fremdherrschaft ihre Nationalität bewahren konnten, da nur (freie) Griechen am Gymnasium zugelassen waren.[23]

---

20 siehe J. Stenzel, Platon der Erzieher, Leipzig 1928, S. 14

21 J. Dolch, Lehrplan des Abendlandes, S. 41.

22 ebenda, S. 43, O. Willmann schreibt dazu: "einen hohen Rang in Rücksicht der Exaktheit ihres Verfahrens und darum der Förderung des spekulativen Sinnes schreibt Aristoteles der Mathematik zu." In: O. Willmann, Aristoteles, Berlin 1909, S.184.

23 Interessant ist in diesem Zusammenhang die Auffassung Wilh. von Humboldts über den Zusammenhang zwischen Sprache und Nationalität. In der Einleitung zum Kawi-Werk schreibt er: "Geisteseigentümlichkeit und die Sprachgestaltung eines Volkes stehen in

Wollte ein Grieche seinen Sohn auf ein Gymnasium schicken, mußte er nachweisen, daß er selbst Schüler eines Gymnasiums gewesen war und der Sohn legitim von einer freien Mutter geboren worden war.[24]

"Die ἐνκύκλιοσ παιδεία zählt die Fächer in ihrem Neben- und Nacheinander auf, sie benennt (mit Hilfe der Tradition, einiger weniger Lehrbücher und des Homer als Zentralbildungsstoff) die Einzelaufgaben, und sie nimmt in großen Zügen auch die altersmäßige Verteilung der Lehrfächer und Wissensstoffe vor."[25] Dadurch kann dieser Lehrplan so lange überleben - fast 2000 Jahre -. Sein Stoff läßt sich z. B. in die christliche Erziehungsvorstellung übertragen, sofern Homer durch die Bibel ersetzt wird.

Im 1. Clemensbrief, Kapitel 21, finden wir ein frühes Beispiel für christliche Erziehungsvorstellungen. Ich übersetze den griechischen Text wie folgt:

1. Seht, Geliebte, daß nicht seine vielen Wohltaten uns zum Urteil/Gericht werden, wenn wir nicht Bürger sind, die seiner würdig sind und wir (nicht) die bürgerlichen Pflichten auch wohlgefällig vor seinem Antlitz in Eintracht tun.
2. Denn es wird irgendwo gesagt: Der Geist des Herrn ist ein Licht, das die Schatzkammer des Innern (Bauches) aufsucht.
3. Wir sehen, wie nahe er ist und daß ihm keiner unserer Gedanken und Erwägungen, die wir haben, verborgen bleibt.
4. Es ist nur gerecht, daß wir nicht fahnenflüchtig werden vor seinem Willen.
5. Lieber wollen wir den Menschen Anstoß geben, die unvernünftig und unnütz sind und das Orakel befragen und sich brüsten mit Prahlerei ihrer Rede, als Gott.

---

solcher Innigkeit der Verschmelzung ineinander, daß, wenn die eine gegeben wäre, die andere müßte vollständig aus ihr abgeleitet werden können.", in Wilh. von Humboldt, Schriften zur Sprache, S. 32. Die Kawi-Sprache ist auf der Insel Java beheimatet und wird vom Adel und den Dichtern gesprochen. Sie ist dem malayischen Sprachkreis zuzuordnen. ebenda, S. 212. Durch das Festhalten an Homer können die Griechen ihre nationale Identität bewahren.

Das wird am Beispiel Alexandriens deutlich. Alexandrien war zu keinem Zeitpunkt nur von Griechen bewohnt. Griechen, Ägypter und andere lebten in dieser Stadt. Dennoch galt Alexandrien als Hochburg der griechischen Künste und Wissenschaften. Das religiöse Verhalten der Stadt wurde in der Hauptsache von den Griechen bestimmt. Caspar Detlef Gustav Müller, Art. 'Alexandrien I', TRE, Bd. II, S. 248 ff.

24 J. Dolch, Lehrplan des Abendlandes, S. 48.

25 ebenda, S. 56.

6. Vor dem Herren Jesus Christus, dessen Blut für uns gegeben wurde, wollen wir uns schämen, unseren Vorstehern gegenüber wollen wir Achtung haben, die Presbyter wollen wir ehren, die Jugendlichen wollen wir erziehen in der Furcht des Gottes, unsere Frauen wollen wir zum Guten (Tugend) verbessern.

7. Sie sollen die Liebenswürdigkeit des keuschen Charakters zeigen, sie sollen die frische Absicht ihrer Sanftheit beweisen, sie sollen die Schicklichkeit ihrer Zunge durch Schweigen kundtun, ihre Liebe nicht gemäß Gunst sondern allen, die in der Furcht des Herrn sind, zuteil werden lassen.

8. Unsere Kinder sollen an der Erziehung in Jesus Christus teilnehmen und darüber unterrichtet werden, was Demut vor Gott vermag, was heilige Liebe bei Gott bewirkt, wie die Furcht vor ihm schön und groß ist und alle rettet, die sich in ihr fromm aufhalten in reinen Gedanken.

9. Denn er ist ein Erforscher der Gedanken und Überlegungen. Dieser, dessen Atem in uns ist und dann, wann er will, ihn zurücknimmt.

Der 1. Clemensbrief wird schon im 5. Jh. vom Bibelcodex Alexandrinus (vgl. dazu Kurt Aland, Barbara Aland, Der Text des NT^2, Stuttgart 1989, S.118) bezeugt. Seine Abfassungszeit ist vermutlich das Ende der Regierungszeit Domitians (96 n. Chr.).

Der Verfasser des Briefes läßt sich nicht bestimmen. Adressatin ist die Gemeinde in Korinth, die sich gegen die Presbyter auflehnt und sie ihres Amtes enthoben hat (1,1). In dieser Situation will der 1.Clemensbrief Anleitung und Hilfe zur Bewältigung des Konfliktes sein.

Teile der Christenheit erwarten zur Zeit des Paulus das unmittelbare Ende der Welt (z.B. 1.Kor. 7, 29; Phil. 3, 12 ff. im jeweiligen Zusammenhang).[26] Aus diesem Grunde benötigen sie weder eine Erziehungshilfe noch eine Anleitung zur Mission. Der 1. Clemensbrief enthält beides und steht damit - im weiteren Sinne - in der Tradition des Paulus. Auch bei Paulus finden wir sogenannte Haustafeln oder Tugend- und Lasterkataloge. Diese Aufzählung positiver und negativer Verhaltensweisen ist nicht genuin christlich, sondern hat ihren Ursprung im Griechentum.[27]

---

26 Aus der umfangreichen Literatur zur strittigen Frage der Beziehung von Ethik und Eschatologie in frühjüdischen Texten seien Christoph Münchow, Ethik und Eschatologie Ein Beitrag zum Verständnis der frühjüdischen Apokalyptik, Göttingen 1981, S. 112 ff und Jürgen Becker, Die Testamente der zwölf Patriarchen in: Werner Georg Kümmel (Hrsg.), Jüdische Schriften aus hellenistisch-römischer Zeit, Bd. III, Gütersloh 1974, z.B. S.17ff genannt. Münchow weist nach, daß Ethik und Eschatologie in frühjüdischen Texten aufeinander beziehbar sind.

27 Wolfgang Schrage, Zur Ethik der ntl. Haustafeln, New Testament Studies, Bd. 21, Cambridge 1975, S. 1ff.

Allerdings haben auch hier die Christen die Inhalte verändert. So steht in den christlichen Tugend- und Lasterkatalogen die Beziehung des Menschen zu Gott und nicht ein Persönlichkeitsideal im Vordergrund. Im Neuen Testament finden sich an folgenden Stellen christliche Tugend- und Lasterkataloge: Gal. 5,16-24; 2. Kor. 6, 6; Eph. 4, 2 f.; Kol. 3, 12 f.; 1. Tim. 4,12; 6,11; 2.Tim. 3,10; 1.Petr. 3,8; 2. Petr. 1 ff.[28]

Der 1. Clem. 20, Vers 6-8, beinhaltet ebenfalls eine Haus- oder Gemeindetafel, die sich mit der Erziehung befaßt. Im Unterschied zu Paulus wird jedoch ausschließlich positiv gesagt, wie der einzelne Christ sich verhalten soll. Der Begriff παιδεία, der sich schon im 6./7. Jh. bei den griechischen Lehrplänen findet (s. oben, 1.1), wird auch in dieser Gemeindetafel verwendet. Allerdings enthält er durch den Zusatz φόβυσ τοῦ θεοῦ eine monotheistisch-christliche Dimension. Es ist nämlich nicht irgendein Gott gemeint, sondern der Gott des Alten Testamentes und der Verkündigung Jesu. Interessant ist in diesem Zusammenhang, daß die Jugendlichen zur *Furcht vor Gott* erzogen werden. Ziel ist dabei offensichtlich nicht die Vollkommenheit des Menschen sondern seine Beziehung zu Gott (s. oben, 1.1). Der Begriff φόβυσ τοῦ θεοῦ hat für uns einen alttestamentlichen Bezug.

Er findet sich auch in der Septuaginta, der wichtigsten griechischen Übersetzung des Alten Testament (Sprüche 1, 7f; 15, 33).

Jesus zeigt uns in seinen Gleichnissen ein anderes Gottesbild als der 1. Clemensbrief[29]: z. B. im Gleichnis vom guten Hirten und im Gleichnis vom verlorenen Sohn. Clemens greift dieses Bild in seinem Brief nicht auf. Mit 'φόβυσ τοῦ θεοῦ' ist die wahre Gottesfurcht, das Wissen um die ständige Abhängigkeit vom Vater, von Gott, gemeint.[30]

Die Erziehung betrifft nicht nur die Jugendlichen, sondern auch die Frauen. Im Clemensbrief wird die Erziehung der Frauen allerdings - wie auch die der Jugendlichen - den Männern überantwortet. Die Frauen werden dabei nicht direkt

---

28 J. Becker/H. Conzelmann/G. Friedrich, Die Briefe an die Galater, Epheser, Philipper, Kolosser, Thessalonicher und Philemon, in: Das Neue Testament Deutsch, Teilband 6, Göttingen und Zürich 1985, S. 72f.

29 Die Kirche faßt die Gleichnisse Jesu nicht so auf wie Jesus sie verstanden wissen will. Für die Kirche haben die Gleichnisse normativen Charakter. Vgl. dazu: Joachim Jeremias, Die Gleichnisse Jesu[8], Göttingen 1970, S. 35 ff.

30 A. Lindemann, Die Clemensbriefe, Handbuch zum Neuen Testament 17, Die Apostolischen Väter I, Tübingen 1992, S. 11 ff.

angesprochen. Erziehung genießen also nicht nur die Kinder, sondern auch Frauen und Männer (vgl. 1. Clem. 21,8).[31]
Beide Gruppen sollen die gleichen Ziele erreichen: Demut vor Gott, heilige Liebe und Furcht vor Gott. Diese Ziele sind rein affektiver Art und auf das Verhältnis Gott - Mensch ausgerichtet.
Damit erhält der Begriff παιδεία eine christliche Dimension. Erziehung, um ein Gott wohlgefälliges Leben zu führen und nicht um ein gutes und nützliches Glied der Gesellschaft zu werden.[32]
Zusätzlich zur christlichen Dimension enthält der 1. Clemensbrief auch noch wichtige Elemente der Stoa im Unterschied zur Haustafel des Kolosserbriefes 3, 18-4,1.[33] Mit dem Begriff ἐπιεικέσ wird ein tragendes Element der stoischen Werteethik eingebaut. Es ermöglicht dem einzelnen, der gegenwärtigen Situation in Übereinstimmung mit der Natur gerecht zu werden. Mit der Hineinnahme stoischer Elemente ist der 1. Clemensbrief auch für gebildete Heiden interessant. Besonders Vers 8 enthält eine Aufzählung sittlicher Werte, denen auch Nichtchristen zustimmen können. Damit ist eine religionspädagogische Brücke für die Heidenmission gebaut, die für die Ausbreitung der Christenheit unerläßlich ist.
Ferner ist in 1. Clem. 22,1 mit διδάσκω ein weiterer pädagogischer Begriff enthalten, der in der griechischen Schule das Verhältnis vom Lehrer zum Schüler und umgekehrt kennzeichnete.
Das Christentum war zunächst in den Augen der römischen Oberschicht eine Religion der Ungebildeten und Armen. Sklaven, Freigelassene und Herren feierten die Gottesdienste gemeinsam, damit verstießen sie gegen die gültige gesellschaftliche Ordnung.[34]
Auch in der Bildung manifestierten sich die gesellschaftlichen Unterschiede. Die schulische Ausbildung wurde eigentlich nur von der Oberschicht wahrgenommen, da sie den anderen keinen Vorteil bei der Ausübung ihres Berufes bot. Dadurch

---

31 ebenda, S. 77 ff.

32 Das Frühchristentum war in der Gesellschaft zur Zeit des 1. Clemensbriefes noch nicht anerkannt. Damit stellte sich die Frage nach einer Erziehung für die Gesellschaft noch nicht.

33 A. Lindemann, Der Kolosserbrief, Zürcher Bibelkommentare NT 10, Zürich 1983, S. 64.

34 B. Aland, Christentum und römische Oberschicht. Zum Octavius des Minucius Felix, in Platonismus und Christentum, Festschrift für Heinrich Dörrie, Horst Dieter Blume und Friedhelm Mann (Hrsg.), Jahrbuch für Antike und Christentum, Ergänzungsband 10, Münster/ Westfalen 1983, S. 17.

wurde in der Oberschicht auch das religiöse Bewußtsein gestärkt, das durch die schulische Bildung vermittelt wurde und die gesellschaftliche Stellung mit garantierte.[35]

Die Verkündigung des gekreuzigten Christus schuf eine zusätzliche Distanz zu römischen Bildungsangeboten. Welcher gebildete Römer konnte einem Glauben angehören, dessen Gott den Verbrechertod am Kreuz gestorben war?

Diese innerrömischen Bildungsbarrieren galt es zu überwinden, wollte man auch die gebildete römische Oberschicht als Christen gewinnen. Minucius versucht in seiner Schrift *Octavius*, diese Hindernisse zu beseitigen. Damit wird deutlich, daß das Christentum sich der Bildungsbegriffe seiner Gegner bedient und sie für seine Zwecke modifiziert.[36] Minucius verzichtet auf eindeutige Bibelzitate und vermeidet alles, was zeigt, wie der Glaube neues Leben schafft, weil Neuschöpfung für den Angehörigen der römischen Oberschicht Statusverlust bedeutet. So trägt er der konservativen Haltung seiner Adressaten Rechnung. Er stellt Platon als einen Bekenner des Monotheismus dar, achtet aber nicht auf genaue Zitate, sondern wählt die betreffenden Stellen so aus, daß sie seine Argumente stützen.[37] Er vermittelt den Eindruck, daß die Christen vollkommen mit Platon übereinstimmen,[38] übergeht aber dabei die philosophische Kritik, da diese sein *Spiel* schnell durchschauen würde.

Als weiteren Kunstgriff läßt Minucius zuerst einen Heiden sprechen. Er bietet dem nichtchristlichen Leser dadurch eine Identifizierungsmöglichkeit an. Wenn er nun den Heiden in seiner Schrift überzeugt, sollte es auch dem Leser nicht allzu schwer fallen, sich überzeugen zu lassen.

Als ein weiteres Mittel der Argumentation bei Minucius ist das Zitieren Senecas zu sehen. Allerdings bleibt Minucius nicht dabei stehen. Als es um die Frage nach dem Leid im Leben eines guten Menschen geht, zeigt er, daß das Christentum über Seneca hinaus eine sinnreiche Deutung gibt.

---

35 ebenda, S. 14.

36 Marcus Minucius Felix lebte wahrscheinlich Anfang des 3. Jh.s als Sachwalter in Rom. Er stammte aus Nordafrika. Als Grundlage für seine Schrift *Octavius* wird ihm wohl Tertullians *Apologeticum* gedient haben. C. Becker, Art. 'Marcus Minucius', in: RGG³, Bd. IV, Tübingen 1960, Sp 962.

37 ebenda, S. 14

38 Minucius geht da an der strengen Schuldebatte vorbei. Er legt seine Argumente von vornherein so an, daß sie von einem breiten Publikum nachvollzogen und verstanden werden können.

Die christlichen Theologen knüpfen folglich an die platonischen Formen der Argumentation an, um die *gebildeten Laien* zum Christentum zu bekehren. Sie berücksichtigen dabei die Bildung und das religiöse Empfinden ihrer Gesprächspartner und nutzen beides bei ihrer Argumentation aus. Dabei werden die nichtchristlichen Bildungsinhalte *verchristlicht*.[39]
Cassiodorus gibt dafür ein Beispiel, wie im folgenden gezeigt wird.

1.2 Die Septem Artes Liberales

Rom ist durch seine geographische Nachbarschaft, wie seine geschichtliche Erfahrung mit der griechischen Welt zeigt, ständig Einflüssen von dort ausgesetzt gewesen. Im 2.Jh. v.Chr. ist die griechische Kultur zu einer Blüte gelangt, die von den Römern erkannt und genutzt wird. Nicht nur Rom, sondern auch Indien, Ägypten, Mesopotamien und der Iran werden durch die hellenistische Bildung geprägt.[40]
Mit der beginnenden Hellenisierung Roms (ab ca. 190 v. Chr.) wird auch der enkyklische Lehrplan übernommen. Zur Zeit Caesars werden die römischen Kinder überwiegend von griechischen Lehrern unterrichtet, die sich mit großer Wahrscheinlichkeit an den Lehrplan halten.[41]
Marrou belegt die Hellenisierung mit einem Zitat von Horaz: "Graecia capta ferum victorem cepit et artes. Intulit agresti Latio (Ep. II 1, 156). Das besiegte Griechenland hat seinen wilden Sieger seinerseits besiegt und dem barbarischen Latium die Kultur gebracht."[42]

---

39 B. Aland, Christentum und römische Oberschicht....., S. 11.

40 H. - J. Marrou, Geschichte der Erziehung im klassischen Altertum, S. 355 ff.

41 Natürlich gab es Gegner der Hellenisierung Roms. Der Censor M.P. Cato wehrte sich, wenn auch vergeblich. Cato (234-149 v. Chr.) stammte aus Tusculum und hatte sich im zweiten Punischen Krieg ausgezeichnet. Gegen seine Gegner pflegte er mit scharfen Worten vorzugehen. So sagte er über die griechischen Ärzte, daß sie sich insgesamt verschworen hätten, alle Barbaren und besonders die Römer durch ihre Arznei auszurotten. In: O. Hiltbrunner, Kleines Lexikon der Antike, S. 116. Seinen Sohn erzog er im römischen Geist und beschwor ihn, sich von griechischer Literatur und Medizin fernzuhalten. Im Jahre 154 erwirkte er ein Ausweisungsdekret gegen die Gesandten Athens, weil sie "jene Menschen, die mit Leichtigkeit zu allem überreden und allen glauben zu machen vermochten, was sie wollten." (sic)! H. - J. Marrou, Geschichte der Erziehung im klassischen Altertum, S. 359f.

42 H.-I. Marrou, Geschichte der Erziehung im klassischen Altertum, S. 355.

Auf der Grundlage des enkyklischen Lehrplanes entstehen die Septem Artes Liberales, die für das Mittelalter von Bedeutung sind.[43] Sie kristallisieren sich aus einer großen Anzahl von Fertigkeiten heraus, die zur Erziehung der Jugendlichen für nützlich erachtet werden und umfassen nach Isidor von Sevilla[44]: "Grammatik, Rhetorik, die auch Logik genannte Dialektik, Arithmetik, Musik, Geographie und Astronomie."[45] Dabei ist zu beachten, daß Bildung nicht jeder Schicht zugänglich war. Das Schulsystem bestand weitgehend auf privater Basis und mußte von den Eltern der Schüler bezahlt werden können. Außerdem boten die o.a. Bildungsinhalte nur der Oberschicht Vorteile und wurden folglich von anderen Schichten nicht als notwendig erachtet[46] (s. oben, 1.1).

Der Christ Cassiodorus (490-583 n. Chr.) ordnet die Septem Artes Liberales der Theologie unter.[47] Dies kann geschehen, weil die polytheistisch - religiöse Ausrichtung der Erziehung, die wir bei Platon noch finden, verlorengegangen ist.[48]

Das Ziel der Erziehung durch die Septem Artes Liberales besteht nicht mehr in dem vollkommenen Menschen, sondern in der Ermöglichung und Festigung des Glaubens (s. oben, 1.1.).

Die Beziehung zwischen christlicher Theologie und Septem Artes Liberales beeinflußt die Erziehung in den kommenden Jahrhunderten. Deutlich ist, daß sich die Kirche durch die kritische Rezeption der Septem Artes Liberales (Religionskritik) eine Position von beachtlicher Stärke im Bildungsbereich aufbaut.

---

43 Die christlichen Autoren übernahmen die Artes liberales, obgleich es Stimmen gab, die die Artes liberales verwarfen, weil "diese nicht die christlichen, religiösen Wahrheiten erfassen und lehren." H.M. Klinkenberg, Art. 'Artes liberales/artes mechanicae, in: HWPh, Bd. 1, Joachim Ritter (Hrsg.), Basel 1971, Sp. 533.

44 (ca. 560-636) Metropolit von Sevilla, beeinflußte durch seine Worte die Kultur des Abendlandes, E. Ewig, Art. 'Isidor von Sevilla', in: RGG³, Bd. III, Tübingen 1959, Sp. 90

45 J. Dolch, Lehrplan des Abendlandes, S. 100.

46 B. Aland, Christentum und römische Oberschicht, S. 18.

47 J. Dolch, Lehrplan des Abendlandes, S. 79.

48 s. oben, 1.1. G. Ruhbach schreibt dazu: "Wären die Bildungsziele der Spätantike damals nicht weitgehend formalisiert, auf Grammatik und Rhetorik beschränkt und um ihre Inhalte gebracht worden, wäre der kirchliche Widerspruch bei der Anknüpfung wahrscheinlich viel massiver erfolgt". Gerhard Ruhbach, Klerusbildung in der Alten Kirche, in: Helmut Krämer (Hrsg.), Wort und Dienst, Jahrbuch der kirchlichen Hochschule Bethel, Neue Folge, Bd. 15, S. 109.

Cassiodorus entstammt einem alten Geschlecht, das seit der Mitte des 5. Jh. in Süditalien ansässig war. Schon in jungen Jahren bekleidet er das Amt des Quästors in der Kanzlei Theoderichs. Er hat noch weitere politische Ämter inne, ehe er sich auf sein Landgut bei Scyllaceum zurückzieht. Das Datum ist nicht feststellbar, jedoch dürfte es keinesfalls vor 554 gewesen sein. Dort gründet Cassiodorus das Kloster Vivarium und lebt dort bis zu seinem Tode. Während seiner aktiven Zeit als Beamter des Königs Theodahat faßt er den Plan, eine Schule zu gründen. Als Vorbild will er die Einrichtung in Alexandrien nehmen.[49]

In Nisibis und Alexandrien entwickeln sich im 2. Jh. christliche Hochschulen. Die Blütezeit der alexandrinischen Hochschule dauert vom 2. bis ins 3. Jh.. Origenes verbindet als Leiter der Schule wissenschaftliches Interesse und Lebenspraxis. Als Kenner der griechischen, ägyptischen und orientalischen Traditionen versucht er, die christliche Lehre in diese anderen Traditionen einzubinden.[50]

---

49 D. Illmer, Erziehung und Wissensvermittlung im frühen Mittelalter, Kastellaun/Hunsrück 1979, S. 67

50 C.D.G. Müller, Art. 'Alexandrien I', in: TRE, Bd. II, 1978, S. 251 ff. Um dem Vorwurf der heidnischen Philosophen zu begegnen, der sich gegen den mythologischen Charakter des Christentums richtet, unterschied Origenes zwischen einem buchstäblichen, historischen und geistigen Sinn des AT. Er schuf so die Möglichkeit einer christlichen Paideia, die auch von griechisch gebildeten Menschen akzeptiert werden konnte. In: W. Jaeger, Das frühe Christentum und die griechische Bildung, Berlin 1963, S. 35 ff. In seinen *Institutiones* schreibt Cassiodorus: "Sciendum est plane quoniam frequenter, quiquid continuum atque perpetuum scriptura sancta vult intelligi sub isto numero comprehendit, sicut dicit David: Septies in die laudem dixi tibi, cum tamen alibi profiteatur Benedicam Dominum in omni tempore; semper laus eius in ore meo, et Salomon: Sapientia aedificavit sibi domum: excicit columnas septem in exodo quoque dixit Dominus ad Moysen: Facies lucerna septem, et pone eas ut lucenant ex adverso. Quem numerum Apocalypsis in diversis rebus omnino commemorat. qui tamen calculus ad illud nos aeternum tempus trahit, quod non potest habere defectum; merito ergo ibi semper commemoratur ubi perpetuum tempus ostenditur." In: Cassiodori senatoris institutiones, R.A.B. Mynors, Oxford 1961.

Ich übersetze: Man muß deutlich wissen: weil ja die Heilige Schrift oft alles, was sie ununterbrochen und fortdauernd verstanden haben will, unter dieser Ziffer faßt, sagt David zum Beispiel: "Siebenmal am Tag habe ich dir Lob gesagt", obwohl er doch woanders angibt: "Ich will den Herrn allezeit loben; sein Lob ist immer in meinem Mund," und Salomo: "Die Weisheit hat sich ein Haus gebaut: sie baute aus sieben Säulen." (siehe M. Petschenig (Hrsg.), Der kleine Stowasser, München 1971, S. 196). In Exodus hat der Herr zu Mose gesagt: "Mache sieben Lampen und stelle sie auf, daß sie ihr jeweils Gegenüberliegendes beleuchten." Diese Zahl erwähnt die Apokalypse in verschiedenen Angelegenheiten im allgemeinen. Dennoch deutet diese Zahl uns jene ewige Zeit, die nicht zu Ende gehen kann. Mit Recht wird (sie) also da erwähnt, wo eine fortdauernde Zeit erklärt wird.

Cassiodorus kann die christliche Hochschule in Rom nicht gründen. Der Zerfall des Gotenreiches[51] läßt eine solche Schule nicht zu. In den Kriegswirren ist kein Platz für neue Bildungsprojekte. Seine pädagogischen Vorstellungen verwirklicht Cassiodorus in seinem Kloster Vivarium. Dort treffen sich gelehrte Männer wie Dyonisus Exiguus und Epiphanius. Dort lernen Mönche nach einem eigens erstellten Studienprogramm, den *Institutiones*.

Dolch hebt die Bedeutung der *Institutiones* für die Klostererziehung hervor und unterstreicht die Einbindung und damit die weitere Wirksamkeit der Septem Artes Liberales für die Lehrplanentwicklung: "Die entscheidende Tat Cassiodorus' liegt in lehrplangeschichtlicher Hinsicht darin, daß er die Artes gleichsam unter ein sicheres Dach brachte, ehe ihnen ernste Gefahren entstanden."[52] D. Illmer vertritt diese Ansicht nicht: "Die mit den Erinnerungen an alte Götter belasteten Artes fanden keinen Eingang in den von der Kirche gelehrten Wissensstoff."[53] Wenn christliche Bildung antikes Erbe übernimmt, muß sie der polytheistischen Tradition ablehnend gegenüberstehen. Die Werte der nichtchristlichen Bildung müssen kritisch überprüft werden.

Diese beiden kontroversen Ansichten sind entscheidend für die weitere Geschichte der Erziehung. Die Klosterschulen übernehmen die Erziehung zunächst ihres Nachwuchses und später auch anderer Jugendlicher. Es wird im weiteren sorgfältig darauf zu achten sein, ob die Septem Artes Liberales tatsächlich ohne Einfluß auf die künftige Erziehung bleiben (so Illmer, siehe oben), oder ob J. Dolchs Meinung richtig ist.

Aus diesem Kapitel ergeben sich vier Schwerpunkte:
1. Die Bibel rückt an die Stelle Homers (s. oben, 1.1).

---

51 Die Ostgoten eroberten unter Theoderich Italien und besiegten König Odoaker. Theoderich versuchte, ein Reich zu errichten, das Römer und Germanen akzeptieren konnten. Doch der Versuch gelang nicht auf die Dauer. Die Spannungen zwischen nationalgesinnten Römern und Goten wurden nicht beigelegt. Zehn Jahre nach Theoderichs Tod eroberte Justinian Italien zurück und die Ostgotenherrschaft endete 555 n. Chr. Siehe R. Buchner, Art. 'Goten', in: RGG³, Bd. II, Tübingen 1958, Sp. 1697ff.

52 J. Dolch, Lehrplan des Abendlandes. S. 80.

53 Detlef Illmer, Erziehung und Wissensvermittlung im frühen Mittelalter, Kastellaun/Hunsrück 1979, S. 78.
Durch die weitgehende Formalisierung der Bildungsziele der Spätantike entfällt die Belastung der Artes mit den Erinnerungen an alte Götter. Illmers Argument erweist sich folglich als nicht stichhaltig (s. G. Ruhbach, oben, Anm. 48).

2. Die griechische Bildung des 2. Jh. nach Chr. ist nicht mehr in der griechischen Religion verwurzelt. Damit stellt sich für das Christentum kein religiöses Problem mehr bei der Übernahme griechischen Bildungsgutes (s. oben, 1.1).
3. Das Christentum durchdringt römische Bildungsbarrieren und weicht die soziale Struktur der römischen Gesellschaft auf (s. oben, 1.1).
4. Christliche Bildung ist ihrer Struktur nach von griechischer Bildung unterschieden. Als Ziel wird nicht ein idealisiertes Menschenbild angestrebt, sondern die monotheistische Gottesbeziehung des Einzelnen (s. oben, 1.1 u. 1.2).

1.3 Die Kloster- und Domschulen

Bis ins 13. Jh. ist ausschließlich die Kirche der Ort der Gelehrsamkeit. Die Erziehung des weltlichen Adels erschöpft sich in einer körperlich-militärischen Ausbildung und einer Anleitung zum höfischen Benehmen der Söhne.[54]
Die Klöster gelten als Mittelpunkt der kirchlichen Bildung. Um den Gottesdienst halten zu können, sind verschiedene Kenntnisse für die Kleriker notwendig: Kenntnisse der Kirchensprache und des Gesangs. Dafür sind folgende Voraussetzungen zu schaffen: Lesen, Schreiben und Singen. Diese Fertigkeiten prädestinierten die Kleriker für Verwaltungsaufgaben. Um diese voll erfüllen zu können, erhalten die Schüler außerdem noch Unterricht in Grammatik, Rhetorik, Dialektik, Arithmetik und Geometrie.[55] Aus diesem Fächerkanon wird deutlich, daß die

---

54 Lesen und Schreiben war nicht notwendig, da die Verwaltung der Feudalwirtschaft in den Händen des Klerus lag. Th. Ellwein (Hrsg.), Erziehungswissenschaftliches Handbuch, Bd. I, Berlin 1969, S. 350. Doch erkannte Karl der Große frühzeitig die Notwendigkeit einer umfassenden Ausbildung. Auf dem Mainzer Konzil von 813 befahl er allen Laien, "Ihre Söhne in die Schule zu schicken, entweder in die Klöster oder zu den Pfarrern, damit sie den Glauben und das Gebet des Herrn richtig erlernen und es zu Hause auch andere lehren können." D. Stoodt, Arbeitsbuch zur Geschichte des evangelischen Religions-unterrichtes in Deutschland, Münster 1985, S. 10.

55 Besonders in Sachsen (d.h. dem heutigen Niedersachsen und Sachsen-Anhalt) schienen Nonnenklöster zu einer hohen Geistesbildung zu erziehen. Auch die Synode zu Aachen 817 befaßte sich mit der Frauenbildung. Es bestand kein Unterschied im Bildungsgang und Unterrichtsstoff zwischen Jungen und Mädchen in den Klosterschulen. Für beide Geschlechter galt das gleiche Bildungs- und Erziehungsziel: Einführung in das klösterlich-kirchliche Welt- und Lebensbewußtsein, in: L. Cordier, Evangelische Pädagogik, Bd. 2, Schwerin 1938, S. 303f.
Als ein Beispiel für Frauenbildung zu dieser Zeit mag Hrotsvith (Roswitha) v. Gandersheim um 935, gest. nach 1000, gelten. Ihre Lehrerin war Gerberg, eine Nichte Ottos des Großen. F. Rädle urteilt folgendermaßen: "Hrotsvith ist die erste deutsche Dichterin und

Septem Artes Liberales offensichtlich doch nicht ohne Einfluß auf die Bildung in den Klöstern bleiben.

Zunächst entstehen neben den Klosterschulen die Domschulen, sind diesen aber noch untergeordnet. Im 11. Jh. verlagert sich das Gewicht vom Land auf die Städte. Die steigende Bevölkerungszahl und Mißernten führen neben schlechten Verkehrsverhältnissen zu einer Verarmung der Landbevölkerung. Um die Erträge zu steigern, werden neue Erfindungen gemacht, aus der Sichel entwickelt sich die Sense. Die Arbeitsgeräte können nicht mehr in Eigenarbeit hergestellt werden. Mit dem scheinbaren Defizit wird eine neue Stufe der Entwicklung erreicht. Die Arbeit verliert ihren privaten Charakter. Eine verstärkte Nachfrage führt zu einer Steigerung der Produktion, die wiederum nur durch eine Verbesserung der Organisation, Disziplinierung und optimale Ausnutzung der menschlichen Arbeitskraft erreicht wird.[56] So steigert sich die Bedeutung der Handwerker in den Städten. Neben den Handwerkern sind die Kaufleute als zweite Gruppe für die wachsende Vormachtstellung der Städte zu nennen. Da sich die Domschulen in den Städten befinden, gewinnen sie durch den wachsenden Bildungsbedarf in den Städten an Schülern und damit an Bedeutung.[57] Im Gegensatz zu der schulisch orientierten Bildung durch die Kirche steht die nicht-schulisch orientierte Bildung der Handwerker. Seit dem 10. Jh. entwickelt sich das Handwerk aus den oben angedeuteten Gründen immer stärker zu einem selbständigen Beruf.[58] Für die nicht

---

Geschichtsschreiberin und unter den frühen Autorinnen des christlichen Abendlandes zweifellos die bedeutendste." Fidel Rädle, Art. 'Hrosvith v. Gandersheim', in: TRE, Bd. XV, Berlin 1986, S. 611
Die Möglichkeit der Geistesbildung war jedoch nicht in allen Nonnenklöstern gegeben. Gandersheim war ein Frauenstift für Damen des Hochadels. Es ist dennoch bemerkenswert, daß zumindest für eine bestimmte Schicht auch Frauenbildung im Rahmen der Kirche möglich war. Paulsen, Geschichte des gelehrten Unterrichts, Leipzig 1885, S. 11.

56 Fr. Landwehrmann, Art. 'Arbeitsteilung', in: HWPH, Joachim Ritter (Hrsg.), Bd.1, Basel 1971, Sp. 480 ff. Die optimale Ausnutzung der menschlichen Arbeitskraft wird vor allem durch Arbeitsteilung erreicht. Zu der Arbeitsteilung führt nach Ansicht von Bücher auch die Berufsbildung, die dann zu einer weiteren Aufgliederung der Berufe führt. Dabei steigen natürlich die Anforderungen an Einzelne, was eine verbesserte Ausbildung notwendig macht. Schule ist dadurch auch von der zunehmenden Arbeitsteilung in der Auswahl ihrer zu vermittelnden Stoffe gefordert. Ebenda, Sp. 490.

57 F.F. Wurm, Vom Hakenpflug zur Fabrik, Berlin 1966, S. 35 ff..

58 H. Blankertz, Zur Geschichte der Berufsausbildung, S. 256ff, in: H.H. Groothoff (Hrsg.), Die Handlungs- und Forschungsfelder der Pädagogik, Erziehungs-wissenschaftliches Handbuch, Bd. V, Königstein/Ts 1979. Im folgenden wird über die Spannung zwischen schulisch-orientierter und berufsbezogener Bildung noch zu berichten sein.

schulisch orientierte Bildung sind die Zünfte verantwortlich. Die Zünfte entstehen zunächst aus wirtschaftlichen Gründen (Durchsetzung der Produktions-, Preis- und Marktvorschriften) mit der Fortentwicklung der Städte. Es entwickeln sich aber auch genaue Vorschriften der Lehrlingsausbildung. So wächst neben der Kirche eine zweite Bildungsinstitution hervor, ohne zunächst in Konkurrenz zur Kirche zu treten.[59]

Daraus ergeben sich Folgen für die Ausbildung. Die hansischen Kaufleute müssen bereits um 1250 eine Ausbildung im schriftlichen Bereich absolvieren, da die weit verzweigte Organisation der Hanse eine Kenntnis in schriftlichen Fertigkeiten verlangt. Diese Fertigkeit erlangt man nicht an eigenen Schulen, sondern an den schon bestehenden Kloster- und Domschulen.[60]

Es zeigt sich also, daß die Kloster- und Domschulen zunächst in der Lage sind, sich dem veränderten Bildungsinteresse anzupassen und teilweise die Ausbildung für weltliche Berufe mit zuübernehmen. Es bleibt im folgenden zu untersuchen, wann die Kloster- und Domschulen diese Aufgaben nicht mehr erfüllen können und welche Gründe zu einer Übernahme der schulischen Bildung durch den Staat führen.

---

59 siehe F.F. Wurm, Vom Hakenpflug zur Fabrik, Berlin 1966, S. 53 ff..

60 Blankertz nimmt schon sehr früh eine "gewisse Systematik und Planmäßigkeit" in der Ausbildung des Handwerks an. Schriftliche Formulierungen finden wir bei den Zünften. In: H.H. Groothoff (Hrsg.), Die Handlungs- und Forschungsfelder der Pädagogik, S. 257. Leider ist es mir nicht gelungen, schriftliche Zeugnisse für Ausbildungspläne der Handwerker zu finden (s. oben, Anm. 55).
Im Erziehungswissenschaftlichen Handbuch, Th. Ellwein (Hrsg.), Bd. I, Berlin 1969, S. 351, heißt es dazu: "Dauer und Inhalte des Lehrverhältnisses wurden von den Zünften streng geregelt. Die einzelnen Meister erließen darüber hinaus zusätzliche Reglements, welche die Erziehung des Lehrlings betrafen."

**Kurze Übersicht über die politischen Gegebenheiten
des Landes Schleswig-Holstein vom Mittelalter
bis zur Anbindung an Preußen**

Mittelalter

Schleswig
Ende des 11. Jh. Statthalterschaft dänischer Königssöhne zwischen Eider und Königsau

Holstein
Seit 1111 besitzen die Schauenburger die Grafenrechte

Beginn des 12. Jh. Herzogtum Schleswig innerhalb des Königreiches Dänemark

1326 Vereinigung der Graftschaft Holstein mit dem Herzogtum Schleswig. Der Schauenburger Graf Gerhard III. läßt sich von dem dän. König Waldemar III. das Herzogtum Schleswig übertragen.
1386 Königin Margarete von Dänemark gibt Graf Gerhard VI. das Herzogtum Schleswig zum Lehen.
1460 Der dänische König Christian I. wird von dem Rat des Landes zum Herzog von Schleswig und Grafen von Holstein gewählt. Es erfolgt jedoch kein Anschluß an Dänemark.

Lübeck erhält 1180 seine politische Selbständigkeit und wird 1226 Freie Reichsstadt.
Seit dem 13. Jh. entwickelt sich das Herzogtum Lauenburg eigenständig. Erst im 19. Jh. wird es mit Schleswig-Holstein vereinigt.
Bis 1559 ist Dithmarschen eine selbständige Bauernrepublik mit eigenständiger Verfassung.
Im 13. Jh. wird Hamburg unabhängig.

Entwicklung nach 1460

1460 Nach dem Ripener Privileg sollen Schleswig und Holstein zusammen und ungeteilt bleiben.
1474 wird Holstein zum Herzogtum erhoben
1490 erfolgt dennoch eine Teilung.

1544 führt König Christian III. von Dänemark eine erneute Teilung durch. Der König und seine Stiefbrüder Johann und Adolf teilen sich das Land. Johann stirbt 1581 kinderlos, es bleibt eine Zweiteilung in einen königlichen und einen gottorfschen Anteil. Das Land wird in zahllose kleine Gebiete aufgeteilt, so daß Schleswig und Holstein jeweils in Teilen unter königlicher und gottorfscher Herrschaft stehen. Der Landtag, das Landgericht und die Kirchenordnung von 1542 (s. unten, 1.5) gelten für beide Herzogtümer gemeinsam.

1564 gibt der dänische König Friedrich II. seinem jüngeren Bruder Hans dem Jüngeren die Insel Aerö, die Ämter Sonderburg, Norburg, Plön und Ahrensburg. Nach dem Tode Hans des Jüngeren 1622 wird sein Anteil noch einmal in fünf Teile geteilt.

Seit 1440 gehören Loghard, Mögeltondern, Amrum, Röm (teilweise), Sylt und Föhr zum Königreich Dänemark.

Die Herrschaft Pinneberg gehört zur Grafschaft Schauenburg an der Weser. 1640 stirbt der letzte Graf, Pinneberg fällt an Holstein und wird zwischen König und Herzog aufgeteilt.

1720 verlieren die Herzöge von Gottorf ihren Anteil im Herzogtum Schleswig. Es bleiben ihnen die holsteinischen Anteile. Ihre Residenz ist nicht mehr Gottorf sondern Kiel.

1.4.1 Das vorreformatorische Schulwesen in Schleswig-Holstein

In Schleswig und Holstein werden im 11. und 12. Jh. die ersten Klöster gegründet. In der Stadt Schleswig befinden sich zu dieser Zeit zwei Klöster, die sich der Cluniacenserreform unterstellt hatten.[61] Mönche und Nonnen wohnen in einer Doppelanlage, was zu einem raschen Verfall der Sitten geführt haben soll. Zu dem Niedergang der Klöster trägt nach Meinung von Hans von Schubert auch noch die Trennung von Dom und Klöstern im Jahre 1125 unter Bischof Albertus bei.[62] Wie es unter diesen Umständen mit der Bildung der Schüler bestellt ist, erfahren wir aus der Ermahnung des Erzbischofs Nikolaus von Bremen 1429 an das Kloster in Bordesholm, seine Einnahmen doch auch für die Ausbildung "wohlbegabter Jünglinge" zu verwenden.[63] Allein die Frauenklöster bilden in "inneren" und

---

61　H.v. Schubert, Kirchengeschichte Schleswig-Holsteins, S. 265.

62　ebenda, S. 263ff.

63　ebenda, S. 279.

"äußeren" Schulen Mädchen aus. Hierbei handelt es sich vornehmlich um adlige Töchter.[64] Die Domschulen ziehen den klerikalen Nachwuchs heran, nehmen aber auch Schüler auf, die nicht die geistliche Laufbahn einschlagen wollen. Dadurch entsteht der Wunsch nach weiteren Schulen. In Lübeck führt dieses Begehren schon 1252 zu einem Streit zwischen den Bürgern der Stadt und der Kirche. Die Stadt will die Schule bauen, jedoch nicht ihre Anbindung an die Kirche in Frage stellen. Die starke Vermehrung der städtischen Bevölkerung hat eine Überbelegung der kirchlichen Schule zur Folge. Die Bürger sehen sich aus diesem Grunde gezwungen, für die Ausbildung ihrer Kinder bessere Bedingungen zu schaffen, wollen damit jedoch nicht der kirchlichen Domschule eine weltliche Schule gegenüberstellen. Dennoch ist der Bau dieser Schule 1262 nur unter drei Bedingungen möglich:

a) Der Domschule verbleibt ein größerer Einzugsbereich
b) Die musikalischen Talente müssen die Domschule besuchen
c) Der Scholastikus - Leiter der Domschule - hat die gleichen Rechte und die gleiche Stellung in der neuen Schule.[65]

1.4.2 Die Lateinschulen

Neben die Domschulen treten ab 1237 die Lateinschulen, die von den Städten eingerichtet werden. Die Söhne der Patrizier erhalten hier ihre Ausbildung. Da die Amts- und Handelssprache Latein ist, vermitteln die Schulen diese Sprache neben Geographie, Rechtskunde, Bank- und Kreditwesen und Waren- und Münzkunde. Ansonsten passen sie ihre Inhalte den kirchlichen Schulen an.[66] Die Lateinschulen

---

64 ebenda, S. 352. Die "äußere" Schule wurde von den Adelstöchtern besucht, war also keine Schule für die allgemeine Bevölkerung. In der "inneren" Schule wurden die Nonnen ausgebildet. Ein Beispiel dafür ist das Kloster in Preetz.

65 ebenda, S. 358. v. Schubert schreibt dazu: "Ob der Scholastikus, der am Dom zwei Drittel des Schulgeldes, ein Drittel für die Beschaffung der Bücher, die er auch zu bewahren hatte, ein Drittel für sich selbst bezog, während nur das dritte Drittel den Lehrern selbst zufloß, eine Einbuße seiner Einnahmen zugunsten des Pfarrers von St. Marien fürchtete - ob er für den Chorgesang im Dom fürchtete, für den ihm die Knaben zu dienen hatten - ob er endlich besorgte, daß sich die Lehrer und Schüler seiner Jurisdiktion entzögen und ihm überhaupt die Zügel der Schulregierung aus der Hand glitten, wir können es nicht sagen."(ebenda, S. 357f).

66 Aus Flensburg ist uns die Entstehung der dortigen Lateinschule überliefert: Der eigentliche Stifter war Lütke Nommensen. Er baute auf dem Klosterkirchhof des Franziskanerklosters ein Gebäude und verfügte 1560, daß es "zu einem Gymnasium trilingue et theologicum

entstehen durch das Bedürfnis der Städter nach einer eigenen Bildung, die nicht theologisch dominiert wird. Gleichwohl wird nicht auf den theologischen Grundcharakter verzichtet. An Stelle des nun geächteten Kirchenlateins tritt das klassische Latein Ciceros. Nach dem sogenannten *Visitationsbuch* Melanchtons wird der Unterricht in den Lateinschulen auf eine Sprache - Latein - begrenzt. Danach werden auch die Bücher für den Unterricht ausgewählt. Um die Schüler gemäß ihrer Fortschritte und Kenntnisse unterrichten zu können, werden die Kinder in drei Klassen eingeteilt.[67] Weiterhin entstehen Deutsche Lese- und Schreibschulen, in denen die Kinder der Handwerker unterrichtet werden. Die Notwendigkeit, selbst lesen und schreiben zu können, wird von den Menschen in den Städten mehr und mehr erkannt, und so setzen sie sich für den Bau dieser Schulen verstärkt ein, meist gegen den Willen der Kirche, die ihr Bildungsmonopol in Gefahr sieht.[68]

Für die Kinder der unteren Schichten gibt es auch in Schleswig-Holstein die sogenannten Klipp- oder Winkelschulen. Diese Schulen entstehen auf privater Basis und werden wie die Lateinschulen von der Kirche aufs heftigste bekämpft. Aus Lübeck und Hamburg ist uns ein Teil der Auseinandersetzungen überliefert.[69] Ihre Bedeutung liegt in der Befriedigung weltlich-berufsbezogener Bedürfnisse. Aus diesem Grunde sind ihre Lehrstoffe nicht auf die Septem Artes Liberales aufgebaut, sondern ergeben sich aus dem täglichen Leben. Hier finden sich erste Ansätze einer Lösung von der kirchlichen Schulaufsicht. Dabei wird nicht die Bindung des einzelnen als Christ an die Kirche in Frage gestellt, sondern die Bindung der Bildung an die Kirche. Der Handwerker hat durch seinen Beruf einen anderen Bezug zur Bildung. Für ihn geht es um die Meisterung des täglichen

---

orthodoxae ecclesiae", also einer katholischen Schule, gebraucht werden sollte. König und Magistrat entsprachen dem Willen des Stifters nicht und wandelten noch zu Lebzeiten Nommensens die Stiftung in eine evangelische Gelehrtenschule um. Proteste des Stifters und seiner Erben waren vergebens. Flensburg erhielt auf billige Art eine ausgezeichnete Schule. E. Feddersen, Kirchengeschichte Schleswig-Holstein, S. 134f. Zur Geschichte der Flensburger Lateinschule vergleiche auch: Verein für Schleswig-Holsteinische Kirchengeschichte (Hrsg.), Orthodoxie und Pietismus, Schleswig-Holsteinische Kirchengeschichte, Bd. 4, Neumünster 1984, S. 84 ff.

67 Hubert Hettwer, Richtlinien, Lehrpläne, in: Leo Roth (Hrsg.), Handlexikon zur Erziehungswissenschaft, S. 33 ff..

68 Th. Ellwein (Hrsg.), Erziehungswissenschaftliches Handbuch, S. 350.

69 H. v. Schubert, Kirchengeschichte Schleswig-Holsteins, S. 356.

Lebens. Dazu gehört für ihn neben elementaren Fähigkeiten im Rechnen, Schreiben und Lesen auch die Kunst, sein Handwerk auszuüben. So muß er für seinen Beruf vor allen Dingen seine handwerklichen Fähigkeiten ausbilden. Das Bildungsmoment tendiert zur Vertiefung und Verselbständigung von Handwerk und Praxis. Interessanterweise wird an den Klipp- und Winkelschulen kein Religionsunterricht erteilt, da die Gründung dieser Schulen von den Bürgern ausging und der Kirche die Aufgabe der religiösen Unterweisung nicht streitig gemacht werden soll.
Im ausgehenden Mittelalter, Ende des 15. Jh., kann man auch für Schleswig-Holstein folgende Schulstruktur annehmen:[70]

Obere Schule/Gelehrtenschule
Dialektik, Rhetorik, Mathematik, Griechisch, Lektüre und Interpretation antiker Autoren, Religion

Dreiklassige Latein - oder Trivial - Schule
3. Klasse: Latein, Dialektik, Rhetorik, Religion
2. Klasse: Musik, Grammatik, Religion
1. Klasse: Lesen, Schreiben, lat. Grammatik, Religion

Deutsche Schreib- und Lese-Schule (Klipp- und Winkelschule) **Stadt**	**Land- oder sogenannte Küsterschule** **Land**
Lesen, Schreiben, Gesang	Am Katechismus orientierte "evangelische"[71] Unterweisung, dazu Lesen, Schreiben und Gesang.[72]

---

70 D. Stoodt, Arbeitsbuch zur Geschichte des evangelischen Religionsunterrichts in Deutschland, S. 19.
    D. Stoodt zeigt in seinem Arbeitsbuch ein Modell des Schulsystems im ausgehenden Mittelalter, das so für Schleswig-Holstein nicht den Tatsachen entspricht. Die Tabelle ist von mir auf die Verhältnisse in Schleswig-Holstein umgeändert worden.

71 "Evangelisch" im vorreformatorischen Sinne, bezogen auf den Traditionsstoff der Evangelien. Nicht gemeint ist das Verständnis der Evangelien, das Luther am Römerbrief des Paulus erarbeitet hat. Vgl. Gerhard Friedrich, Art. 'εὐαγγέλιον' in: Gerhard Kittel (Hrsg.), ThWNT, Bd. II, Stuttgart 1935, S. 718 ff.

72 Der Begriff *evangelische Unterweisung* ist keinesfalls mit der *Evangelischen Unterweisung* Gerhard Bohnes und Helmuth Kittels gleichzusetzen. Die Schüler erhielten vom Lehrer eine Unterweisung an Hand des Katechismus. Meist begnügte man sich mit reinem Auswendiglernen.

1.5 Der Einfluß der Reformation auf das Bildungswesen in Schleswig-Holstein

Unter dem Einfluß der Reformation ändert sich auch in Schleswig-Holstein die Schullandschaft. Luthers Forderung: "Jeder soll die Bibel lesen können: Gott will sein Buch gern offen haben"[73] hat Konsequenzen für den Unterricht. Lesen- und Schreibenlernen wird damit zur Pflicht von jedermann.
Gleichzeitig wertet Luther den Beruf des Schulmeisters auf. "Aber ich, wenn ich vom Predigtamt und anderen Dingen lassen könnte oder müßte, so wollt ich kein Amt lieber haben als Schulmeister oder Knabenlehrer zu sein. Denn ich weiß, daß dieser Beruf nächst dem Predigtamt der allernützlichste, wichtigste und beste ist."[74]
Der Lehrerberuf ist bisher doch wenig angesehen. Meist unterrichten Theologiestudenten an den höheren Schulen so lange, bis sie eine einträglichere und angesehenere Pfarre erhalten.
Luthers Gedanken zur Stellung des *Berufs* im Leben eines Christen verhindern eine erneute Klerikalisierung und unterstützen die Aufwertung der *weltlichen Arbeit*.[75]
Luther fordert also die allgemeine Schulpflicht und ausgebildete angesehene Pädagogen. In der vorreformatorischen Zeit richtet sich der Schulbesuch doch noch recht stark nach dem künftigen Beruf. Bei der allgemeinen Schulpflicht lernen

---

73 M. Schwab, Luther und die Reformation, in: Öffentliche Vorlesungsreihe der Pädagogischen Hochschule Kiel zum Lutherjahr 1983, S. 25.

74 K. Westphalen, Sonst bleiben's eitel Holzböcke, in: Öffentliche Vorlesungsreihe der Pädagogischen Hochschule Kiel zum Lutherjahr 1983, S. 39.

75 M. Weber schreibt dazu: "Bei Luther entwickelt dieser Gedanke sich im Laufe des ersten Jahrzehnts nach seiner reformatorischen Tätigkeit. Anfangs gehört ihm, durchaus im Sinne der vorwiegenden mittelalterlichen Tradition, wie z.B. Thomas von Aquino sie repräsentiert, die *weltliche Arbeit*, obwohl von Gott gewollt, zum Kreatürlichen, sie ist die unentbehrliche Naturgrundlage des Glaubenslebens, sittlich an sich indifferent wie Essen und Trinken. Aber mit der klaren Durchführung des *sola-fide*-Gedankens in seinen Konsequenzen und mit dem dadurch gegebenen, mit steigender Schärfe betonten Gegensatz gegen die *vom Teufel diktierten* katholischen *evangelischen Ratschläge* [siehe Anmerkung 71 zum vorreformatorischen Verständnis von *evangelisch*] des Mönchstums steigt die Bedeutung des Berufes. Die mönchische Lebensführung ist nun nicht nur zur Rechtfertigung vor Gott selbstverständlich gänzlich wertlos, sondern sie gilt ihm auch als Produkt egoistischer, den Weltpflichten sich entziehender Lieblosigkeit. Im Kontrast dazu erscheint die weltliche Berufsarbeit als äußerer Ausdruck der Nächstenliebe ..." In: M. Weber, Gesammelte Aufsätze zur Religionssoziologie I[7], Tübingen 1978, S. 69ff.

die Schüler jetzt zum Teil berufsunabhängig. Wenn alle lesen sollen, können auch alle *alles* lesen.
Nicht nur die Bibel sondern auch andere Werke und deren Gedanken werden von der Bevölkerung durch die Bücher aufgenommen. In den *Stiehlschen Regulativen* versucht man, den Prozeß wieder rückgängig zu machen, da der Staat revolutionäre Gedanken fürchtet. (s. *Stiehlsche Regulative*, unten, 2.1). Ferner hat sich Luther auch Gedanken über die Inhalte einer höheren Schule gemacht. Dolch spricht von einem Einheitslehrplan:

> "Muttersprachlicher (und lateinischer) Religionsunterricht
> mit Katechismus und Bibel
> Lateinischer (griechischer und hebräischer) Sprache
> Logik, Rhetorik und Poetik in kürze
> Geschichte, biblisch und weltlich, mit Einschluß elementarer
> politischer, wirtschaftlicher und sonst nützlicher
> Dinge
> Mathematische Disziplinen
> Musik als Gesang (und Saitenspiel)
> Körperliche Übungen (wenn auch außer der Schule)".[76]

Für die Durchführung des reformatorischen Gedankens - auch im Schulbereich - ist in Schleswig-Holstein allerdings Bugenhagen verantwortlich.[77]
Am 25.01.1541 stirbt der letzte katholische Bischof von Schleswig, Gottschalk v. Ahlefeld. Aus Rücksicht auf ihn, als persönlichem Freund seines Vaters, hatte

---

76 J. Dolch, Lehrplan des Abendlandes, S. 198.

77 Johannes Bugenhagen wurde am 24.06.1485 als Sohn des Ratsherrn Gerhard Bugenhagen in Wollin/Pommern geboren. Er studierte 1502 die Artes Liberales in Greifswald. 1504 wurde er Rektor an der Stadtschule in Treptow an der Rega. 1509 versieht er das Amt eines Vikars an dem Collegium presbyterorum sive sacerdotus an der Marienkirche in Treptow. Nach brieflichem Kontakt mit Luther entschloß er sich zum Studium in Wittenberg im Jahre 1521. 1523 erhielt er die Stadtpfarre und war damit finanziell gesichert. Seine hervorragenden Arbeiten sind die Kirchenordnungen in Braunschweig, Hamburg und Lübeck. Anschließend reformierte er die kirchlichen Verhältnisse in Schleswig-Holstein. 1533 wurde er ordentliches Mitglied der theologischen Fakultät Wittenberg. Am 20.04.1558 starb er dort. Hans Hermann Holfelder, Art. 'Bugenhagen', in: TRE, Bd. VII, Berlin 1981, S. 354ff.

Christian III. bisher gezögert, auch Schleswig in ein evangelisches Bistum umzuwandeln.[78]

Jetzt ist der Weg frei, und der König schreibt am 13. März 1541 an Bugenhagen, mit der Bitte, das Schleswiger Bistum zu übernehmen. Bugenhagen lehnt ab, was zur Folge hat, daß erst 1542 die Bischofsfrage für Schleswig geklärt wird und der Professor an der Kopenhagener Universität, Tileman von Hussen, neuer Bischof in Schleswig wird.

Wenn Bugenhagen auch auf das Bischofsamt verzichtet, hilft er doch bei der Verfassung der Schleswig-Holsteinischen Kirchenordnung vom 9. Mai 1542. Dieses Werk ist nicht allein von ihm geschaffen - wie z.b. die Lübecker Kirchenordnung - sondern Christian III. hat Bugenhagen einen Entwurf vorgelegt, den der Reformator durchsieht, überarbeitet und Teile davon eigenhändig schreibt.

So stammt die Schulordnung neben anderen Paragraphen von Bugenhagen selbst.

Johannes Bugenhagen hat bereits in seinen Kirchenordnungen von Hamburg, Lübeck und Braunschweig Schulordnungen verfaßt.[79]

In der Schleswig-Holsteinischen Kirchenordnung greift er zum Teil auf die vorausgegangenen Ordnungen zurück. Ziel der Schule soll die Erklärung der göttlichen Schrift sein und das, was zur Erhaltung der weltlichen Ordnung dienlich ist. Hier zeigt sich ein Gegensatz zu den Zielen der Klosterschulen, die ja einmal zur Ausbildung des Nachwuchses dienten und nicht direkt auf ein Leben in der Welt hin erzogen.

Es gibt bei Bugenhagen keine ausdrückliche Entfaltung der Zwei-Reiche-Lehre. Dennoch ist Bugenhagen als treuer Schüler Luthers in seinen Kirchenordnungen von der Struktur der Zwei-Reiche-Lehre geprägt.

---

78 E. Feddersen, Kirchengeschichte Schleswig-Holsteins, Kiel 1938, S. 99.

79 Bugenhagen ordnet nicht nur das Kirchen- sondern auch das Gemeinwesen. Die Hamburger Kirchenordnung unterscheidet sich von der Braunschweiger schon in ihrer Anordnung. Während in der Braunschweiger Ordnung noch die Reihenfolge: Kindertaufe, Schule, Gottesdienst zu finden ist, legt die Hamburger Kirchenordnung ein starkes Gewicht auf die Schule und setzt die Schularticul an die erste Stelle. Hier ist deutlich zu erkennen, wie die Reformatoren großes Gewicht auf die Bildung des Volkes legen. D. Klemenz schreibt dazu: "Ort und Auftrag der Schule werden in dieser christlichen und bürgerlichen Gemeinde neubestimmt: die Taufe einerseits, das auf Gott hin bezogene und darin geheiligte weltliche Leben im status oeconomicus oder politicus andererseits bezeichnen Anfang und Endpunkt, Begründung und Ziel des gesamten Schulunterrichts wie auch der christlichen Unterweisung." D. Klemenz, Der Religionsunterricht in Hamburg, Hamburg 1971, S. 27.

Da die Zwei-Reiche-Lehre zu den umstrittensten Teilen der Lutherischen Theologie im 19. Jh. gehört, sei hier auf eine Ausweitung verzichtet und auf das Buch von H.H. Schrey verwiesen.[80]
Bugenhagen hält es für Christenpflicht, die Kinder zur Schule zu schicken und drückt dieses auch in der Schleswig-Holsteinischen Kirchenordnung aus.
Allerdings bevorzugt er eindeutig die Lateinschulen. Sie sollen gut ausgebildete Lehrkräfte einstellen und die Schüler sorgfältig unterrichten.
Scharf wendet er sich gegen die Winkelschulen, deren Existenzberechtigung er schlichtweg leugnet. Leider begründet er nicht, was ihn zu einer derartigen Ablehnung veranlaßt hat.
Die Aufgabe der Elementarbildung soll durch die Küsterschulen geleistet werden, in denen die Küster den Kindern Unterricht im Katechismus erteilen.
Schulaufsicht soll durch die Kirche wahrgenommen werden.[81]
In der Schleswig-Holsteinischen Kirchenordnung wird auch der Schulbesuch der Domschule zu Schleswig ausführlich geregelt. Die Schule steht seit etwa 1458 unter der Oberaufsicht des lector theologiae, der den rector scholarum beruft. Bugenhagen will sie zu einer höheren Landesschule - also einer Art Prouniversität - umgestalten, es bleibt aber bei einer schola trivialis.[82]

---

80 H.H. Schrey, (Hrsg.), Reich Gottes und Welt, Die Lehre Luthers von den zwei Reichen, , Wissenschaftliche Buchgesellschaft, Darmstadt 1969.
    W.v. Löwenich urteilt folgendermaßen: "Die Lehre von den zwei Reichen will ebensowenig eine Herrschaft des Staates über die Kirche wie der Kirche über den Staat. Sie stellt den Christen aktiv in die Ordnung der Welt hinein, lehnt aber eine Freigabe der Welt an ihre Eigengesetzlichkeit ab. Sie verkennt nicht die Bruchstückhaftigkeit alles Irdischen, aber sie will nicht in schwärmerischer Weise das Hineingebundensein der christlichen Existenz in die Vorläufigkeit alles Irdischen überspringen." Siehe M. Schwab, Luther und die Reformation, in: Öffentliche Vorlesungsreihe der Pädagogischen Hochschule Kiel, S. 27.
    Um eine positive Interpretation der Zwei-Reiche-Lehre bemüht sich G. Ebeling, in: G. Ebeling, Leitsätze zur Zwei-Reiche-Lehre, ZTHK, 69. Jg., Heft 3/1972.
    Zur Sache sei noch verwiesen auf R. Preul, Lutherisch erziehen - mit dem Gesetz oder mit dem Evangelium, Kassel 1984.

81 vgl. F.M. Rendtorff, Die Schleswig-Holsteinischen Schulordnungen, S. 5ff.

82 Auch die 1544 erfolgte Landesteilung durch Christian III. verhindert die Durchführung einer Aufwertung der Schleswiger Domschule gemäß dem Vorschlag Bugenhagens in der Schleswig-Holsteinischen Kirchenordnung. E. Feddersen, Kirchengeschichte Schleswig-Holsteins, S. 124.

Paul von Eitzen als Generalsuperintendent[83] übernimmt die Leitung des Kirchenwesens und damit die des Schulwesens im Jahre 1562. Damit wird der alte Plan Bugenhagens, eine Landesschule aus der Domschule zu gestalten, von ihm weiter verfolgt. Er stößt dabei auf erbitterten Widerstand von seiten der beiden Landesfürsten und der Domherren.[84]

Herzog Adolf, der in der neuen Schule einen Prestigezuwachs für sich sieht, sperrt die Domherren kurzerhand ein, bis seine Wünsche erfüllt werden.

Im Frühjahr 1566 wird die neue Lehranstalt durch Herzog Adolf eröffnet. Es werden nicht nur "artistische" Vorlesungen (Sprachen, Arithmetik, Physik), sondern auch theologische, juristische und medizinische Vorlesungen angekündigt.[85]

Leider ist der Anstalt nur eine kurze Blütezeit beschieden. Kurz nach dem Tode Herzog Adolfs, gest. 1586, sinkt sie wieder zu einer gewöhnlichen schola trivialis herab. Die jungen Studenten müssen ihre Studien außerhalb des Landes fortsetzen.

Höhere Lateinschulen finden sich dann zu Beginn des 16. Jh. an zahlreichen Orten Schleswig-Holsteins: Husum, Meldorf, Flensburg, Schleswig, Hardesleben, Bordesholm, Itzehoe, Kiel, Rendsburg, Tondern, Altona, Burg a.F., Eckernförde, Sonderburg, Apenrade, Garding, Tönning, Heide und Lunden.[86] Ihre Qualität ist

---

83   Seit 1636 ist der Begriff *Generalsuperintendent* festgelegt. Damit soll das evangelische Verständnis des Bischofamtes ausgedrückt werden. Durch die politischen Geschehnisse in den beiden Fürstentümern geht die Entwicklung in Schleswig-Holstein auf kirchlichem Gebiet eigene Wege. So schreibt E. Schwarz: "Die Verquickung der Verfassungsgeschichte der Herzogtümer mit dem königlich dänischen Staatsrecht drängte dann immer wieder auf die Einbeziehung der religiösen Angelegenheiten in die allgemeine Staatsverwaltung, so daß die Generalsuperintendenten jeweils im Auftrag des fürstlichen summus episcopus tätig wurden, dessen Rechten kein Abbruch getan werden durfte." E. Schwarz, Das leitende geistliche Amt in Schleswig-Holstein unter Berücksichtigung seiner Beziehung zur landeskirchlichen Behörde, 1668-1968, in: Festschrift zum Hundertjährigen Bestehen des Evangelisch-Lutherischen Landeskirchenamtes in Kiel, Flensburg 1967/68, S. 81ff.

84   Feddersen schreibt dazu: "Als nun an die dazu fähigsten unter ihnen das Ansinnen gestellt wurde, an dem Pädagogikum Lehrerdienste zu leisten, sperrten sie sich, wahrscheinlich im Vertrauen auf die anderen Patrone des Stiftes und protestierten, da solches ihren Privilegien von 1556 widerspreche." E. Feddersen, Kirchengeschichte Schleswig-Holsteins, S. 125. Vgl. dazu: J. Alwast, Orthodoxie und Pietismus, Verein für Schleswig-Holsteinische Kirchengeschichte (Hrsg.), Schleswig-Holsteinische Kirchengeschichte, Bd. 4, Neumünster 1984, S. 15 ff.

85   ebenda, S. 126.

86   Höhere Lateinschulen unterschieden sich von den Lateinschulen durch eine fundiertere Ausbildung in der lateinischen Sprache. Jedoch führten auch sie in den seltensten Fällen zur Universitätsreife.

jedoch nicht so hoch, daß sie zu einer wirklichen Universitätsreife befähigen. So müssen ihre Schüler nach Lübeck, Hamburg oder Lüneburg ausweichen, um studieren zu können. Die enge Verbindung von Lateinschule und Kirche bleibt auch nach der Reformation bestehen. Der Lehrkörper setzt sich zum größten Teil aus Theologen zusammen, die jedoch im Ansehen und der Bezahlung nach unter einem Pfarrer stehen.[87]

In der Schleswig-Holsteinischen Kirchenordnung von 1542 finden wir wenig über andere Schultypen des Landes. In den Städten unterrichten Männer oder Frauen, die des Lesens und Schreibens mehr oder weniger kundig sind, in den Winkel- oder Klippschulen. Hier lernen Kinder, deren Eltern sich keinen Privatlehrer leisten können. Oft kommt es zu Streitigkeiten mit den öffentlich-städtischen Lese- und Schreibschulen, da beide auf die Schulgelder der Schülerinnen und Schüler angewiesen sind. Nach der Reformation ist an den Lese- und Schreibschulen der Religionsunterricht obligatorisch[88] (s. unten, 1.5).

Auf dem Lande herrschte eine andere Situation. Die vorreformatorischen Formen der Kirchspielschule und Dorfschule sind auch nach der Reformation noch vorhanden.

Jede Kirchengemeinde soll möglichst über eine Kirchspielschule verfügen - erste zaghafte Versuche einer allgemeinen Schulpflicht. Neben dem Katechismusunterricht erhalten die Kinder auch einen weltlichen Elementarunterricht, für den sie allerdings bezahlen müssen.[89]

Lehrer sind hier Pastor, Kaplan, Küster oder ein von der Kirche bestellter Schulmeister. So ist die Kirche für die Finanzen, die Schulaufsicht und den Lehrkörper verantwortlich. Die Bevölkerung nimmt dieses Angebot nur zögernd an.[90]

---

87 E. Feddersen, Kirchengeschichte Schleswig-Holsteins, S. 571

88 siehe Dolch, Lehrplan des Abendlandes, S. 248. Vor der Reformation wird an den Lese- und Schreibschulen kein Religionsunterricht erteilt (s. oben, 1.4).

89 Ernst Christian Helmreich beschreibt den damaligen Katechismusunterricht mit einem Zitat Luthers: "Vorsprechen, nachsprechen, auswendiglernen.", in: E.Ch. Helmreich, Religionsunterricht in Deutschland, Hamburg 1966, S. 38.

90 Feddersen bringt zahlreiche Beispiele für die Schwierigkeiten, die bei der Unterrichtung bestanden: "Zwar baten und mahnten bei ihren Visitationen Generalsuperintendenten und Pröpste, die Kinder doch um Gotteswillen zur Schule zu schicken, desgleichen mahnten die Eifrigsten unter den Pastoren. Aber die Bauern hatten ein hartes Fell: wenn kein Zwang dahinter saß, kümmerten sie sich wenig um geistliche Mahnungen." In: E. Feddersen, Kirchengeschichte Schleswig-Holsteins, S. 572.

Neben den Kirchspielschulen gibt es die Dorfschulen. Diese Anstalten werden meistens von wohlhabenden Bauern gegründet, die ihre Kinder zwar im Lesen und Schreiben ausbilden lassen wollen, aber den weiten Weg ihrer Kinder zur nächstgelegenen Kirchspielschule scheuen.

Mehrere Bauern teilen sich die Lasten für Schulgebäude und Lehrer. Die Verpflegung des Lehrers geschieht durch den sogenannten *Wandeltisch* : Jeder Bauer beköstigt den Schulmeister einen Tag.

Die Bauern achten ängstlich darauf, daß sich Pastor und Kirche nicht in die Belange der Privatschulen einmischen, da sie ja für die gesamten Kosten aufkommen.[91]

1544 erscheint für Schleswig-Holstein eine *Volksschulordnung* von Christian III.. Bugenhagens Ausführungen in der Schleswig-Holsteinischen Kirchenordnung von 1542 scheinen also nicht ausreichend gewesen zu sein. Christian III. will den angestrebten Katechismusunterricht für alle Kinder endlich verwirklicht sehen. Die Schülerinnen und Schüler sollen nach dem Willen Christians den Vormittag über eine kirchlich-religiöse Unterweisung erhalten und am Nachmittag im Lesen, Schreiben und Rechnen unterrichtet werden.

Der Unterricht soll durch Pfarrer und Küster gewährleistet werden. Schleswig-Holstein erhält damit eine ähnliche Ordnung, wie sie z.B. sich auch in der Lippischen Kirchenordnung von 1538, in der Hildesheimer Kirchenordnung von 1544 und in der Herzog-Julius-Braunschweig-Wolfenbüttelschen Kirchenordnung findet.[92]

Der Versuch, durch die Schleswig-Holsteinische Kirchenordnung das Schulwesen zu verbessern, scheint also nicht sonderlich erfolgreich gewesen zu sein. So heißt es in der Volksschulordnung Christians III. von 1544: "Wy erindern uns, dat unse commissarien, dewelcke wy thom besten unserer kerken unde caspel lüde yn dessen unsen förstendohmen, bleken unde landen tho visiteren utgeschickt, uns

---

91 ebenda, S. 574.

92 F.M. Rendtorff, Die Schleswig-Holsteinischen Schulordnungen, S. 205ff.
In der Herzog-Julius-Braunschweig-Wolfenbüttelschen-Kirchenordnung von 1569 heißt es folgendermaßen: "Damit der arbeitenden Kinder in irer jungendt nicht versaumbt, fürnemlich aber mit dem gebet selbst und gemeinen nutzes wegen desgleichen mit psalmen singen dester bass unterrichtet und christenlich auferzogen: wöllen wir, wo biss anhero inn solchen flecken cüstereyen gewesen, das daselbst deutsche schulen mit den cüstereyen zusamen angerichtet, und darauff zu versehung der deutschen schulen und cüstereyen von unseren verordneten Kirchen rethen geschickte und zuvor examnirte personhen, so schreibens und lesens wol bericht auch die jungendt in catechismo und Kirchen gesang unterrichten künden, verordnet werden." ebenda, S. 212.

underdanigh bericht unde aperbaret, dat under de gemene lüde hen unde wedder sick yn städen unde up den landen by unsen underdanen noch eine schrecklig grote unwetenheit, erdome und averglove des lydigen pavedoms befunnen, unde up unsen beveel allerley kamerlike und vorderfilike unordnunge an uns neven unsen reden unde landtschop vorgedragen unde averatwerden laten."[93]

1.6 Der Entwurf einer Schulordnung von Stephan Klotz

1651 versucht der Generalsuperintendent Stephan Klotz, die Mißstände im Lande mit dem Entwurf einer Schulordnung zu ändern.[94] Durch seine Visitationen kennt er die Zustände im Lande. Das Schulgeld verhindert zumindest auf dem Lande einen regelmäßigen Schulbesuch.

In den Lateinschulen unterrichten unfähige Lehrer, da bei der schlechten Bezahlung und kärglichen Ausstattung der Schulen niemand diesen Beruf ergreifen will.

Als ein Beispiel für die Mißstände im Land beschreibt August Sach die Zustände in der Domschule zu Schleswig im 17. Jahrhundert:

"Die meisten Lehrstunden wurden von den Schülern mit Einwilligung der Eltern aus den nichtigsten Gründen versäumt. Die zeitraubenden, aber für den Lehrer sehr einträglichen Leichenaufzüge, an denen die ganze Schule teilzunehmen hatte, gab zu den ärgerlichsten Auftritten Anlaß. Wenn die Eltern Schul- und Holzgeld zu zahlen weigerten, ließen die Lehrer ihre Schüler zur Strafe in den ungeheizten Zimmern frieren; wenn bei der Beisetzung der Leichen in der Domkirche die Gebühren nicht gleich entrichtet wurden, entstanden auf dem Kirchhofe förmliche Kämpfe zwischen Lehrern, Schülern und Leidtragenden, und vergeblich suchte die

---

93 ebenda, S. 25.

94 Stephan Klotz wurde am 13.09.1606 als Sohn des Pastors Klotz zu Lippstadt i.W. geboren. Er absolvierte die sechs Klassen in der Schule in einem halben Jahr. Obwohl er dem Medizinstudium zugeneigt war, beugte er sich dem Willen seiner Verwandten und studierte 1625 in Marburg Theologie. Dort erfuhr er die Spannungen zwischen Luthertum und Calvinismus unmittelbar. 1635 promovierte er an der Universtät Rostock und wurde 1636 als Generalsuperintendent für den königlichen Anteil in Schleswig-Holstein berufen. Der Nachfolger König Christians III., Friedrich III., berief ihn sogar als Hofprediger und Kirchenrat nach Kopenhagen. 1668 starb er, bevor er sein neues Amt antreten konnte. E. Feddersen, Kirchengeschichte Schleswig-Holsteins, S. 179f.
Vgl. dazu: Orthodoxie und Pietismus, Verein für Schleswig-Holsteinische Kirchengeschichte (Hrsg.), Schleswig-Holsteinische Kirchengeschichte, Bd. 4, Neumünster 1984, S. 97 ff.

Regierung durch scharfe Mandate Ruhe und Ordnung auf dem Kirchhof herzustellen.
Schüler und Lehrer waren allmählich alle träge und verdrossen bei der Arbeit geworden. Selbst der Domprobst Martini mußte im Jahre 1666 offen gestehen, wie unter dem Rectorat seines Schwiegersohnes Petersen die ewige Klage wieder laut geworden sei, daß auf der Domschule wenig oder gar nichts gelernt werde."[95]
Und als J. Rachel im Jahre 1667 in Schleswig eintrifft, um die Domschule zu leiten, findet er sie in folgendem Zustand vor: "Das Schulgebäude war über alle Maßen baufällig; durch das Dach strömte der Regen, Fenster und Fensterladen waren kaum vorhanden, in den Zimmern fehlten die Oefen, die Treppen waren lebensgefährlich und drohten einzustürzen, von dem Inventar war fast nichts mehr zu gebrauchen, keine Planke schloß das Gebäude und den Spielplatz ein. Mit Schmerzen vermißte er die nötigsten Bücher zum Handgebrauche für die Schüler; er fand keine einzige deutsche Bibel, kein lateinisches Lexikon, nur ein griechisches in noch einigermaßen brauchbarem Zustande vor."[96]
Aber auch die Lehrinhalte geben Anlaß zu Klagen. Klotz legt deshalb in seiner Schulordnung verbindliche Lehrinhalte fest. In den Landschulen sollen die Kinder "fertig lesen vnd nach Notturfft schreiben auch rechnen lernen, den kleinen Catechismum Lutheri vnd die morgen vnd abend gebete..."[97]
Klotz verbindet den Lehrinhalt der Schule eng mit der Konfirmation. Nur derjenige kann konfirmiert werden, der "Seinen catechismum mit der auslegung vnd die grundveste seines Glaubens voll gefasset hatt"[98] (s. oben, 1.5).
Auch für die Lateinschule soll gleichberechtigt gegenüber der alten Sprache (Latein) der Hauptlehrgegenstand Religion sein, neben der Metaphysik,[99] Rhetorik, Mathematik, Naturwissenschaft, Geographie und Geschichte unterrichtet werden sollten.[100] Es ist sehr deutlich zu erkennen, wie sich auch hier noch Teile der Septem Artes Liberales finden (s. oben 1.2).

---

95   A. Sach, Joachim Rachel, ein Dichter und Schulmann des siebzehnten Jahrhunderts, Schleswig 1869, S. 36.

96   ebenda, S. 37.

97   F.M. Rendtorff, Die Schleswig-Holsteinischen Schulordnungen, S. 46.

98   ebenda, S. 48.

99   St. Klotz erläutert den Begriff *Methaphysik* in seiner Schulordnung nicht. Es fand sich auch keine Literatur, die Aufschluß gab.

100 ebenda, S. 50f.

Leider wird die Schulordnung von Stephan Klotz nicht angenommen und damit eine große Chance für ein geordnetes Schulwesen vertan. So bleibt das Schulwesen im 17. Jh. in Schleswig-Holstein mangelhaft. "In den Geestdörfern Süderdithmarschens waren nach einem vom Propst und Landvogt erstatteten Bericht von 1660 die Schulen schlecht bestellt; viele Bauern lassen ihre Kinder 'wie das dumme Vieh' aufwachsen. In Lebrade bleibt die Schule in schlechtem Stande, die Kinder finden sich lieber bei den Schweinen und Kühen denn in der Schule; daher nicht zu besorgen, daß sie zu klug werden und ihren Obrigkeiten entlaufen sollten."[101]
Die Kriegszüge, die 1627 und 1643 während des Dreißigjährigen Krieges das Land erschüttern, tragen ebenfalls nicht zur Hebung der Bildung bei. Die Schulhäuser werden zerstört und Schüler und Lehrer gehen ihrer Wege.

1.7 Die Entwicklung der Schulordnung im 18. Jh. in Schleswig-Holstein

In den Jahren 1733 und 1734 versucht Herzog Carl Friedrich mit seinen Gottorpschen Schulordnungen die Situation in den Schulen zu verbessern. So werden unter anderem die pröpstliche Lehrerexamination, Schulzwang vom 7. bis zum 14. Lebensjahr und die Übernahme der Konfirmationsregel festgesetzt. Die Kirche führt weiterhin die Aufsicht über die Schule durch den Generalsuperintendenten. Er besucht die einzelnen Schulen und führt die Examina durch, um den Wissensstand der Schüler und Lehrer zu prüfen.[102]
Durch die politischen Verflechtungen mit Dänemark[103] ergeben sich Auswirkungen auf das schleswig-holsteinische Schulwesen. Die dänische Konfirmationsordnung von 1796 - jetzt auch gültig für Schleswig-Holstein - regelt indirekt die Dauer der Schulpflicht und des Schulabgangs. Um konfirmiert zu werden, muß man gewisse Fertigkeiten, wie Lesen und Schreiben, beherrschen. Will man heiraten oder sozial aufsteigen, muß man wiederum konfirmiert sein.[104]

---

101 E. Feddersen, Kirchengeschichte Schleswig-Holsteins, S. 576

102 F.M. Rendtorff, Die Schleswig-Holsteinischen Schulordnungen, S. 66ff.

103 1721: die Herrschaft Pinneberg und die Stadt Altona kommen zum königlichen Anteil von Schleswig-Holstein, der Gottorpsche Anteil an Schleswig wird königlich.

104 Konfirmation und Schulbesuchsdauer stehen in engem Zusammenhang. Bis weit ins 20. Jh. hinein erfolgten Konfirmation und Abschluß der Volksschule gemeinsam. Es könnte sich nach A. v. Gennep um einen Übergangsritus handeln (rite de passage). A. v. Gennep sieht das "individuelle Leben als eine Folge von Etappen, deren Beginn und Ende Einheiten gleicher Ordnung bilden; soziale Reife, Heirat, Vaterschaft, Klassenaufstieg, Spezia-

Die Landbevölkerung sieht häufig die Notwendigkeit einer Schulbildung nicht ein, die Lehrer sind schlecht ausgebildet und werden von den Gemeinden karg besoldet. Immer wieder kommt es zu neuen Auseinandersetzungen, wenn die Schüler bei der Ernte und der Viehhaltung helfen und die Schule nicht besuchen.[105]
Ein weiterer Schritt zur Verbesserung des Schulsystems ist in der Gründung des Kieler Seminars anno 1781 zu sehen. Die Lehrerausbildung erfährt damit eine Verbesserung und Vereinheitlichung.
1787 erfolgt dann die Gründung des Tonderaner Seminars, das erst 1991 aufgelöst wurde. Die Bildung und Emanzipation des Lehrerstandes hing von der Organisationsstruktur der Gemeinde ab. Bedingt durch die politischen Gegebenheiten (s. oben 1.4) gab es noch vor Mitte des 18. Jh. gottorpische, königliche und gemeinschaftliche Verordnungen: Lehreranstellung und Lehrer-besoldung wurden folglich nicht einheitlich geregelt und hingen von den jeweiligen Voraussetzungen ab (s. oben, Anm. 81). So mußte ein Lehrer auf dem Dorf neben Grundfertigkeiten im Lesen, Schreiben und Rechnen auch Landarbeit beherrschen. *Die Königlich Holsteinische Schulordnung* vom 31.12.1747 wurde auf Anregung der Königlichen Staatsregierung verfaßt. 10 Jahre lang wurden die schulischen Gegebenheiten im königlich-holsteinischen Anteil geprüft und Verbesserungsvorschläge erarbeitet, unter anderem auch eine Ausbildung der Unterrichtenden, um den Schülerinnen und Schülern den Stoff besser vermitteln zu können. In § 14 der *Königlich-Holsteinischen Schulordnung* vom 31.12.1747 wurde die Einrichtung eines Schulhalter-Seminars angeregt, um eine Verbesserung der Lehrerausbildung zu erreichen. Auch Bestimmungen über Schulbauten und Anstellung der Lehrer

---

lisierung der Beschäftigung, Tod." (A. v. Gennep, Die Übergangsriten, in: C.A. Schmitz (Hrsg), Religionsethnologie, Akademische Reihe, Frankfurt a.M. 1964, S. 375f).
Mit dem Ende der Schulzeit erfolgt der Eintritt in das Berufsleben, die soziale Reife ist weitgehend abgeschlossen. Die Konfirmation zeigt ebenfalls das Erreichen einer Etappe an. Der Jugendliche entscheidet sich für oder gegen einen Eintritt in die Gemeinschaft der Kirche, nachdem bei der Taufe die Eltern für ihn gesprochen haben. Es bliebe noch zu klären, warum diese an sich logische Verbindung in der heutigen Zeit nicht mehr gegeben ist.

105 In der Königlich-Holsteinischen Schulordnung von 1747 wird der schlechten Lage der Lehrer in § 21 Rechnung getragen "Dem bisherigen Unwesen, da die Schulmeister theils aus wahrer Noth, theils unter dem blossen Vorwande, dass sie sonsten nicht leben könnten neben der Schulehaltung zu anderen Handthierungen gegriffen, soll itzo, da den Schul-Dienern gnugsamer Unterhalt verschaffet wird, nicht weiter nachgesehen werden." In: F.M. Rendtorff, Die Schleswig-Holsteinischen Schulordnungen, S. 113.

trugen zu einer geringfügigen Verbesserung der Zustände bei. Interessanterweise führte also zunächst die Obrigkeit Reformen durch.

Die Gründung des Kieler Lehrerseminars 1781 erfolgte unter anderem auf Betreiben des Ministers Graf Bernstorff.[106] Die Ausbildung der Lehrer wurde sowohl praktisch als auch theoretisch betrieben. Einerseits war eine Unterweisung in Religion, Geschichte, Erdkunde, Deutsch, gemeinnützigen Kenntnissen, Methodik, Schreiben, Rechnen, Singen und einigen wahlfreien Fächern obligatorisch, andererseits hatten die Seminaristen Gelegenheit, die Zöglinge des angegliederten Waisenhauses zu unterrichten.

Allerdings hatten von den 266 geprüften Seminaristen, die bis 1788 entlassen wurden, nur 116 eine Anstellung in öffentlichen Schulen und 64 eine Hauslehrerstelle.

In der Bevölkerung und bei den Pfarrern regte sich Widerstand gegen die gut ausgebildeten Lehrer, die oft mit Reformvorschlägen die Schulsituation zu verbessern suchten.[107]

Nach der Reformation bis zur *Allgemeinen Schulordnung* von J.G.C. Adler 1814 entwickelte sich das Schulwesen in Schleswig-Holstein wie unter 1.8 ausgeführt wird. Es ist allerdings zu beachten, daß es keine einheitliche Schulordnung in Schleswig-Holstein bis dato gab, sondern durch die wechselvolle politische Geschichte zahlreiche Variationen in der Schullandschaft vorhanden waren (s. oben, Anm. 81).

---

106 Andreas Peter Bernstorff übernahm 1773 in Dänemark nicht nur die Führung der Außenpolitik, sondern wurde auch Direktor der Deutschen Kanzlei, der obersten Verwaltungsbehörde der Herzogtümer Schleswig und Holstein. Er setzte sich u.a. für die Verfassung eines neuen Kirchengesangbuches und einer neuen Gottesdienstordnung ein. Am 21. Juni 1797 starb Bernstorff. Otto Brandt, Geschichte Schleswig-Holsteins[7], Kiel 1976, S. 203 und S. 214.
Zu den Schullehrerseminaren in Tondern und Kiel vgl.: Kirche im Umbruch, Schleswig-Holsteinische Kirchengeschichte, Bd 5, Verein für Schleswig-Holsteinische Kirchengeschichte (Hrsg.), Neumünster 1989, S. 29 ff.

107 Johann Grönhoff, Die Berufsausbildung der Lehrer und Lehrerinnen in Schleswig-Holstein, in: Wegweiser für die Lehrerfortbildung, Bd. 37/38, Kultusministerium des Landes Schleswig-Holstein (Hrsg.), Kiel 1963, S. 4 ff..

Stadt	Gelehrtenschule (Schulgeld)	Lateinschule (Schulgeld)	Schreib- und Leseschule (Schulgeld)
Land	Dorfschule[108] (von der Gemeinde unterhalten, Schulgeld mußte gezahlt werden)	Kirchspielschule (Küsterschule) (von der Kirche unterhalten, der Katechismusunterricht ist unentgeltlich, für den Unterricht im Lesen, Schreiben und Rechnen muß bezahlt werden)	Der Unterricht auf dem Lande findet häufig nur während der Wintermonate statt, im Sommer werden alle Kräfte auf den Feldern benötigt.

Die Gelehrtenschule sollte auf den Besuch der Universität vorbereiten, war also in gewissem Sinne berufsbezogen.[109] Auch die Lateinschule sollte auf dieses Ziel hinarbeiten, verfehlte aber oft diesen Zweck (s. oben, 1.4). In den Schreib- und Leseschulen wurden die Schüler mit dem Stoff vertraut gemacht, den sie zur Bewältigung ihres späteren Lebens benötigten.

Die Kirchspielschulen waren an die Kirche gebunden und vermittelten daher christliche Inhalte. Der spätere Beruf spielte dabei eine untergeordnete Rolle. An dieser Stelle zeigt sich im Bereich der Reformation auf der untersten Ebene ein Nebeneinander von Staat und Kirche im Bildungsbereich. Hier wird eine Rückkopplung mit der Reformationszeit deutlich: Die Kirche ist vital am Lesen- und

---

108 Die Dorfschulen wurden nicht von einer politischen Gemeinde, vergleichbar der heutigen, getragen, sondern die Schulinteressenten mieteten einen Lehrer als Knecht. Neben der Feldarbeit im Sommer lehrte er die Kinder im Winter so gut er es vermochte. In den adligen Distrikten sorgten die jeweiligen Gutsbesitzer nach Gutdünken für die Ausbildung der Kinder ihrer Arbeiter (E. Erichsen/H. Sellschopp, Die Allgemeine Schulordnung der Herzogtümer Schleswig und Holstein, in: Kultusministerium des Landes Schleswig-Holstein (Hrsg.), Wegweiser für die Lehrerfortbildung, Bd. 43/44, S. 23).

109 Die Gelehrtenschule tritt relativ spät an die Stelle der höheren Lateinschule. Christian VII. erwähnt sie in seinem Erlaß vom 23.03.1803. Adler übernimmt diese Bezeichnung in seiner *Allgemeinen Schulordnung* von 1814. Im Gegensatz zu den alten Lateinschulen ist die Sprache das Mittel zur Einführung in das Geistesleben der Antike. Hier zeigt sich eine große Übereinstimmung mit der Auffassung Wilh. von Humboldts (s. oben, Anm. 22). Das Latein im Unterricht wandelt sich also vom bibelorientierten zum klassischen Latein. In: Olaf Klose (Hrsg.), Zeitschrift der Gesellschaft für Schleswig-Holsteinische Geschichte, Bd. 82, Neumünster 1958.

Schreibenlernen interessiert, fühlt sich aber nicht primär dafür verantwortlich, wenn es um die Durchführung geht. Hingegen verlangt sie bei der Unterrichtung des Katechismus - also bei der Wahrung ihrer ureigensten Interessen - keine Bezahlung. Luther plädierte sowohl für Schulen, die von christlichen Gemeinden getragen werden, als auch für solche, die von den Städten unterhalten werden sollten. Eine Trennung, wie oben beschrieben, ist damit nicht intendiert, weil bei Luther und Bugenhagen von einer wechselseitigen Durchdringung von Bürgergemeinde und Kirchengemeinde ausgegangen wird.[110]

Die Schule entwickelt sich also in zwei Richtungen. Einmal muß der Berufsbezug beachtet werden, zum anderen muß für eine Vereinheitlichung des Bildungswesens das Verhältnis Staat-Kirche geklärt werden (s. unten, 1.8).

1.8 J.G.C. Adler und seine allgemeine Schulordnung für die Herzogtümer Schleswig und Holstein

Mit der Verbesserung der Lehrerausbildung versuchte die Große Schulkommission in Dänemark von 1785 bis 1814 ein einheitliches Schulwesen zu schaffen. Dies gelingt hauptsächlich durch die Arbeit von J.G.C. Adler.[111]
Rendtorff bezeichnet ihn sogar als "eigentlichen Begründer der modernen Volksschule und zugleich Schöpfer des modernen Gymnasiums unseres Landes."[112]

---

110 Martin Schwab, Luther und die Reformation, in: Öffentliche Vorlesungsreihe der Pädagogischen Hochschule Kiel zum Lutherjahr 1983, Klaus Kürzdörfer (Hrsg.), Obertshausen 1983, S. 19ff.

111 J.G.C. Adler wurde am 8.12.1756 in Arnis an der Schlei als Sohn des Pastors geboren. Auch seine Vorfahren waren in der Mehrzahl in diesem Beruf tätig. Er studierte in Kiel und Rostock Theologie und Orientalia.
1780 führte ihn ein zweijähriges Reisestipendium durch Deutschland, Österreich, Italien und die Niederlande.
1783 Professor des Syrischen in Kopenhagen
1788 Professor der Theologie
1789 deutscher Hofprediger in Kopenhagen
1792 Generalsuperintendent für Schleswig und 1806 auch für Holstein
1797 verfaßte er die Schleswig-Holsteinische Kirchenagende
1814 Verfasser der Allgemeinen Schulordnung für die Herzogtümer Schleswig und Holstein
11.8.1834 Tod in Giekau (Holstein)
Ernst Wolf, Art. 'Adler' in: RGG^3, Bd. I, Sp. 96f.

112 Siehe F.M. Rendtorff, Die Schleswig-Holsteinischen Schulordnungen, S. 315.

Obgleich Adler ursprünglich die Ausbildung eines Wissenschaftlers und Theologen erhält und auch zunächst ausübt, findet er sich schnell in seine neue Aufgaben.[113]
Als Generalsuperintendent sieht Adler sehr wohl die Fehler des Schulsystems und versucht, sie in seinem Entwurf einer *Allgemeinen Schulordnung* für die Herzogtümer Schleswig und Holstein vom 24.11.1804 zu berücksichtigen. Er hatte erst am 28.04.1804 vom Oberkonsistorium den Auftrag dazu erhalten.
Seine Vorschläge stoßen auf heftige Kritik von seiten des Generalsuperintendenten von Holstein, Callisen[114], und im folgenden auch des Oberkonsistoriums. Callisen vertrat in der Theologie das damals traditionelle Verständnis von Religion. Religion ist Moral, Kultur und christliche Erziehung. Dies zeigte sich auch in seiner Kritik an dem Adlerschen Entwurf. Callisen ist der Ansicht, daß für eine solche Ordnung in Holstein die Zeit noch nicht reif sei. Für die Gelehrtenschule fehle es sowohl an Schülern als auch an qualifizierten Lehrern, da die Zahl der Theologiestudenten an der Kieler Universität entschieden zu gering sei.
Entscheidend ist für ihn auch das Fehlen einer Bestimmung über das Mindestalter der Lehrer. Da eine andauernde Aufsicht nicht gewährleistet sei, dürften zum Schutz der Kinder nur gefestigte Persönlichkeiten den Unterricht erteilen.
Eine weitere Schwierigkeit besteht - nach Callisen - in dem Fehlen von Bestimmungen über die bereits bestehende Schulordnung. Er fordert strenge Gesetze, um unfähige Lehrer aus dem Schuldienst zu entlassen, und genaue Vorschriften für den Besuch der Pastoren in den Schulen.
Neben seiner Lehrertätigkeit wünscht Callisen, jeden Lehrer zur Abhaltung von Betstunden und Krankenbesuchen zu verpflichten.[115] So scheiterte zunächst der Versuch einer gemeinsamen Ordnung für die Herzogtümer Schleswig und Holstein.[116]

---

113 E. Erichsen, H. Sellschopp, Die Allgemeine Schulordnung der Herzogtümer Schleswig und Holstein, in: Kultusministerium des Landes Schleswig-Holstein (Hrsg.), Wegweiser für die Lehrerfortbildung, Bd. 43/44, S. 13ff.

114 "Callisens Bedeutung liegt darin, daß er Orthodoxie mit Toleranz verbunden und so eine keineswegs einmütige Geistlichkeit zusammengehalten hat. Als Schriftsteller war Callisen ein glänzender Stilist; sein Urteil über die Zeitströmungen der Aufklärung und Revolution ist ablehnend." H.A. Koch, Schleswig-Holsteinisches Biographisches Lexikon, Bd. 3, Olaf Klose und Eva Rudolph (Hrsg.), Neumünster 1974, S. 68.

115 F.M. Rendtorff, Die Schleswig-Holsteinischen Schulordnungen, S. 318 ff.

116 Callisen wehrt sich gegen Adlers Auffassung, die seiner Meinung nach nicht die Erziehung zum religiösen Menschen gewährleistet: "Vor allem liegt mir eins am Herzen, daß doch in einem neuen Schulplan so wie in den alten Schulverordnungen die Hauptabsicht der Schule,

Am 7. Januar 1807 richtet Adler ein Schreiben an den König, in dem er deutlich die Schwierigkeiten der Bildungssituation im Lande erläutert. So hofft er, wenigstens für Schleswig eine Allgemeine Schulordnung durchzusetzen. Doch die Mühe ist vergeblich, denn die Verwaltung in Kopenhagen reagiert auf die Vorschläge nicht. E. Erichsen und H. Sellschopp weisen auf den zunehmenden dänischen Patriotismus und die damit verbundene Danisierung als einen möglichen Grund für die Nichtbearbeitung der Adlerschen Reformvorschläge hin.[117]

Die enge politische Verflechtung Dänemarks mit Napoleon[118] führte nach dessen Niederlage 1813 sogar zum Staatsbankrott, durch den besonders die Herzogtümer wirtschaftlich stark betroffen sind.

Unter diesen Voraussetzungen kommt man verständlicherweise nicht zu ausgedehnten Schulreformen.[119]

Der Kieler Friede vom 14.01.1814 bringt endlich wieder Ruhe und Frieden. So kann man sich bei Hofe erneut den Schulreformen widmen. Am 17.09.1813 berichtet Adler in der Schleswig-Holsteinischen Kanzlei zu Kopenhagen über seine

---

daß die Jugend zur christlichen Erkenntnis, Gesinnung und Verhalten möge angeführt werden und ihnen zu dem Ende die heilige Schrift möge bekannt und wert gemacht werden... so scheinen mir die angegebenen Zwecke viel zu allgemein und unbestimmt. Die Bibel hat mehr wahre Cultur bewirkt als alle Philosophie und Moral ... Und sie bleibt noch immer in und ausser der Schule das beste Mittel, verständige, gute, glückliche, durch ein Heiliges Band verbundene Menschen zu bilden." F.M. Rendtorff, Die Schleswig-Holsteinischen Schulordnungen, S. 318f. In der Kontroverse Adler-Callisen wird eine Problematik wieder aufgegriffen, die bereits bei der Erziehung der Griechen zu finden ist: Was ist das Ziel der Erziehung? (vgl. oben, 1.1). Eine Lösung des Problems kann uns auch Adler in seiner Allgemeinen Schulordnung für die Herzogtümer Schleswig und Holstein nicht zeigen. Besonders drängend wird die Frage nach dem Erziehungsziel auch bei der Evangelischen Unterweisung, wie noch zu zeigen sein wird (vgl. unten, 2.8).

117 E. Erichsen, H. Sellschopp, Die Allgemeine Schulordnung der Herzogtümer Schleswig und Holstein, in: Kultusministerium des Landes Schleswig-Holstein (Hrsg.), Wegweiser für die Lehrerfortbildung, Bd. 43/44, S. 26.

118 Napoleon hatte Hamburg und Lübeck dem französischen Kaiserreich einverleibt, so daß Dänemark durch die Personalunion des dänischen Königs als Herzog von Schleswig und Holstein unmittelbar Nachbar des Korsen war.
Da Dänemark nicht über ausreichende militärische Mittel verfügte, schloß es notgedrungen 1808 ein Bündnis mit Napoleon und mußte sich auch an der Kontinentalsperre beteiligen. Dadurch wurde der Außenhandel Dänemarks vernichtet.

119 E. Erichsen, H. Sellschopp, Die Allgemeine Schulordnung der Herzogtümer Schleswig und Holstein, in: Kultusministerium des Landes Schleswig-Holstein (Hrsg.), Wegweiser für die Lehrerfortbildung, Bd. 43/44, S.26.

Reformvorschläge, und am 24.08.1814 wird dann endlich die Allgemeine Schulordnung genehmigt. Interessanterweise konnten sich die Kritiker mit ihren zunächst berücksichtigten Vorschlägen nicht durchsetzen, und die erste Fassung von Adler wird in vielen Punkten wieder aufgenommen.[120]

In der Präambel der *Allgemeinen Schulordnung* für die Herzogtümer Schleswig und Holstein wird die Schule als Ausbildungsstätte für den geeigneten Untertanen gesehen: "Wir, Frederik der Sechste F u.s.w. thun kund hiermit: Das seine allgemein zweckmäßige Richtung des Unterrichts und der moralischen Bildung der Jugend in den Schulen das sicherste Mittel ist, dem Staat rechtschaffene und nützliche Unterthanen zu erziehen."[121]

Die Allgemeine Schulordnung von 1814 weist hier mit dem Begriff *rechtschaffener und nützlicher Unterthan* eine Zielsetzung der Schule auf. 40 Jahre später fordern die *Stiehlschen Regulative* ebenfalls die Erziehung zum Untertanen. Allerdings liegen zwischen den Forderungen der *Allgemeinen Schulordnung* und den *Stiehlschen Regulativen* die Erfahrungen des preußischen Staates von 1848. Der Untertanenbegriff wird einer Wandlung unterzogen und ist nicht mehr mit der *Allgemeinen Schulordnung* identisch (s. unten, 2.1, *Die Stiehlschen Regulative*).

Bei Johannes Bugenhagen steht dagegen an erster Stelle die Erklärung der göttlichen Schrift, erst dann folgt die weltliche Ordnung.[122] Das Ziel der Präambel der *Allgemeinen Schulordnung* für die Herzogtümer Schleswig und Holstein von 1814 wird im folgenden näher erläutert. So heißt es in § 1 "In den Bürgerschulen der Städte und Flecken aber und in den Volksschulen auf dem Lande soll der gesamten Jugend beiderley Geschlechts, außer der moralisch-religiösen Bildung welche in allen Schulen ein Hauptgegenstand der Sorgfalt der Lehrer seyn muß, diejenige intellectuelle Bildung gegeben werden, welche sie ihrem künftigen Beruf

---

120 So erhalten die Rektoren der Gelehrtenschulen in ihren Instruktionen zur Schulordnung die Maßgabe, unbegabte Schüler zum Verlassen der Schule zu ermuntern.
Auch die Schulstuben in Bürger- und Landschulen sollen nun nach den Vorschlägen Adlers eingerichtet werden.
An Gelehrten- und Bürgerschulen werden gleichermaßen gymnastische Übungen empfohlen. F.M. Rendtorff, Die Schleswig-Holsteinischen Schulordnungen, S. 324.

121 ebenda, S. 144.

122 ebenda, S. 11 (Kirchenordnung von 1542).

gemäß bedarf, um in der Stadt oder auf dem Lande der bürgerlichen Gesellschaft nützlich zu werden"[123] (s. oben, 1.4).

Hier geht es wieder um die Definition der Erziehungsziele. Es wird sehr deutlich, daß auch der Beruf bei der Erziehung der Schüler eine Rolle zu spielen hat (s. oben, 1.7 u. 1.8).

Adler als Mann der Kirche muß in seinem Entwurf auch auf die religiöse Bildung der Jugend achten. Aber auch die weltliche Ausrichtung ist - wie oben angeführt - in seiner Schulordnung enthalten. Ferner wird zwischen Land-, Bürger- und Gelehrtenschule unterschieden, von denen jede curriculare Rahmenvorschriften erhält, die die Mindestanforderungen an die Schüler enthalten.

Für die Lateinschule, wie sie noch Bugenhagen favorisierte, ist bei dieser Schulordnung kein Platz mehr.[124]

Adler reduziert die Anzahl der Gelehrtenschulen drastisch. Nach seiner Meinung können viele dieser Schulen den Ansprüchen nicht gerecht werden. So verbleiben im Landesteil Schleswig nur die Schulen in Schleswig, Husum, Flensburg und Hardersleben.

Im Landesteil Holstein bleiben die Schulen in Altona, Glückstadt, Plön, Meldorf und Kiel bestehen.[125]

Im Fach Religion sollen die Schüler in Religion und Religionsgeschichte unterrichtet werden. Die gelehrte Dogmatik bleibt der Universität erhalten.

Ferner sollen die Schüler die Hauptgrundsätze der Religion und Moral lernen. Die Religion hat auf der Ebene der Lehrpläne auch heute noch eine moralische Dimension. Was aber auf Lehrplanebene gültig ist, wird nicht allgemein anerkannt. Die frühe deutsche Aufklärung fordert eine Trennung der Moral und Ethik von der Religion (s. unten, Anm. 126). Aber auch hier finden sich Gegenkräfte, die die Moral und Ethik auf Gottesfurcht begründet wissen wollten (s. unten, Anm. 126). Diese unterschiedlichen Sichtweisen sind bis heute zu finden und beeinflussen den Lehrplan Religion, ohne eine endgültige Lösung zu bieten. Der Moralunterricht ist hier eng mit der Religion verknüpft. Im Gegensatz dazu steht die Auffassung Caspar Voghts, der Ende des 18. Jh. in Hamburg eine moralische Erziehung fordert, die sich von ihrer Bindung an die Kirche löst: "Daß der Mensch gut und

---

123 ebenda, S.144 (§ 1 der Allgemeinen Schulordnung).

124 ebenda, S. 11 (Kirchenordnung von 1542).

125 ebenda, S. 145 (§ 3 der Allgemeinen Schulordnung).

glücklich sey (sic!) liegt viel weniger in den Formen der Regierung und seiner Religion als in dem Grad seiner Sittlichkeit."[126]
Diese Auffassung teilt Adler nicht. Der Moralunterricht ist in den Religionsunterricht eingebettet. Der Begriff *Moral* steht für *Tugend- und Sittenlehre*, wie aus dem Bericht des Lehrers Kehl über den Religionsunterricht in seiner Schule deutlich wird.[127] Die Grundsätze der Moral konnten einmal über die Bibel vermittelt werden, z.B. über die 10 Gebote oder biblische Stoffe wie z.B. Kain und Abel, zum anderen durch den Katechismus oder durch besondere Schriften, die für diesen Zweck geeignet waren.

Ziel der Gelehrtenschule ist die Vorbereitung auf die Universität. Damit die Lehrer diese Aufgaben erfüllen können, werden sie von allen kirchlichen Geschäften befreit:

"... sollen sie künftig von allen Kirchengeschäften, wohin auch das Singen bey Leichenbegängnissen zu rechnen ist, völlig dispensiert werden, zu welchem Ende die Cantorate auch von den Schulstellen zu trennen und anderweitig zu besetzen sind."[128]

Bei Bugenhagen findet sich noch eine enge Verflechtung zwischen Lehrtätigkeit und Kirchendienst.
Zweifellos gehen Bugenhagen und Adler von verschiedenen Voraussetzungen aus. Für Bugenhagen ist das Ziel der Schule von der Reformation her zu verstehen: Die Schule ist für ihn Christenpflicht (s. oben, 1.5).
Die Ursachen der Trennung bei Adler können in der Stoffülle liegen. Die Schüler haben jetzt ein größeres Pensum zu leisten.
So schreibt Adler in der *Allgemeinen Schulordnung* von 1814 folgende Lerninhalte vor:

---

126 D. Klemenz, Der Religionsunterricht in Hamburg, Hamburg 1971, S. 138.
I. Kant bricht mit der Verbindung Gott-Moral-Ethik, wie in folgendem Zitat deutlich wird: "Ethik sei auf die *für uns begrifflichen* moralischen Verhältnisse des Menschen gegen den Menschen beschränkt. Bei Schleiermacher ist neben der philosophischen Sittenlehre, die einen bestimmten vorher festgelegten Begriff vom Menschen voraussetzt, die Möglichkeit einer christlichen Sittenlehre gegeben, eine Beschreibung des christlichen Selbstbewußtseins." Annemarie Pieper Art. 'Ethik', in: HWPh, Bd. 2, Basel 1972, Sp. 780 und 791.

127 Dieter Stoodt, Arbeitsbuch zur Geschichte des evangelischen Religionsunterrichts in Deutschland, Münster 1984, S.227f.

128 Siehe F.M. Rendtorff, Die Schleswig-Holsteinischen Schulordnungen, S. 147 (§ 9 der Allgemeinen Schulordnung von 1814).

Religion und Religionsgeschichte, Latein, Griechisch, wahlweise Hebräisch, Kalligraphie, praktisches Rechnen, Unterricht im Singen, *Psychologie* (gemeint sind die ersten Grundsätze empirischer Psychologie) und allgemeine Logik, Geschichte der Philosophie, neue und alte Geographie, Vaterlands- und allgemeine Geschichte und Chronologie, Anthropologie und die ersten Grundsätze der Rhetorik und Poetik.
Ferner Übungen im Reden, Schreiben und Declamiren (sic!) und Ascetische Übungen.[129]
Die Schulaufsicht liegt nicht mehr in den Händen der Kirche. Zwar wird sie von den Generalsuperintendenten wahrgenommen, aber nicht in ihrer Eigenschaft als Theologen, sondern als Vertreter des Staates.
Von Adler selbst sind keine Anmerkungen zu diesem Paragraphen bekannt. Deshalb lassen sich in diesem Punkt nur Vermutungen aufstellen.
Hier spiegelt sich auch das veränderte Zeitbewußtsein im Vergleich zu Bugenhagen wider (s. oben, 1.5). Adler hatte während seiner Tätigkeit als Professor und Hofprediger in Kopenhagen genügend Gelegenheiten, mit dem Gedanken der Aufklärung vertraut zu werden und durch seine zweijährige Reise durch Deutschland, Österreich, Italien und die Niederlande auch Informationen zu sammeln, die ihm bei seiner *Allgemeinen Schulordnung* halfen, ein Reformwerk zu schaffen, das sich glänzend bewährte. Während seiner Kopenhagener Zeit kam Adler mit den aufgeklärten Strömungen des Kopenhagener Hofes in Berührung. Kopenhagen bot damals vielen Gelehrten die Möglichkeit, ihre Ideen und Gedanken ungestört zu äußern, während in anderen Ländern scharfe Zensur herrschte.
In den Bürgerschulen sollen "haupsächlich gute und geschickte Staatsbürger, wie auch rechtschaffene Christen" ausgebildet werden.[130]
Dabei untergliedern sich die Bürgerschulen in Aufsichtsschulen, Elementarschulen und Hauptschulen. Die Hauptschulen werden wiederum in Knaben- und Mädchenschulen unterteilt.

---

129 ebenda, S. 149ff (§§ 14-19 der Allgemeinen Schulordnung von 1814).

130 ebenda, Die Schleswig-Holsteinischen Schulordnungen, S. 155 (§ 30 der Allgemeinen Schulordnung von 1814).
Im Lichte unserer Erfahrung ist diese Aussage im 20. Jh. mit besonders kritischer Aufmerksamkeit zu lesen. Wie scheinbar harmlos stehen diese beiden Zielvorstellungen hier noch nebeneinander. Zur Zeit des Kirchenkampfes ergibt sich ein neues Verhältnis von Staat und Kirche. Das Christentum hat nach Auffassung der Bekennenden Kirche eine Kontrollfunktion gegenüber dem Staat, während bei Adler das Christentum ein Teil des vom Staat zu fördernden Bildungswesens ist (s. unten, 2.6 u. 2.9).

In den Elementarschulen umfaßt der Unterricht: Syllabieren, Lesen, Schreiben, Rechnen, Unterricht in der Rechtschreibung, Verstandes- und Gedächtnisübungen und Religionsunterricht. Gedächtnisübungen werden mit Hilfe von Bibelsprüchen und Liederversen durchgeführt.[131]
Die Bibel als einziges Lehr- und Lernmittel ist zwar nicht mehr vorhanden, wird aber durchaus noch als *Schulbuch* eingesetzt. Dies wird in § 40 der *Allgemeinen Schulordnung* noch deutlicher. Dort heißt es: "Bei den Leseübungen (in den oberen Klassen der Elementarschulen) sind außer der Bibel, aus welcher nur gewählte Abschnitte den Kindern vorgelegt werden müssen, besonders gute Lesebücher zu gebrauchen; die Catechismen und Evangelienbücher werden künftig nicht mehr als Bücher zum Lesenlernen zu gebrauchen sein."[132]
Für den Unterricht in Religion bildet der Landeskatechismus neben biblischen Geschichten die Grundlage.[133]
Die Bildungsziele der Mädchen und Jungen werden in den Hauptschulen noch unterschieden. Für beide Geschlechter gilt zwar eine neunjährige Schulpflicht, jedoch wird mit unterschiedlichen Zielen gearbeitet.
Die Jungen erhalten einen zusammenhängenden und praktischen Religionsunterricht. Eine Singstunde ist angeschlossen, damit "das Feierliche des Kirchengesangs unterstrichen wird."[134]
Bei den Mädchen nimmt der Moralbegriff (s. oben, 1.8) eine zentrale Stellung ein. Ihre Urteilskraft hinsichtlich der Moral soll geschärft werden und der Religionsunterricht verbunden mit der Religionsgeschichte ausführlich erteilt werden.[135]
In den anderen Fächern soll das für die Jungen passende herausgenommen werden. So erhalten die Jungen Unterricht in: Deutsch, Mathematik (bestehend aus Arithmetik, Anfangsgründen der Geometrie und kaufmännischem Rechnen), Geschichte verbunden mit Geographie, Anthropologie, Naturlehre und Naturgeschichte, ver-

---

131 ebenda, S. 159 (§ 39 der Allgemeinen Schulordnung von 1814).

132 ebenda, S. 160 (§ 40 der Allgemeinen Schulordnung von 1814).

133 Es handelt sich hier um den Cramer'schen Landeskatechismus, der "auf allerhöchsten Befehl zum allgemeinen Gebrauche in den Schulen der Herzogtümer Schleswig und Holstein, der Herrschaft Pinneberg, der Stadt Altona und der Grafschaft Rantzau" im Jahre 1887 verordnet wurde. Ebenda, S. 306.

134 ebenda, S. 161 (§ 41 der Allgemeinen Schulordnung von 1814).

135 ebenda, S. 162 (§ 42 der Allgemeinen Schulordnung von 1814).

bunden mit Technologie, Religion und Singen, Dänisch und eventuell Französisch.[136]

Für die Mädchen gelten zwar die gleichen Fächer, jedoch sind ihre Inhalte so zu treffen, daß sie den Stoff gelehrt bekommen, der für ihren Beruf als Hausfrau relevant ist.[137]

Hier spiegelt sich in den Lehrplänen die gesellschaftliche Rollenverteilung des 19. Jh. auch im Fach Religion wider. An Mädchen und Jungen werden unterschiedliche Rollenerwartungen gestellt.

Die Jungen sollen in ihrer Rolle als künftige Ernährer der Familie einen Unterricht erhalten, der ihnen einen Überblick über die Inhalte der Religion vermittelt.

Bei den Mädchen - als künftige Hausfrauen - steht die Moral an erster Stelle. Sie sollen später in ihrer Familie die Kinder zu sittlich-moralischen Gliedern der Gemeinschaft erziehen und so dem Staat und der Kirche geeignete Menschen zuführen.

Heute ist diese Rollenverteilung in der Gesellschaft nicht mehr so stark gefestigt und beginnt, offen in Frage gestellt zu werden.

Allerdings sind in den naturwissenschaftlichen Fächern Überlegungen vorhanden, wieder nach Geschlechtern zu trennen, um eine Gleichberechtigung von Jungen und Mädchen zu erhalten.

Hierzu sind meines Erachtens noch zahlreiche Untersuchungen notwendig, um ein abschließendes Urteil fällen zu können.[138]

§ 45 der *Allgemeinen Schulordnung* behandelt die ascetischen Übungen. Hier wird der Bezug zur Kirche wieder deutlich. Die Schülerinnen und Schüler werden auf ihr Leben als Glieder der christlichen Gemeinde sorgfältig vorbereitet. Andachtsübungen und Lieder am Morgen sind obligatorisch.

Am Samstag wird die letzte halbe Stunden des Unterrichts in den höheren Klassen zu feierlichen Andachtsübungen benutzt. Die Hauptteile der sonntäglichen Predigt sind vom Lehrer bekanntzugeben; und am Montag wird von ihm dann in der Reli-

---

136 ebenda, S. 161 (§ 41 der Allgemeinen Schulordnung von 1814).

137 ebenda, S. 162 (§ 43 der Allgemeinen Schulordnung von 1814).

138 Zur Koedukation: H.G. Rolff, K.Klemm, H. Pfeiffer und E. Rösner (Hrsg.), Jahrbuch der Schulentwicklung 5, Daten, Beispiele und Perspektiven, Weinheim und München 1988, S. 157ff. Winfried Ulrich (Hrsg.) Mädchen und Junge - Mann und Frau: Geschlechtsspezifik von Verhalten und Erziehung? Folia didactica, Bd. 2, Frankfurt a.M. 1991.

gionsstunde eine Befragung und catechetische Wiederholung der Predigt durchgeführt. Selbstverständlich ist der gemeinsame Besuch des Gottesdienstes.[139]
In den Landschulen sollen die Kinder neben Schreiben, Lesen und Religion auch diejenigen Kenntnisse erwerben, die sie für ihren späteren Beruf benötigen.[140]
Als Unterrichtsgegenstände werden ebenfalls Religionslehre und Religionsgeschichte gelehrt. Schönschreiben, Kopfrechnen und schriftliches Rechnen stehen neben Verstandes- und Gedächtnisübungen. Aus Naturlehre, Naturgeschichte, vaterländischer Geschichte und Geographie werden den Kindern nur diejenigen Stoffe vermittelt, die für ihren späteren Beruf notwendig sind.
Seelen- und Gesundheitslehre sind für die Landschulkinder nicht chronologisch zu erteilen, sondern nur gelegentlich zu behandeln. Wie die Schülerinnen und Schüler der anderen Schularten sollen auch die Kinder in der Landschule das Singen der Kirchenmelodien üben. Praktische Anleitung zur Obstbaumzucht und Gartenarbeit runden die mehr auf das Praktische leitende Erziehung ab.[141]
Im Religionsunterricht sollen kleine Denksprüche und ausgesuchte Bibelstellen auswendig gelernt werden und durch moralische Erzählungen der Boden für den späteren Religionsunterricht vorbereitet werden. Besonderen Wert legt Adler auf den katechetischen Unterricht. "In der christlichen Tugend- und Religionslehre muß der catechetische Unterricht in allen Landschulen die Hauptsache und nicht bloße Verstandesübung seyn, sondern zur Herzenssache gemacht werden, daher der Lehrer sich jedesmal auf seine Catechisation sorgfältig vorzubereiten und zum Beweise seines Fleißes von Zeit zu Zeit eine schriftliche Catechisation an seinen Prediger oder an die Kirchenvisitatoren zur Beurtheilung zu übergeben hat."[142]
Aus diesem Zitat läßt sich die Stellung des Landschullehrers deutlich ersehen. Nicht nur der Wissensvermittler ist gefordert, sondern auch der Pädagoge, der den Schülerinnen und Schülern den rechten Glauben zu einer Herzenssache machen soll.

---

139 F.M. Rendtorff, Die Schleswig-Holsteinischen Schulordnungen, S. 163f (§ 45 der Allgemeinen Schulordnung von 1814).

140 ebenda, S. 166 (§ 52 der Allgemeinen Schulordnung von 1814).

141 ebenda, S. 172f (§ 66 der Allgemeinen Schulordnung von 1814).

142 ebenda, S. 173 (§ 67 der Allgemeinen Schulordnung von 1814).

Die Erziehung zum moralisch-sittlichen Menschen ist - nach den Vorschlägen Adlers - Sache des Religionsunterrichtes (s. oben, 1.8).[143]

Die Diskussion zwischen Adler und Callisen in bezug auf die Allgemeine Schulordnung von 1814 zeigt, daß hier u.a. die Kontroversen der Hauptrichtung des 17. und 18. Jh., Pietismus und Rationalismus, zur Debatte stehen.

Der Pietismus will eine Stärkung der Religion in der Schule. Gefühl, Glauben, Meditation und Gebet sollen den Schüler christlich erziehen.

Mittel zu dieser Erziehung sind Katechismus und Glaubensbekenntnis. Der Rationalismus tendiert dazu, eine Vormundschaft der Kirche im Erziehungswesen nach Möglichkeit zu vermeiden.

Vernunft, Wissen und Verstand sollten bei den Schülern ausgebildet werden. Die Religion darf nicht konfessionsgebunden sein, sondern es wird eine allgemeine religiöse Unterweisung gefordert, die sich auf Natur und Vernunft beruft.

Beiden gemeinsam ist die Betonung der praktischen Ausbildung, die jedoch - wie oben ausgeführt - mit unterschiedlichen Mitteln erreicht werden soll.

Der Pietismus hat seine größten Vertreter in Spener und Francke. Francke erhielt für sein pädagogisches Wirken eine bedeutsame Anregung durch einen Besuch in Hamburg bei Winckler 1688.[144]

Hierdurch wird deutlich, daß auch im Norden die pietistischen Gedanken in der Schulpolitik zahlreiche Befürworter fanden.

Die Kontroverse zwischen Callisen und Adler ist durchaus auch noch im Rahmen der Nachwirkungen der unterschiedlichen pädagogischen Richtungen von Pietismus und Rationalismus zu sehen.

---

143 § 67 könnte durchaus auch als pietistisches Relikt verstanden werden. Der in Schleswig-Holstein eindringende Hallenser Pietismus wurde zeitweilig heftig bekämpft. (Am 22.6.1711 erließ z.B. der Administrator Christian August ein scharfes Edikt). Für F.M. Rendtorff ist Adler der Mann, der die "letzten Reste pietistischer Schulideale in Schleswig-Holstein auszufegen" hatte (F.M. Rendtorff, Die Schleswig-Holsteinischen Schulordnungen, S. 315). Hier irrt Rendtorff (s. oben, *Herzenssache*). Es ist aber nicht zu leugnen, daß der Pietismus mit Francke die Pädagogik stark beeinflußte. So könnte hier nicht die religiöse Komponente des Pietismus, sondern die pädagogische Einfluß genommen haben. Die pädagogische Einordnung und Beurteilung des Pietismus in die Geschichte der Pädagogik ist nach wie vor ein außerordentlich kontroverses Thema der Forschungsgeschichte.

144 D. Klemenz, Der Religionsunterricht in Hamburg von der Kirchenordnung von 1529 bis zum staatlichen Universitätsgesetz von 1870, Hamburg 1871, S. 92.
Vgl.auch Botho Ahlers, Die Unterscheidung von Theologie und Religion, Gütersloh 1980.

Aus der Äußerung von Callisen (s. oben, Anm. 116) läßt sich erkennen, daß er u.a. pietistischen Vorstellungen eng verbunden ist. Adler ist - auch auf Grund seines Werdegangs - "ein milder Rationalist"[145] und für die Idee dieser Richtung offen.
So erstaunt es nicht, wenn Callisen sich gegen Adlers Schulordnung wendet.
Die Auswirkungen des Streites zwischen Rationalismus und Pietismus werden aber auch zum Teil im Religionsunterricht späterer Zeit deutlich. (s. unten, 2.3 u. 2.4).
Bei den ascetischen Übungen finden sich zwischen den Land- und Bürgerschulen keine Unterschiede.
Es fällt auf, daß der Plan für die Landschulen nicht so differenziert wie der der Bürgerschulen ist.
Zweifellos waren die räumlichen Gegebenheiten von Stadt und Land unterschiedlich. Die Landschulen verfügten in der Regel nur über einen einzigen Klassenraum. Eine Differenzierung der Schülerinnen und Schüler war schon allein aus diesen Gründen nicht in dem gleichen Maße möglich wie in der Stadt.
In der Denkschrift von Adler aus dem Jahre 1817 heißt es zu den Landschulen folgendermaßen:
"Auf dem Lande waren, die Küsterschulen etwa ausgenommen, fast gar keine ordentlich eingerichteten Schulen vorhanden.
Die Schulinteressenten mietheten ihre Schullehrer als Dienstknechte, gaben ihnen einen von Hause zu Hause umgehenden Tisch und einen kärglichen Lohen von wenigen Thalern und brauchten sie den Sommer über, während die Kinder wieder vergaßen, was sie im Winter gelernt hatten, als Tagelöhner.
Außer den Küsterhäusern gab es, mit wenigen Ausnahmen, keine Schulhäuser, höchstens waren Schulkathen, worin bloß ein Schulzimmer, gewöhnlich schlecht genug, befindlich war, aufgeführt, und an vielen Stellen ward dieses kleine Schulzimmer dem Lehrer zugleich zum Nachtquartier angewiesen. Das Schulgeld ward wochenweise bezahlt, für die Kinder, die Lesen lernten 1 Lßl., die zugleich schreiben lernten, 1 1/2 Lßl., und die auch im Rechnen geübt wurden, 2 Lßl.; aber Schreiben und Rechnen gehörte zu den Seltenheiten, und manche Lehrer konnten selbst nicht schreiben noch rechnen."[146]

---

145 E. Erichsen, H. Sellschopp, Die Allgemeine Schulordnung für die Herzogtümer Schleswig und Holstein, in: Kultusministerium des Landes Schleswig-Holstein (Hrsg.), Wegweiser für die Lehrerfortbildung, Bd. 43/44, S. 12.

146 ebenda, S. 92.
Bei Rendtorff heißt es dazu: "Schulhäuser giebt (sic!) es überhaupt in diesem Distrikt nur wenige. Hin und wieder hat wohl ein Landsasse auf seinem Gute eine Schule (Schulkathe) eingerichtet und einen Schulmeister mit notdürftigem Gehalt bestellt. Dafür haben andere adlige Grundbesitzer die besten Schulen niedergerissen, ganz untüchtige Lehrer bestellt, die

Für die Mißstände sind wahrscheinlich auch die verschiedenen Bildungs-interessen der Stadt- und Landbevölkerung verantwortlich. Während Gutsbesitzer und reiche Bauern zunächst einmal an tüchtigen und willigen Arbeitskräften interessiert sind, die für ihre Arbeit nicht Lesen und Schreiben zu erlernen brauchen, sehen Kaufmannsfamilien und Handwerker den Sinn einer weiter-führenden Bildung durchaus ein, um ihren Einfluß und ihr Vermögen zu mehren.

Adler sorgt sich aber nicht nur um die curricularen Rahmenvorschriften, sondern auch um die Regelung der Schullasten und der Lehrerbeschäftigung.

Er erkennt auf seinen Inspektionsreisen, daß eine Lehrerschaft, die unterhalb ihres Existenzminimums dahinvegetiert, Schülerinnen und Schüler nicht nach den geforderten curricularen Vorschriften unterrichten kann.

Die Schullasten dürfen nicht länger von den Eltern getragen werden, was vorher besonders auf dem Lande viele Eltern veranlaßte, ihre Kinder nicht in die Schule zu schicken. Nun soll das gesamte Dorf für die Lasten aufkommen. Aus Adlers Situationsbeschreibung wird deutlich, daß die Allgemeine Schulordnung von 1814 nicht nur in pädagogischer Hinsicht eine bedeutende Verbesserung der Schul-situation bringen sollte, sondern auch in finanzieller Hinsicht ein großes Wagnis und eine vielleicht noch größere finanzielle Belastung bedeutete.

Vergleicht man die Zustände, die Adler bei seinem Amtseintritt als General-superintendent antrifft, mit den vorausgegangenen Verordnungen, so ist zu er-kennen, daß die Gottorpschen Schulordnungen von 1733 und 1734 ihre Ziele nicht erfüllt haben.

Wie die Ziele der Adlerschen Schulreform verwirklicht werden, zeigt ein Zeugenbericht Friedrich Hebbels aus dem Jahre 1855: "Diesen unleugbar höchst mangelhaften und der Verbesserung bedürftigen Zuständen sollte nun ein für allemal ein Ende gemacht, das Volk sollte von der Wiege an erzogen und der Aberglaube bis auf die letzte Wurzel ausgerottet werden.

Ob man gründlich erwog, was vorwiegend zu erwägen gewesen wäre, bleibt dahingestellt, denn der Begriff der Bildung ist äußerst relativ, und wie der ekelhafteste Rausch durchs Nippen aus allen Flaschen entsteht, so erzeugt das flache enzyklopädische Wissen, das sich allenfalls in die Breite mitteilen läßt, gerade jenen widerwärtigen Hochmut, der sich keiner Autorität mehr beugt und

---

schulpflichtigen Kinder durch gehäufte Hofdienste das ganze Jahr hindurch vom Schulbesuch abgehalten, oder doch den Tag über so in die Arbeit gestellt, daß sie nur des Abends müde und matt gearbeitet in die Schule zu gehen die Erlaubnis erhielten, die Eltern zu ihrer Pflicht nicht angehalten und so das Schulwesen in großen Verfall geraten lassen."
(F.M. Rendtorff, Die Schleswig-Holsteinischen Schulordnungen, S. 275f).

doch zu der Tiefe, in der sich die geil aufschießenden dialektischen Widersprüche und Gegensätze von selbst lösen, nie hinabdringt. Jedenfalls ergriff man das rechte Mittel, indem man auf der einen Seite Seminarien stiftete und auf der anderen Elementarschulen errichtete, so daß der Abkläricht, der dort ausgekocht und als Rationalismus in die leeren Schulmeisterköpfe hineingetrichtert wurde, sich von hier aus gleich über das ganze Land ergießen konnte. Das Resultat war, daß auf eine abergläubische Generation eine überaus superkluge folgte; denn es ist erstaunlich, wie der Enkel sich fühlt, wenn er weiß, daß ein nächtlicher Feuermeteor bloß aus brennenden Dünsten besteht, während der Großvater den Teufel darin erblickt, der in irgendeinen Schornstein mit seinen leuchtenden Geldsäcken hinein will."[147]

E. Erichsen und H. Sellschop schließen sich Hebbels Meinung nicht an, wenn sie anläßlich des 150. Jahrestages der *Allgemeinen Schulordnung* schreiben: "Der Erfolg der Schleswig-Holsteinischen Schulreform von 1814, die in der Hauptsache auf eine Reform des ländlichen und mittleren Schulwesens hinzielte, war in besonderem Maße mit den diese Reform durchführenden und tragenden Persönlichkeiten verbunden, also mit den Lehrern und Schulleitern."[148]

Es liegt im Bereich des Möglichen, daß Friedrich Hebbel in seiner Schulzeit einen Lehrer kennenlernte, der die Allgemeine Schulordnung von 1814 nicht in dem rechten Maße verwirklichen konnte. Es bleibt weiterhin zu bemerken, daß die Allgemeine Schulordnung für die Volksschulen bis 1906 in Kraft bleibt und auch später Grundlage für zahlreiche Gesetze bildet.

Hier wären als Beispiel das Schulpflichtgesetz von 1955 und das Gesetz über die Schulgeldfreiheit, Lehrmittelfreiheit und Erziehungsbeihilfe von 1951 zu nennen.[149] Dabei versucht Adler auch, durch die Lehrerbesoldung einen Anreiz zu schaffen. Schleswig-Holstein steht in der Lehrerbesoldung an erster Stelle bei den neuen Provinzen des preußischen Staates in den Jahren 1878 und 1881. Auch im Ver-

---

147 Friedrich Hebbel, 1813-1863, Aus meiner Jugend, in: Erzählungen und Novellen, 1855, zit. nach M. Gregor-Dellin, Deutsche Schulzeit, S. 109ff, entnommen aus D. Stodt, Arbeitsbuch zur Geschichte des evangelischen Religionsunterrichtes in Deutschland, S. 67. Friedrich Hebbel ist seinen Ansichten nach in die virulente Rationalismuskritik einzuordnen Jochen Schmidt (Hrsg.), Aufklärung und Gegenaufklärung in der europäischen Literatur, Darmstadt 1989.

148 E. Erichsen, H. Sellschopp, Die Allgemeine Schulordnung der Herzogtümer Schleswig und Holstein, in: Kultusministerium des Landes Schleswig-Holstein (Hrsg.), Wegweiser für die Lehrerfortbildung, Bd. 43/44, S. 5.

149 ebenda, S. 38 und 40.

gleich mit den älteren Landesteilen schneidet Schleswig-Holstein noch recht gut ab und steht an 7. Stelle von 14 Landesteilen.[150]
Peter Heinrich Dohrn schreibt aus der Sicht eines schleswig-holsteinischen Lehrers über Schule und Lehrerausbildung: "In sämtlichen Lehranstalten, vom Gymnasium herunter bis zur Volksschule, wird in bei weitem zu vielen Gegenständen unterrichtet, und die Schüler werden vom Material vollständig erdrückt. Auch die Seminarien sind von dieser allgemeinen Krankheit nicht frei geblieben, auch sie bürden zu viel und zu vieles auf; nach einem dreijährigen Kurs kann der Seminarist seine Hefte kaum tragen. Überdies werden in fast sämtlichen Lehranstalten, sowohl in den öffentlichen, wie in den Privatanstalten, wöchentlich zu viele Stunden Unterricht erteilt; das Gehirn wird dadurch überreizt und die geistigen Kräfte zu sehr angespannt, während die körperliche Entwicklung stockt. Schwächliche Schüler, welche vier Stunden ununterbrochen auf der Schulbank sitzen müssen, befinden sich zuletzt in einem Zustande geistiger Betäubung und reden irre. Übergroße Anstrengung und die Schulgase (sic!) lassen sie oft wunderliche Dinge reden; sie phantasieren sozusagen wie die Pythia auf ihrem Dreifuß."[151] Die Ideen Adlers waren offensichtlich einigen Leuten zu modern und können so durchaus zu den Begebenheiten geführt haben, die Friedrich Hebbel erfahren hat.

---

150 K. Schneider, E. v.Bremen, Das Volksschulwesen im Preußischen Staate, Bd. 3, Berlin 1887, S. 386-287.

151 P.H. Dohrn, Verflachung und moderne Schule, Schleswig 1869, S. 19.

2. Die Lehrplanentwicklung in Schleswig-Holstein unter Preußen

2.1 Die Stiehlschen Regulative

1854 treten die *Stiehlschen Regulative* in Kraft. Zunächst sind sie nur für Preußen gedacht. 1868 sind sie auch formell für Schleswig-Holstein gültig. Die *Stiehlschen Regulative* regeln die gesamte Lehrerausbildung des Landes Preußen. Ziel dieser Ausbildung ist es, daß "die angehenden Lehrer zum einfachen und fruchtbringenden Unterricht in der Religion, im Lesen und in der Muttersprache, im Schreiben, Rechnen, Singen, in der Vaterlands- und Naturkunde - sämtliche Gegenstände in ihrer Beschränkung auf die Grenzen der Elementarschule - theoretisch und praktisch befähigt werden."[152]

Für das Fach Religion werden folgende Fertigkeiten verlangt: Kenntnis des lutherischen oder Heidelberger Katechismus, Kenntnis der biblischen Geschichte und eine feste Anzahl von Kirchenliedern.[153]

Aufgabe des Lehrers ist es an erster Stelle, die Schüler zu christlicher und vaterländischer Gesinnung zu erziehen und häusliche Tugenden zu lehren.[154]

Adler fordert dagegen neben der religiös-moralischen Bildung auch die intellektuelle Bildung des einzelnen als Erziehungsziel.

Er vertritt damit ähnliche Ansichten wie Wilh. von Humboldt.[155]

Beide hatten zwar bei ihren Entwürfen nicht auf die revolutionären Ereignisse von 1848 zu reagieren, es stellt sich aber die Frage, ob beide in der Situation Stiehls ähnlich gehandelt hätten. Ferdinand Stiehl hatte den Auftrag, die Lehrerbildung so zu organisieren, daß die Volksschullehrer nicht den revolutionären Ideen folgen konnten, die nach 1848 den Staat Preußen erschütterten. Ein Nichtbefolgen dieses Auftrags hätte zu einer Ablösung Stiehls geführt und damit evtl. noch reaktionäreren Vorschlägen Tor und Tür geöffnet.

Adler muß sein Werk gegen zahlreiche Kritiker verteidigen, und von Humboldt scheidet schon nach einem Jahr aus seinem Amt. Adler und von Humboldt haben

---

152 F. Stiehl, Die drei Preußischen Regulative[10], Berlin 1872, S. 5.

153 ebenda, S. 52ff.

154 ebenda, S. 8.

155 F.M. Rendtorff, Die Schleswig-Holsteinischen Schulordnungen, S. 144 (§ 1 der Allgemeinen Schulordnung von 1814).

sich in ihren Ausführungen für eine zweijährige Elementarschule ausgesprochen, in welcher die Schüler auf den Unterricht vorbereitet werden sollen. Stiehl geht von der einklassigen evangelischen ländlichen Elementarschule aus.[156]
Adler und von Humboldt bejahen die unterschiedlichen Fähigkeiten von Kindern und wollen diese durch unterteilte Klassen auffangen. Die Schüler erhalten dadurch die Möglichkeit, gemäß ihren Fähigkeiten gefördert zu werden.[157]
Beide sprechen sich für eine Zweiteilung der Schulbildung aus. Von Humboldt bezeichnet die Stufen in seinem Königsberger Schulplan als Elementarunterricht und Schulunterricht.
Allerdings haben diese beiden Stufen das Ziel des Universitätsunterrichts.
Bei Adler findet sich das Ziel der Universitätsreife als ein Ziel der Gelehrtenschule, doch ermutigt er auch andere Schüler, die Gelehrtenschule zu besuchen, selbst wenn sie ein Studium nicht ins Auge fassen.

---

156 Zu Adlers Kritikern gehörte neben Callisen auch das holsteinische Oberkonsitorium in Glückstadt. Der Kieler Propst J.G. Fock schrieb in zwei Briefen vom 13.01. und 15.05.1802: "Der Ausdruck christliche Religions- und Tugendlehre verräth die Kantische Schule, die Religion von der Moral (s. oben, 1.8) ableitet und als ein Anhängsel ansieht. Die christliche Tugend ist auf Religion gegründet - warum wollen wir den alten Ausdruck Glaubens- und Sittenlehre nicht lieber beibehalten? Ich kann wenigstens die obige Stellung: Tugend- und Religionslehre nicht leiden, sie streitet gegen meine Überzeugung." F.M. Rendtorff, Die Schleswig-Holsteinischen Schulordnungen, S. 321.
Von Humboldt leitete von 1809 bis 1810 die Sektion für Kultus und Unterricht in Preußen. In dieser Zeit entstanden der Königsberger und der Litauer Schulplan. Weil v. Humboldt nicht bereit war, eine größere Abhängigkeit vom Innenministerium zu akzeptieren, nahm er seinen Abschied. A. Meyer, Wilhelm von Humboldt, in: Hans Scheuerl (Hrsg.), Klassiker der Pädagogik, Bd. 1, S. 201.

157 So heißt es in der Allgemeinen Schulordnung von 1814 in § 33: Da die Lehrer unmöglich die Kinder von ungleichen Fähigkeiten und Kenntnissen, die zu ihren Classen gehören, zugleich unterrichten können: so sind in jeder Classe gewisse Unterabtheilungen der Geübteren und der Anfänger zu machen, und solche Vorkehrungen von den Lehrern zu treffen, daß, wenn sie sich gleich in gewissen Stunden zunächst mit dem Unterricht einer Abteilung abgeben, sie dennoch, während der Zeit, die anderen mit ihnen aufgegebenen Arbeiten beschäftigen." F.M. Rendtorff, Die Schleswig-Holsteinischen Schulordnungen, S. 157.
Von Humboldt schreibt in seinem Königsberger Schulplan: "5. daß die Klassenabtheilung nicht durchweg, sondern nach den Hauptzweigen der Erkenntniß gehe, und wenn die Lehrer erlauben und begünstigen, daß der Schüler, wie ihn seine Individualität treibt, sich des einen hauptsächlich, des anderen minder befleißige, wofern er nur keinen ganz vernachlässigt." Im Litauischen Schulplan heißt es: "Schon bei einer Elementarschule muß selbst ein Lehrer, wenn er ordentlich unterrichten will, wenigstens manchmal die Stunden theilen." C. Menze, Wilhelm von Humboldt, Bildung und Sprache, S. 106 und 116.

"Es soll aber bei diesen Schulen (den Gelehrtenschulen) eine solche Einrichtung gegeben werden, daß diejenigen Schüler, die mit Rücksicht auf ihre künftige Bestimmung eine eigentliche gelehrte Bildung nicht beabsichtigen, durch Theilnahme an dem Unterricht in den übrigen gemeinnützigen Kenntnissen eine für ihren künftigen Beruf passende Bildung erhalten."[158]

Und an anderer Stelle regt er den Lateinunterricht als Privatunterricht in der Bürgerschule an:

"Obgleich die lateinische Sprache von dem Unterricht in diesen Schulen ausgeschlossen bleibt, so soll doch gleichwohl der Rektor verbunden seyn, denjenigen Schülern, die solches verlangen, Privatstunden in der lateinischen Sprache gegen eine passende, ebenfalls von dem Schulcollegio näher zu bestimmende, Vergütung zu ertheilen."[159]

Adler geht hier nicht so weit wie von Humboldt, der in seinem Königsberger Schulplan schreibt: "Der Zweck des Schulunterrichts ist die Übung der Fähigkeiten und die Erwerbung der Kenntnisse, ohne welche wissenschaftliche Einsicht und Kunstfertigkeit unmöglich ist."[160]

Doch müssen die Lehrer, die Adlers *Allgemeine Schulordnung* von 1814 und von Humboldts *Schulplan* verwirklichen sollen, eine andere Ausbildung erhalten als diejenige, die die *Stiehlschen Regulative* den Lehrern zugestehen.

Die angehenden Lehrer lernen nach den *Stiehlschen Regulativen* während des Seminarunterrichts "einfachen und fruchtbringenden Unterricht in der Religion, im Lesen und in der Muttersprache, im Schreiben, Rechnen, Singen, in der Vaterlands- und Naturkunde - sämtliche Gegenstände in ihrer Beschränkung auf die Grenzen der Elementarschule."[161]

Wie sollen diese Zöglinge anschließend ihren Schülerinnen und Schülern die geforderten Fähigkeiten beibringen, wenn ihr eigener Horizont willentlich stark eingeschränkt wird (s. oben, 2.1, Ziele der *Stiehlschen Regulative*)?

---

158 E. Erichsen, H. Sellschopp, Die Allgemeine Schulordnung der Herzogtümer Schleswig und Holstein, in: Kultusministerium des Landes Schleswig-Holstein (Hrsg.), Wegweiser für die Lehrerfortbildung, Bd. 43/44, S. 64.

159 ebenda, S. 78.

160 C. Menze, Wilhelm von Humboldt, Bildung und Sprache, S. 102.

161 F. Stiehl, Die drei Preußischen Regulative, S. 5 (s. oben, Anm. 152).

Vergleicht man die Inhalte der Bürgerschulen[162] bei Adler und von Humboldt, so findet man wieder eine große Übereinstimmung zwischen dem Königsberger Schulplan und der *Allgemeinen Schulordnung* für die Herzogtümer Schleswig und Holstein von 1814.

KÖNIGSBERGER SCHULPLAN[163]	**ALLGEMEINE SCHULORDNUNG**[164]
Lesen	Lesen
Schreiben	Schreiben
Zahl- und Maßverhältnisse	Arithmetik, Anfangsgründe der Geometrie
Erste Begriffe von der Beschaffenheit des Erdbodens, der Gesellschaft, Zeichnen, Geographie, Geschichte, Naturgeschichte	Anthropologie, Naturlehre und Naturgeschichte verbunden mit Technologie
Singen	Singen
Religionsunterricht als Anregung des Gefühls	In der Religion zusammenhängender praktischer Unterricht
	Dänisch und eventuell Französisch

Beide, sowohl Adler als auch von Humboldt, fordern also von Schülern und damit von Lehrern ein größeres Wissen als die *Stiehlschen Regulative*.
In der Sicht der Religion sind allerdings zwischen von Humboldt und Adler Unterschiede festzustellen.
Wie Adler sieht von Humboldt - nach Auffassung Menzes - die pädagogische Bedeutung der Religion für die Volksbildung.[165]

---

162 Wilh. von Humboldt und Adler benutzten den Begriff *Bürgerschule*, während Stiehl von der *Elementarschule* spricht. Da die Schulpflicht in Bürgerschule und Elementarschule mit der Konfirmation beendet ist, kann man die beiden Begriffe gleichsetzen.

163 C. Menze, Wilhelm von Humboldt, Bildung und Sprache, S. 10.

164 F.M. Rendtorff, Die Schleswig-Holsteinischen Schulordnungen, S. 161 (§ 41 der Allgemeinen Schulordnung von 1814).

165 C. Menze, Wilhelm von Humboldt, Bildung und Sprache, S. 216.

Es steht auch durchaus im Bereich des Möglichen, daß von Humboldt die Religion im Elementarbereich der Schule ausdrücklich betont, um seine Schulreform bei dem König nicht zu gefährden.[166]
Doch ist die christliche Religion für Wilhelm von Humboldt selbst nicht von lebensorientierender Bedeutung.[167]
Keinesfalls setzt von Humboldt die Religion in der Schule als Mittel zur Schaffung gehorsamer Untertanen ein.[168] Der Religionsunterricht gilt im Königsberger Schulplan in der Bürgerschule als Anregung des Gefühls, eine Auffassung, die in der weiteren Entwicklung des Faches zu verfolgen bleibt.[169] Auffällig ist hier die Nähe zu F.E.D. Schleiermacher, der in der Einleitung zu seinem Werk *Der christliche Glaube* schreibt: "Die Frömmigkeit, welche die Basis aller kirchlichen Gemeinschaften ausmacht, ist rein für sich betrachtet weder ein Wissen noch ein Tun, sondern eine Bestimmtheit des Gefühls oder des unmittelbaren Selbstbewußtseins."[170]

---

166 ebenda.

167 ebenda, S. 217.
So schreibt von Humboldt über die Bhagavad Gîtâ: "Aber ich werde nie den tiefen Eindruck vergessen, den es mir machte. Ich hatte so ein wahrhaft dankbares Gefühl gegen das Schicksal, es erlebt zu haben, solche Töne aus der Vorzeit zu vernehmen. Das, was man aus der ganzen Menschheit Neues, Großes oder Eigentümliches in sich auffaßt, sei es aus dem, was allen angehört im Studium der Zeiten und Völker, oder sei es im Privatleben in der Beschäftigung mit den einzelnen Individuen, das allein ist doch das, was dem Leben Wert gibt." H. Weinstock, Wilhelm von Humboldt, Auswahl und Einleitung, Frankfurt a.M. 1957, S. 159, in: D. Stoodt, Arbeitsbuch zur Geschichte des evangelischen Religionsunterrichts in Deutschland, Münster 1984, S. 84.

168 Wilh. von Humbold steht damit im Gegensatz zur preußischen Monarchie. Folkert Meyer schreibt dazu: "Die konstitutionelle Ordnung der preußischen Monarchie räumt zwar prinzipiell allen Staatsbürgern politische Mitwirkungsrechte ein, doch das erziehungspolitische Programm der preußischen Volksschule verlangte ausdrücklich, die zukünftigen Staatsbürger ausschließlich in ihrer Pflicht einzuüben - sie auf eine Untertanenrolle zu reduzieren." In: F. Meyer, Schule der Untertanen, Hamburg 1976, S. 13.

169 "Der Religionsunterricht ist minder Lehre, als Anregung des Gefühls." In: C. Menze, Wilhelm von Humboldt, Bildung und Sprache, S. 220.

170 Weitverbreitete Schleiermacherkritik, U. Theissmann, Art. 'Fromm, Frömmigkeit', in: HWPh, Joachim Ritter (Hrsg.), Bd. 2, Basel 1972, Sp.1123ff.
Schleiermacher war der Ansicht, daß die religiöse Unterweisung ihren Platz in Elternhaus und Kirche habe und bezweifelt, daß am Gymnasium Religionsunterricht erteilt werden

Adler zeigt in seiner *Allgemeinen Schulordnung* von 1814, daß für ihn die Religion ein Mittel zur Erziehung der Schülerinnen und Schüler ist. Mit seinen *ascetischen Übungen* verbindet er allerdings Kirche und Schule eng miteinander. Diese Komponente fehlt bei von Humboldt.[171]

Die *Stiehlschen Regulative* sind also aus der heutigen Sicht und auch aus der Sicht vieler Zeitgenossen als Rückschritt zu bezeichnen. Grundlage der Erziehung ist nach wie vor der Religionsunterricht. Allerdings hat der Lehrer den Stoff so zu vermitteln, daß Kirchengeschichte und Bibelkunde im Zusammenhang ausgeschlossen sind.[172]

In der *Allgemeinen Schulordnung* von 1814 ist es dem Lehrer freigestellt, beides zusammen oder getrennt zu unterrichten.[173]

Hier ist eine Überlegenheit der *Allgemeinen Schulordnung* von 1814 unbedingt anzuerkennen, und die Gültigkeit der *Stiehlschen Regulative* für das Land Schleswig-Holstein 1868 ist für das Bildungswesen des Landes von Nachteil.

Die *Stiehlschen Regulative* verwehren durch ihre Starrheit Schülern und Lehrern jede Möglicheit der kritischen Bibelarbeit im Unterricht. Allein die jeweils gerade geltende Meinung der Kirche muß gelehrt werden. Pfarrer und sonntäglicher Gottesdienst bestimmen die Inhalte des Religionsunterrichts.[174]

Zwar heißt es zu Beginn: "Aufgabe des Religionsunterrichtes ist es, durch ein klares und tiefes Verständnis des göttlichen Wortes auf der Grundlage des evangelischen Lehrbegriffes der eigenen religiösen Erkenntnisse der Zöglinge Richtung und Halt, und indem er (der Religionsunterricht) sie durch jenes Verhältnis zu sich selbst und ihr Verhältnis zur göttlichen Heilsordnung erkennen läßt, für ihr ganzes christliches Leben die richtige Grundlage zu schaffen."[175]

---

sollte, stimmt dann aber doch für die Beibehaltung. In: E.Ch. Helmreich, Religionsunterricht in der Schule, Hamburg 1966, S. 91.

171 F.M. Rendtorff, Die Schleswig-Holsteinischen Schulordnungen (§ 46 der Allgemeinen Schulordnung von 1814).

172 F. Stiehl, Die drei Preußischen Regulative, S. 14f.

173 F.M. Rendtorff, Die Schleswig-Holsteinischen Schulordnungen (§ 14 der Allgemeinen Schulordnung von 1814).

174 F. Stiehl, Die drei Preußischen Regulative, S. 16.

175 ebenda, S. 15f.

Diese Äußerung in den *Stiehlschen Regulativen* muß in der Praxis zum reinen Wiederholen vorgefertigter Meinungen führen: "Es ist daher erforderlich, dem Religionsunterricht in den Seminarien einen Leitfaden zu Grunde zu legen, welcher dasjenige vollständig enthält, was künftigen Schullehrern in bestimmter Fassung zu wissen nothwendig ist. Aufgabe des Lehrers ist es, den Inhalt dieses Leitfadens zu erläutern, zum vollen Verständnis der Zöglinge zu bringen und zu ihrem freien geistigen Eigenthum zu machen, ohne daß es weiterer materieller Zuthaten von seiner Seite bedürfe."[176]

Wie anders Adler! In seiner *Allgemeinen Schulordnung* fordert er in § 32: "An der für die Knaben bestimmten Abtheilung der Hauptschule stehet der Rector, der stets ein wissenschaftlich gebildeter Mann sein muß".[177]

Die Ausbildung nach den *Stiehlschen Regulativen* beschränkt sich auf Themen, die der Lehrer später unterrichten soll. So findet eine starke Einengung statt. Systematische Behandlung der christlichen Lehre, dogmatische und moralische Lehrinhalte sind Aufgaben des Pfarrers. Vom Lehrer wird lediglich erwartet, daß er verschiedene kirchliche Hilfsdienste leistet.[178] Adler reduziert hingegen in seiner *Allgemeinen Schulordnung* gerade diese kirchlichen Hilfsdienste, damit die Lehrer ihrer eigentlichen Aufgabe stärker gerecht werden können.[179]

Die Bücher, die die Lehrer während ihrer Ausbildung lesen und behandeln sollen, sind genau vorgeschrieben: "...ergiebt es sich als nothwendig, daß jede einzelne biblische Geschichte, wie sie in den Historien und biblischen Lese-Büchern, namentlich von Zahn, Preuß und Otto Schulz, zweckmäßig mit den Worten der Bibel zusammengestellt worden, nach den obigen Gesichtspunkten im Seminarunterricht mit den Zöglingen durchgegangen wird..."[180]. Und an anderer Stelle wird die sogenannte klassische Literatur von der Privatlektüre ausgeschlossen: "Ausgeschlossen von dieser Privatlektüre muß die sogenannte klassische Literatur bleiben, dagegen findet Aufnahme, was nach Inhalt und Tendenz kirchliches Leben, kirchliche Sitte,

---

176 ebenda, S. 17.

177 Adler, in: F.M. Rendtorff, Die Schleswig-Holsteinischen Schulordnungen (§ 32 der Allgemeinen Schulordnung von 1814).

178 F. Stiehl, Die drei Preußischen Regulative, S. 19.

179 Adler, in: F.M. Rendtorff, Die Schleswig-Holsteinischen Schulordnungen (§ 9 der Allgemeinen Schulordnung von 1814).

180 F. Stiehl, Die drei Preußischen Regulative, Berlin 1872, S. 20.

Patriotismus, sinnige Betrachtung der Natur zu fördern, und nach seiner volksthümlich anschaulichen Darstellung in Kopf und Herz des Volkes überzugehen geeignet ist."[181]
Ferner wird der Lehrer in Morgen- und Abendandachten geübt und in die Lage versetzt, in Verbindung mit der Morgenandacht einen Wochenspruch zu erklären.[182]
In vielen Fächern, wie z.B. in der Naturlehre, wird eine religiöse Richtung und Haltung betont: "Daß auch für diesen Unterricht religiöse Richtung und Haltung nothwendige Bedingung ist, bedarf keiner näheren Erwähnung."[183]
Die Musik ist ebenfalls stark geprägt von der Religion. Der zukünftige Lehrer wird gleichzeitig als Kantor und Organist ausgebildet.[184]
Mit den *Stiehlschen Regulativen* reagierte der Staat Preußen auf die demokratischen und liberalen Bestrebungen des Revolutionsjahres 1848. Dies wird auch in der Begründung deutlich, die F. Stiehl für seine Regulative gibt. Stiehl selbst versteht die Regulative als Schutzdamm gegen reaktionäre Forderungen:
"Es war das Jahr 1848 mit seinen Aufregungen auch an der Schule und dem Lehrerstande nicht spurlos vorübergegangen; wie die Revolution getan, so versuchte dann eine politische und kirchliche Reaktion, die Schule in Mitleidenschaft zu ziehen. Es gelangten an den Minister von Raumer sehr weitreichende Vorschläge nach dieser Richtung; hätte ich nicht meine Regulative vorgelegt, es würden andere meines Erachtens die wahren Interessen der Schule nicht fördernde Reglements gegeben worden sein."[185]
Hier bezieht sich Stiehl auch auf die Lehrer, die versuchten, die Schule zu liberalisieren und damit scharfe Reaktionen von Seiten des preußischen Staates herausforderten. Folkert Meyer schreibt dazu: "Erst die wenigen Monate der politischen Desorientierung der traditionellen Herrschaftsgruppen während des Jahres 1848 eröffneten auch den Lehrern das Forum politscher und professioneller Öffentlichkeit, das gemeinsamer politischer Aktion den Boden bereiten konnte. Nach den Märzereignissen belebte sich schlagartig die publizistische Szene. Einzelne heraus-

---

181 ebenda, S. 30.

182 ebenda, S. 22.

183 F. Stiehl, Die drei Preußischen Regulative, S. 36.

184 ebenda, S. 40.

185 P.C. Bloth, Religion in den Schulen Preußens, Heidelberg 1968, S. 36.

ragende Schulmänner traten mit schulpolitischen Progammen und Nationalerziehungsplänen an die Öffentlichkeit, die in ihrer Tendenz zur Einheitsschule auch das Elementarschulwesen berücksichtigten und damit von höchster Relevanz auch für dessen Lehrer waren. Diese Programme wurden vielfach in den sich seit Märztagen überall konstituierenden Lehrerversammlungen der Beratung zugrunde gelegt."[186]
Der Abgeordnete im preußischen Landtag, A. Diesterweg, beurteilt in seiner Rede die Regulative mit folgenden Worten: "Ich halte die Schulregulative für unpsychologisch, weil sie nicht Rücksicht nehmen auf die Entwicklungsgesetze menschlichen Geistes. Ich halte sie darum auch für unmethodisch, ferner für unpädagogisch, namentlich in religiöser Beziehung, indem sie dem Kinde einen lebenslänglichen dauernden Widerwillen gegen die Religion einflößen... ; sie sind unzweckmäßig und unzeitgemäß, weil sie den Forderungen der Zeit keine Rechnung tragen, sie sind, mit einem Wort, allseitig und radikal reaktionär."[187]
F.W. Dörpfeld setzt sich in seinem Werk *Grundlinien einer Theorie des Lehrplans zunächst für Volks- und Mittelschulen* ebenfalls mit den *Stiehlschen Regulativen* auseinander. Er beanstandet den - seiner Ansicht nach - zu hohen Stellenwert des Memorierens und will auch für die Volksschule das Recht, neben Fertigkeiten wie Lesen, Schreiben und Rechnen, auch Wissen vermitteln zu dürfen. Dieses soll z.B. dadurch geschehen, daß neben dem mechanischen Lesen auch das "denkende Lesen" von den Lehrern gelehrt werden soll.[188] Die biblische Geschichte darf nicht mehr nur durch gebundenes Erzählen den Schülern nahegebracht werden, wie es in den *Stiehlschen Regulativen* vorgeschrieben ist. Dörpfeld schreibt dazu: "Ein solch gebundenes Erzählen war kein eigentliches Erzählen mehr, sondern ein Recitieren: der Lehrer wurde zum pädagogischen Spediteur herabgewürdigt."[189] Die von Dörpfeld angestrebte Wissensvermittlung erfordert - seiner Ansicht nach - eine Verknüpfung der Fächer. Er geht dabei von einer zentralen Stellung des Faches Religion aus, an welches sich die anderen Fächer anlehnen (s. unten, 2.8).

---

186 F. Meyer, Schule der Untertanen, Hamburg 1976, S. 30.

187 D. Stoodt, Arbeitsbuch zur Geschichte des evangelischen Religionsunterrichts in Deutschland, S. 317.

188 Friedrich Wilhelm Dörpfeld, Grundlinien einer Theorie des Lehrplans zunächst für Volks- und Mittelschulen - Nebst dem Ergänzungsaufsatz: Die unterrichtliche Verbindung der sachkundlichen Fächer³, Gütersloh 1898, S. 4ff.

189 ebenda, S 44.

Es zeigt sich wieder einmal, daß zahlreiche pädagogische Neuerungen und Neuerungswünsche in der Gegenwart, wie z.B. fächerübergreifender Unterricht, schon vor 100 Jahren gefordert wurden.
Da die Forderungen Dörpfelds nicht mit der realen Situation, wie sie durch die *Stiehlschen Regulative* gegeben war, übereinstimmten, steht folglich auch er diesen Regulativen ablehnend gegenüber[190].
Zusammenfassend betont Folkert Meyer noch einmal die politische Dimension der *Stiehlschen Regulative*, wenn er schreibt:
"Die Absicherung des Status quo wurde in den Regulativen in dreifacher Hinsicht eingeleitet:
1. Ausgangspunkt ihrer Argumentation und inhaltlicher Zielpunkte ihrer Bestimmung war die einklassige evangelische ländliche Elementarschule mit einem Lehrer.
2. Das in der schulpolitischen Situation der Jahrhundertmitte in finanzieller, rechtlicher und personeller Hinsicht für alle Elementarschulen Mögliche wurde als Minimalforderung normiert. Die sichere Beherrschung der bescheidenen Lehrplanforderungen erhielt den absoluten Vorrang vor allen weitergesteckten Unterrichtszielen.
3. Die konfessionelle religiöse Unterweisung stand im Zentrum des Elementarunterrichts. Dieses Prinzip war konstitutiv für Lehrplan und Schulaufsicht."[191]

F.-M. Kuhlemann schränkt jedoch die Bedeutung der *Stiehlschen Regulative* ein. Er weist darauf hin, daß die Regulative sich auf den Unterricht in der einklassigen evangelischen Elementarschule beziehen und damit nur einen Teil der Schulen in Preußen abdecken. Durch ein fehlendes einheitliches Unterrichtsgesetz bis zum Ende der Kaiserzeit bleibt den einzelnen Schulen ein Spielraum, der von zahlreichen Volksschullehrern genutzt wird. Aber auch die geistliche Schulaufsicht vertritt nicht immer die konservative Meinung, die sich in den *Stiehlschen Regulativen* widerspiegelt und sorgt für einen aufgeklärten Unterricht. Die zahlreichen Bemühungen, die Regulative zu entschärfen, zeigten schnelle Erfolge. So wurde in einem Ministerialerlaß vom 19.Nov.1859 die Anzahl der zu lernenden Bibelverse, Kir-chenlieder und Sonntagsepisteln herabgesetzt.
Die *Stiehlschen Regulative* erreichten nicht ihr Ziel, die konservative Erziehungsidee zu festigen. Es kommt zu einem Nebeneinander von konservativen und

---

190 ebenda, S 7f.

191 F. Meyer, Schule der Untertanen, Hamburg 1976, S. 30.

liberalen Erziehungsmethoden.[192] Interessant in diesem Zusammenhang ist die Tatsache, daß - nach Kuhlemann - das konservative Preußen im Vergleich zu Staaten wie Frankreich, England und Amerika die Führung im Bereich der Bildungsentwicklung innehatte.[193]

2.2 Die Allgemeinen Bestimmungen über Einrichtung, Aufgabe und Ziel der preußischen Volksschule

1872 werden durch das preußische Schulaufsichtsgesetz die Reste kirchlicher Schulaufsicht auch für Schleswig-Holstein beseitigt. Allerdings wird die Ausführung in allen Teilen des Reiches praktisch erst zu Beginn des 20. Jh. vollzogen.[194] Ebenfalls im Jahre 1872 entsteht in den *Allgemeinen Bestimmungen* auch für Schleswig-Holstein ein unmittelbar geltender Volksschul- und Mittelschullehrplan. Dabei gilt die mehrklassige Volksschule jetzt als Normalfall. Die *Allgemeinen Bestimmungen* bleiben bis 1921/22 in Kraft.[195]

Die *Allgemeinen Bestimmungen* über Einrichtungen, Aufgaben und Ziele der preußischen Volksschule, verfaßt vom preußischen Kultusminister Falk, heben die

---

192 Frank-Michael Kuhlemann, Modernisierung und Disziplinierung, Sozialgeschichte des preußischen Volksschulwesens 1794-1872, in: Helmut Berding, Jürgen Kocka, Hans-Ulrich Wehler (Hrsg.), Kritische Studien zur Geschichtswissenschaft, Bd. 96, Göttingen 1992, S. 91f.

193 ebenda, S. 132f.

194 § 1 "Unter Aufhebung aller in einzelnen Landestheilen entgegenstehenden Bestimmungen steht die Aufsicht über alle öffentlichen und Privat- Unterrichts- und Erziehungs-Anstalten dem Staate zu. Demgemäß handeln alle mit dieser Aufsicht betrauten Behörden und Beamten im Auftrage des Staates." Gesetz, betreffend die Beaufsichtigung des Unterrichts- und Erziehungswesens, vom 11. März 1872. In: K. Schneider, E. von Bremen, Das Volksschulwesen im Preußischen Staate, Bd. 1, S. 1.

195 Folkert Meyer schreibt zu der Entwicklung der Volksschulen: "Die neue Verfügung hat besondere Bedeutung für das städtische Schulwesen, indem sie Ordnung in die zum Teil ihrer historischen Ursprünge wegen höchst unterschiedlichen Schultypen brachte, die einmal aus alten Latein- und ähnlichen Stadtschulen hervorgegangen waren, die auf spezifische Bildungsinteressen der Bürger abgezielt hatten und zum anderen aus den Armen- und Freischulen, deren Aufgabe es gewesen war, die elementaren Bildungsbedürfnisse des *niederen Volkes* zu befriedigen. Für die große Mehrzahl der schulpflichtigen preußischen Kinder in Stadt und Land sollte nun die Volksschule sorgen ...." In: F. Meyer, Schule der Untertanen, Hamburg 1976, S. 59.

Stiehlschen Regulative teilweise auf und ergänzen sie.[196] Allerdings können sie erst 1919 überall durchgesetzt werden. Die Schwierigkeiten, die eine rasche Durchführung der Bestimmungen verhindern, sind aus einem Brief Falks vom 30. Januar 1874 zu ersehen: "Bei der großen Mannigfaltigkeit der Schuleinrichtungen, welche bei einer derartigen Organisation in Frage kommen und die, weil sie aus localen Bedürfnissen heraus sich entwickelt haben, Berücksichtigung verdienen, hat sich die Schulverwaltung von jeder Mechanisierung fern zu halten und unter Festhaltung der maßgebenden Grundsätze den organisatorischen Bestrebungen auf diesem Gebiet möglichst freie Bahn zu lassen. Von dieser Erwägung ausgehend, kann ich dasjenige, was die Königliche Regierung in Betreff der sechsklassigen Stadtschule zu N. unter dem 17. Juli des Jahres verfügt hat, nur zum Teil billigen. Anderes läßt sich so, wie es gefordert worden ist, nicht aufrecht erhalten."[197]
Eine weitere Schwierigkeit liegt sicher auch in den Sprachverhältnissen im Preußischen Staat. So gibt es, laut einer Statistik vom Jahre 1871, 25 650 dänisch redende Kinder in Schleswig-Holstein, von denen bei ihrem Schulantritt 21 245 ausschließlich dänisch sprechen und verstehen. Hieraus läßt sich leicht die

---

196 Adalbert Falk (geb. 10.8.1827, gest. 7.7.1900) stammt aus einem evangelischen Pfarrhaus. Nach dem Jurastudium arbeitete er zunächst als Staatsanwalt in Breslau, Lyck und Berlin und Appellationsgerichtsrat in Glogau. 1868 wurde er Geheimer Justizrat und Vortragender Rat im Justizministerium. Als Mitglied des preußischen Landtages und des konstituierenden norddeutschen Reichstages im Jahre 1867 vertrat er einen gemäßigten Liberalismus. Bismarck berief Falk als Nachfolger des konservativ-orthodoxen Kultusministers H. von Mühlen. Falk nahm im Juli 1879 nach dem Bruch Bismarcks mit den Liberalen seinen Abschied. Falk erwarb sich große Verdienste um die Unterrichtsgesetzgebung und die Hebung des Lehrerstandes. Weiterhin sind seine Bemühungen um das Kirchenrecht und die Einführung der obligatorischen Zivilehe zu nennen. K. Kupisch, Art. 'Falk', in: RGG³, Bd. II, Tübingen 1958, Sp. 862ff.

197 K. Schneider, E. von Bremen, Das Volksschulwesen im Preußischen Staate, Bd. I, Berlin 1886, S. 443.
Aber auch Probleme, die die Person Falks betrafen, mußten ausgeräumt werden. F. Meyer schildert diese Schwierigkeiten: "Der Übergang in der Leitung des Kultusministeriums von Heinrich Müller auf den bisherigen Geheimen Justizrat Adalbert Falk im Januar 1872 bedeutete für die Zeitgenossen schon aus formalen Gründen eine Sensation. Ein in der Öffentlichkeit bisher kaum hervorgetretener, wenn auch fachlich außerordentlich befähigter Jurist erhielt die Leitung eines Ministeriums übertragen, das seinem bisherigen Tätigkeitsbereich fern lag und auf das er sachlich kaum vorbereitet war. Wegen Falks sich schnell verbreitenden liberalen Rufes wurde jedoch seinem zukünftigen Wirken auch für die Schule unter positiven wie negativen Vorzeichen mit großer Erwartung entgegengesehen." In: F. Meyer, Schule der Untertanen, Hamburg 1976, S. 51.

Schwierigkeit ersehen, die geforderten Lerninhalte zu erreichen, wenn zunächst den Schülerinnen und Schülern die deutsche Sprache beigebracht werden muß.[198] Dabei beeinflußt zusätzlich die technische und industrielle Entwicklung den Religionsunterricht.

In den verschiedenen Stufen der Volksschule sind immerhin noch vier bis fünf Wochenstunden Religion ausgewiesen. Das Fach Mathematik kann über die gleiche Stundenzahl verfügen.

In dem Generallandschulreglement von 1763 beschränkt sich der Mathematikunterricht auf eine Stunde in der Woche und zwar am Nachmittag.[199]

Die beginnende Industrialisierung läßt eine Aufwertung des Faches Mathematik geboten erscheinen. Der Religionsunterricht büßt seine Vormachtstellung in der Schule ein und muß sich zunächst mit einem gleichberechtigten Platz zufrieden geben.

Dabei besteht der Religionsunterricht immer noch in der Hauptsache aus dem Memorieren biblischer und moralischer Stoffe. Es zeigt sich also zunächst keine Verbesserung gegenüber den *Stiehlschen Regulativen*, und es gilt das gleiche Ziel: *Die Erziehung zum Untertanen* (s. oben, 2.1).

Die *Allgemeinen Bestimmungen* sind keine Lehrpläne, jedoch bilden sie die Grundlage für diese. Die eigentlichen Lehrpläne werden von den Schulinspektoren ausgearbeitet. Diese Schulinspektoren sind noch vielfach die Generalsuperintendenten, obwohl das Schulaufsichtsgesetz vom 11. März 1872 die Schulaufsicht dem Staat überträgt:

"§1 Unter Aufhebung aller in einzelnen Landestheilen entgegenstehenden Bestimmungen steht die Aufsicht über alle öffentlichen und Privat-, Unterrichts- und Erziehungsanstalten dem Staate zu. Demgemäß handeln alle mit dieser Aufsicht betrauten Behörden und Beamten im Auftrage des Staates.

§ 2 Die Ernennung der Local- und Kreisschulinspectoren und die Abgrenzung ihrer Aufsichtsbezirke gebührt dem Staat allein."[200]

---

198 K. Schneider, E. von Bremen, Das Volksschulwesen im Preußischen Staate, Bd. I, Berlin 1886, S. 353.

199 Der Begriff *Mathematik* wird in diesem Zusammenhang auch für den damaligen Rechenunterricht verwandt. D. Stoodt, Arbeitsbuch zur Geschichte des evangelischen Religionsunterrichts in Deutschland, S. 171.

200 K. Schneider, E. von Bremen, Das Volksschulwesen im Preußischen Staate, Bd. I, Berlin 1886, S. 1.

Dieses Gesetz brachte einige Schwierigkeiten mit sich, wie aus dem Kirchlichen Amtsblatt vom 26. März 1873 zu ersehen ist: " Der § 3 des Schulaufsichtsgesetzes vom 11. März 1872 enthält die ausdrückliche Bestimmung, daß Artikel 24 der Verfassungsurkunde vom 31. Januar 1850, durch welche u.U. festgesetzt ist, daß der religiöse Unterricht in der Volksschule von den betreffenden Religionsgesellschaften geleitet werden soll, durch das gedachte Gesetz unberührt bleibe.
Das Schulaufsichtsgesetz gibt aber keine Vorschriften darüber, durch welche Organe die in dem Artikel 24 der Verfassungsurkunde verbürgte Leitung des religiösen Unterrichts durch die Religionsgesellschaften ausgeübt werden soll. Es hat daher hinsichtlich der Leitung dieses Unterrichts bei den bisher geltenden Ressortvorschriften sein Bewenden behalten."[201]
Die Sonderstellung, die das Fach im Schulaufsichtsgesetz erfährt, wird im weiteren Verlauf noch zu beobachten sein. Hier sind die Ursachen für Schwierigkeiten zu sehen, die das Fach Religion im späteren Verlauf der Entwicklung mit seiner eigenen Identität als Schulfach haben wird.
Obgleich also die *Allgemeinen Bestimmungen* keine Lehrpläne sind, lohnt es sich doch, ihre Bestimmungen für das Fach Religion näher zu untersuchen.
Schon bei der Einrichtung und Ausstattung des Schulzimmers sind noch Einflüsse der starken religiösen Ausrichtung der Schulen zu finden.
So gehört zu den "unentbehrlichen Lehrmitteln" neben einer Wandkarte der Heimatprovinz und Deutschlands auch eine Wandkarte von Palästina.[202]
Die Fächer, die in den *Allgemeinen Bestimmungen* vorgeschrieben sind, unterscheiden sich kaum von dem Fächerkanon der *Allgemeinen Schulordnung* für Schleswig und Holstein von 1814. Es wäre lediglich zu bemerken, daß das Fach Technologie in den *Allgemeinen Bestimmungen* nicht enthalten ist.[203]

---

201 Kirchliches Amtsblatt des Königlichen evangelisch-lutherischen Consistoriums in Kiel, 26. März 1873, S. 4.

202 Allgemeine Bestimmungen des Ministers der geistlichen, Unterrichts- und Medizinalangelegenheiten vom 15. Oktober 1872, betreffend das Volksschul- Präparanden- und Seminar-Wesen, Schleswig-Holsteinisches Landesarchiv, Abt. A, Nr. 20, S. 2.

203 E. Erichsen, H. Sellschopp, Die Allgemeine Schulordnung der Herzogtümer Schleswig und Holstein vom 24. August 1814, in: Kultusministerium des Landes Schleswig-Holstein (Hrsg.), Wegweiser für die Lehrerfortbildung, Bd. 43/44, S. 63.

Für das Fach Religion sind bei Falk für einklassige Volksschulen in der Unterstufe 4, in der Mittel- und Oberstufe je 5 Wochenstunden vorgesehen. In der mehrklassigen Volksschule werden in jeder Stufe 4 Stunden erteilt.[204]
Welche Ziele sollen nun während dieser Zeit ereicht werden? Unter Punkt 15 ist folgendes zu lesen: "Die Aufgabe des evangelischen Religionsunterrichtes ist die Einführung der Kinder in das Verständnis der heiligen Schrift und in das Bekenntniß der Gemeinde, damit die Kinder befähigt werden, die heilige Schrift selbständig zu lesen und an dem Leben, sowie an dem Gottesdienst der Gemeinde lebendigen Antheil nehmen zu können."[205]
Der Anspruch der moralisch-religiösen Bildung, wie er bei Adler in seiner *Allgemeinen Schulordnung* zu finden ist, fehlt bei Falk. Die Bewertung der moralisch-religiösen Bildung läßt sich bei Adler mit seinem aufklärerischen Verständnis der Religion begründen (oben, 1.8 meiner Arbeit).
Während des Unterrichts werden genau vorgeschriebene Teile des Alten und Neuen Testament (1. Buch Mose, Mose, Davids erste Zeit, Geburt, Kindheit, Tod und Auferstehung Jesu) den Schülern der Unterstufe durch die Lehrererziehung nahegebracht.
Ein Fortschritt sind hier die Geschichten aus der Bibel, die zeigen, was wichtig für das Lebensbild Jesu ist. Eine Lösung von der strengen Anbindung an die Gemeinde deutet sich an.
Durch den kirchengeschichtlichen Teil - bei dem auch die Situation der Kirche 'heute' besprochen werden soll - zeigt sich eine weitere Liberalisierung gegenüber den *Stiehlschen Regulativen*. Eine andere wichtige Änderung ist die Rücknahme der Überbetonung des Auswendiglernens.
Weiterhin werden aber am Samstag die Perikopen für den folgenden Sonntag vorgelesen und besprochen.
Beim Katechismus zeigt sich, daß der Schüler durch die *Stiehlschen Regulative* überfordert wurde. Der Katechismusunterricht darf jetzt erst in der oberen Stufe der Volksschule beginnen und höchstens zwei Wochenstunden umfassen. Eine intensivere Beschäftigung bleibt dem Konfirmandenunterricht vorbehalten.

---

204 Allgemeine Bestimmungen des Ministers der geistlichen, Unterrichts- und Medizinalangelegenheiten vom 15. Oktober 1872, betreffend das Volksschul-Präparanden- und Seminar-Wesen, Schleswig-Holsteinisches Landesarchiv, Abt. A, Nr. 20, S. 3.

205 ebenda, S. 3f.

Bei Lied und Gebet ist ein langsamer Aufbau vorgesehen. Mehrfach warnt Falk eindringlich vor Überforderungen.[206]

2.2.1 Die allgemeinen Bestimmungen in Schleswig-Holstein aus der Sicht Theodor Kaftans

Die Aufgabenstellung und die Zielsetzung des Religionsunterrichtes in den preußischen *Allgemeinen Bestimmungen* finden in Schleswig-Holstein wohl Zustimmung. Dennoch treten Schwierigkeiten bei der Durchführung auf.
Ein Kritikpunkt ist die wöchentliche Stundenzahl von *nur* fünf Religionsstunden. Durch die erhöhten Anforderungen der *Allgemeinen Bestimmungen* in diesem Fach im Bereich der biblischen Geschichte und der Schriftkenntnis, läßt sich die Stundenreduzierung nicht vertreten.
Aus der Provinz Hannover kommen ähnliche Klagen mit dem Ergebnis, daß eine der Lehrstunden in der Mittel- und Oberstufe im Bereich Deutsch für das Bibellesen verwendet werden darf.
In der Frage des Memorierens treten ebenfalls Bedenken auf. Die Schulinspektoren halten das Memorieren - wenigstens der Perikopen - für dringend erforderlich. Jedoch kann sich diese Forderung nicht durchsetzen, und es gilt die Anweisung aus den *Allgemeinen Bestimmungen*.[207]
In Schleswig-Holstein führte die Konfirmationsordnung zu einer Sonderstellung. Da die Konfirmation erst im 15. oder 16. Lebensjahr stattfindet, dauert auch der Schulbesuch entsprechend länger (s. oben, 1.7).
Dieses hat Konsequenzen für den Religionsunterricht an der Volksschule. Die Reduzierung des Katechismus, die von Falk aus pädagogischen und praktischen Gründen wünschenswert erscheint, wird von ihm für Schleswig-Holstein aufgehoben: "Ich erkläre mich mit der in dem Berichte vom 26. Februar d. J. ausgesprochenen Annahme der königlichen Regierung vollkommen einverstanden, daß in der Provinz Schleswig-Holstein solche besonderen Verhältnisse vorliegen, unter denen es nach § 19 der Allgemeinen Verfügung über Einrichtung, Aufgabe und Ziel der preußischen Volksschule von 15. October v. J. nothwendig ist, den

---

206 ebenda, S. 4.

207 Kirchliches Gesetz- und Verordnungsblatt für den Amtsbezirk des Königlichen evangelisch-lutherischen Consistoriums in Kiel, Kiel, den 23. Februar 1885, 4 Stück, S. 9f.

ganzen kleinen lutherischen Katechismus in das Pensum der Volksschule aufzunehmen...."[208]

Theodor Kaftan arbeitet als Generalsuperintendent von Schleswig mit den *Allgemeinen Bestimmungen*. Wie Adler hat er eine theologische Ausbildung genossen, hat aber als Schulrat Gelegenheit, die Sorgen und Nöte der Schulen kennenzulernen.[209]

In seinen Lebenserinnerungen äußert er sich über die Falkschen *Allgemeinen Bestimmungen* folgendermaßen:

"Der Fehler war der, daß in den *Allgemeinen Bestimmungen* der Versuch gemacht ward, der Volksschule statt der bisher einheitlichen Grundlage (Religion) eine doppelte (Religion und Deutsch) zu geben. In einer rechten Volksschule hat der Religionsunterricht allein die Grundlage zu bilden und den Geist der Schule zu bestimmen. Das Deutsche, das selbstverständlich auch zu pflegen ist, ergibt sich mehr oder weniger von selbst. Zur richtigen Wertung der Religion gehört, daß jeder Tag mit einer Religionsstunde beginnt. Darauf, nicht auf die Zahl der Stunden kommt es an. Es ist ein Vorurteil, in solcher Ordnung eine Überfütterung mit Religion zu sehen - davon wissen die Kinder nichts. Nur die Unkenntnis fürchtet, die Religion werde dadurch den Kindern langweilig werden: vielleicht tritt das ein, wo moderner Religionsunterricht erteilt wird; da mag man mit sechs Stunden nichts anzufangen wissen; wo christlicher Religionsunterricht erteilt wird; und den vertraten die *Allgemeinen Bestimmungen*, ist solche Befürchtung nicht am Platz."[210]

---

208 K. Schneider, E. von Bremen, Das Volksschulwesen im Preußischen Staate, Bd. III, Berlin 1886, S. 445.

209 Theodor Kaftan (18.3.1847-26.11.1932) studierte Theologie in Erlangen, Berlin und Kiel. Nachdem er Hilfsprediger in Kappeln war, trat er 1783 das Amt des Pastors in der dänischen Gemeinde Apenrade an. 1880 wird er Regierungs- und Schulrat in Schleswig. 1885 geht er als Propst nach Tondern und wird nur ein Jahr später Generalsuperintendent für Schleswig. Während seiner Amtszeit zeigt er viel Verständnis für die Belange des dänischen Teils der Bevölkerung, da er während seiner Kinderzeit unter den Repressalien der damaligen dänischen Regierung zu leiden hatte. Er entfernt sich zunehmend vom Staatskirchentum und neigt zu einer bischöflich geleiteten Landeskirche als Gemeinde und Volkskirche. E.H. Pältz, Art. 'Kaftan', in: RGG³, Bd. III, Tübingen 1959, Sp. 1088 ff.

210 Kaftan, Theodor, Erlebnisse und Beobachtungen des ehemaligen Generalsuperintendenten von Schleswig D. Theodor Kaftan, in: Schriften des Vereins für Schleswig-Holsteinische Kirchengeschichte, Kiel 1924, Heft 14, S. 118.

Für Kaftan muß bei der Frage des christlichen Religionsunterrichtes die enge Beziehung von Kirche und Staat bedacht werden: "In der christlichen Kulturwelt ist die Schule die Tochter der Kirche."[211]
Allerdings wandelt sich die Art dieser Beziehung im Laufe der Zeit und muß ständig neu bedacht werden, wie auch in den Falkschen *Allgemeinen Bestimmungen* zu sehen ist. Die sich andeutende wissenschaftliche Ausbildung der Volksschullehrer ist nicht im Sinne Kaftans. Für ihn ist Volksschule vorwiegend unter dem Gesichtspunkt der Erziehung zu betrachten. Dazu benötigt der Volksschullehrer seiner Meinung nach keine wissenschaftliche Ausbildung (s. unten, 2.2.2). "Was ich tat, erwuchs in erster Linie aus meiner schon charakterisierten Auffassung meines Amtes, aus dem Interesse an der Schule als Mittel der Volkserziehung."[212]
Bei dieser Erziehung wünscht sich Kaftan für den einzelnen eine möglichst große Bewegungsfreiheit in der Pädagogik, um auch Wege einschlagen zu können, die von der Behörde nicht vorgesehen sind.
Er befürwortet also eine frei entwickelte Schulpädagogik, durch die er die Volkserziehung ebenso gut gewährleistet sieht wie durch eine staatliche Reglementierung.
Um der Entchristlichung der Volksschule vorzubeugen, spricht sich Kaftan für deutsche und dänische Privatschulen aus, die aber nicht zu stark reglementiert werden dürfen: "Nur nebenbei erwog ich damals schon, daß dies, daß Privatschulen Luft und Licht belassen ward, auch einmal von großer Bedeutung werden könne für die Kirche. Schon damals tauchte am Horizont die nationale Einheitsschule auf. Dies bedeutete, wenn auch nicht absichtlich, so doch tatsächlich eine Entchristlichung der Volksschule. Auch andere Symptome wiesen damals schon auf derartige Möglichkeiten hin. Wenn aber diese sich einmal durchsetzen sollten, was anderes bleibt den Christen dann als die Privatschule? Hoffentlich ist die Christlichkeit unseres Volkes noch so stark, daß die Entchristlichung der Volksschule noch gute Wege hat."[213]

---

211 Hiermit wird nicht ein kulturpolitischer Anspruch der Kirche beschrieben, sondern eine geschichtliche Entwicklung aufgezeichnet. Ebenda, S. 132.

212 ebenda, S. 119.

213 ebenda, S. 129.

Das preußische Schulaufsichtsgesetz vom März 1872 hält er schlichtweg für unnötig. Seiner Ansicht nach konnte durch die Schulaufsicht von seiten der Kirche der christliche Charakter der Volksschule noch am besten gewahrt werden.[214] Die Bedenken, daß die Geistlichen die Lehrer bevormunden könnten, teilte Kaftan aus der Sicht seines Bezirks nicht. Er plädierte für ein gegenseitiges Geben und Nehmen. Den Lehrern spricht er eine große Bewegungsfreiheit auf dem Gebiet des Unterrichts zu.[215]

Da aber das preußische Schulaufsichtsgesetz eine Änderung der geistlichen Schulaufsicht bewirkt, muß Kaftan einen anderen Weg suchen, die christliche Volkschule zu retten. Er sieht eine Möglichkeit in der Lehrerbildung .

Die Kirche ist nicht mehr in der Lage, die Christlichkeit der Schule im Rahmen der geistlichen Schulaufsicht zu gewährleisten. Deshalb möchte Kaftan diese Aufgabe, wie oben angeführt, durch die Lehrer erfüllen lassen. Dazu gehört seiner Meinung nach die radikale Beseitigung der geistlichen Schulinspektion. Theodor Kaftan erkannte 1910, daß die Geistlichen ihre Aufgabe bei der Schulinspektion nur widerwillig und unter dem Druck der Behörden durchführten. Auf eine solche Inspektion möchte Kaftan gerne verzichten, da sie seiner Meinung nach nicht der Christlichkeit der Volksschule dienlich sein kann. So erklärt sich die Wandlung seiner Ansicht auf der vorangegangenen Seite. Es spricht für Kaftan, daß er nicht auf einer einmal gefaßten Meinung beharrt, sondern nach Lage der Dinge zu einer Meinungsänderung bereit ist.[216]

Deshalb schreibt Kaftan: "Anstelle der geistlichen Schulinspektion fordere ich eine *wirkliche Leitung* des Religionsunterrichtes durch die Religionsgesellschaft. Eine

---

214 ebenda, S. 133.

215 Dem evangelisch-lutherischen Consistorium in Kiel wird am 11.2.1920 vertraulich mitgeteilt, daß Kaftan hier wohl etwas zu optimistisch war. Es heißt dort: "Uns sind in letzter Zeit Fälle bekannt geworden, in denen es zwischen Pastoren und Lehrern über die Ausübung der Leitung des Religionsunterrichts zu bedauerlichen Konflikten gekommen ist ... Den in einer Propstei gemachten Versuch, die Lehrer zur Abhaltung von Lehrproben in die Kirche kommen zu lassen, halten wir für wenig glücklich und ersuchen auch da, wo sich die Lehrer dazu bereit finden lassen, davon abzusehen, denn dadurch, daß man die Lehrproben in der Kirche abhalten läßt, verstärkt man naturgemäß den Eindruck, daß es sich um **kirchliche** Veranstaltungen handelt und verquickt dadurch selbst in verhängnisvoller Weise kirchliche und unterrichtliche Gesichtspunkte." In: Evangelisch-lutherisches Consistorium, Nr. I, S. 348.

216 Kaftan, Theodor, Erlebnisse und Beobachtungen des ehemaligen Generalsuperintendenten von Schleswig D. Theodor Kaftan, in: Schriften des Vereins für Schleswig-Holsteinische Kirchengeschichte, Kiel 1924, Heft 14, S. 135.

solche erblicke ich, soweit die Lehrerbildung in Frage kam, in einer Mitwirkung der Kirche bei der Feststellung des Lehrplans wie der Lehrmittel für die religiöse Ausbildung in Präparandeum und Seminar, der eine Einsicht in den Betrieb dieses Unterrichts zu entsprechen habe. In der Volksschule selbst wollte ich bei der Feststellung des Lehrplans und der Lehrmittel wie bei der Überwachung des Religionsunterrichtes der Kirche die erste Stelle gewahrt wissen."[217]
Wie schon erwähnt, lehnt Kaftan eine Verwissenschaftlichung der Volksschullehrerbildung ab.
Zum einen bewegen ihn dazu finanzielle Gründe, da ein so armes Deutschland eine akademische Ausbildung für alle Volksschullehrer nicht tragen könne.[218]
Zum anderen hat für ihn der Volksschullehrerstand "in seiner geschichtlich gewordenen Eigenart seinen Wert und seine Ehre; er sollte zu viel edlen Stolz besitzen, um das alles auf dem Altar unüberlegter Eitelkeit zu opfern."[219]
Diese Haltung wird zu beachten sein, wenn die *Evangelische Unterweisung* behandelt werden wird. Es stellt sich die Frage, ob Lehrer dieses Fach unterrichten können, ohne wenigstens teilweise wissenschaftliche Ausbildung genossen zu haben.
Kaftan befürchtet weiterhin, daß eine wissenschaftliche Ausbildung eine Stoffülle mit sich bringt, die von den jungen Lehrern nicht bewältigt werden kann. Keinesfalls möchte er jedoch auf ein Vertrautmachen mit der modernen Theologie verzichten.[220]
Es geht ihm also nicht darum, wie in den *Stiehlschen Regulativen*, den Lehrer auf einer möglichst niedrigen Bildungsstufe zu halten. Er erkennt durchaus eine Aus- und Weiterbildung der Volksschullehrer an, die aber nicht vom Staat vorgeschrieben werden solle.
Erwähnenswert sind noch Kaftans Gedanken zu der Lehrerausbildung. Er befürchtet, daß Menschen, die sofort nach der Schulausbildung in die Lehrerausbildung gehen, noch nicht genügend mit den Fragen des Unterrichts vertraut sind. Hier böte die vorhergegangene Praxis, die eine gewisse Unterrichtspraxis vor den

---

217 ebenda, S.135. Kaftan bewegt sich hier bereits auf der Linie späterer Verfassungsformulierungen.

218 ebenda, S. 136.

219 ebenda, S. 136.

220 ebenda, S. 137.

Besuch des Seminars stellt, Vorteile. Die Lehrer brächten dann in das Seminar Fragen des Unterrichts mit ein.

Auch in der heutigen Grund- und Hauptschullehrerausbildung wird dieses Problem immer wieder diskutiert. Häufig fordern Studentinnen und Studenten eine Ausbildung, die mehr praxisorientiert ist. Da bei den heutigen Anforderungen aber die wissenschaftliche Ausbildungsphase nicht mehr reduziert werden kann, ohne die Qualität der Lehrerausbildung herabzusetzen, würde eine Erfüllung der Forderungen eine längere Studienzeit bedeuten. Genau wie zur Zeit Kaftans erhebt sich auch heute noch die Frage nach der Finanzierbarkeit.

Theodor Kaftan zeigt sich als ein Mensch, der ein klares Ziel vor Augen hat: die christliche Schule. Er ist von seiner Ausbildung zwar der Theologie zugehörig, versteht es aber in seiner praktischen Arbeit, sein Ziel auf die neuen Gegebenheiten der Zeit einzurichten und bejaht schließlich die Beendigung der aus der Geschichte sich herleitenden Stellung der Kirche im Bildungswesen, sofern es sich um eine rein juristische Absicherung handelt.

2.3 Die Lehrplanentwicklung nach den Allgemeinen Bestimmungen

Im Jahre 1921 lösen die Richtlinien zur Aufstellung von Lehrplänen für die Grundschule die *Allgemeinen Bestimmungen* ab. Es fällt zunächst auf, daß hier von einer Grundschule geredet wird, während in den *Allgemeinen Bestimmungen* von einer Volksschule mit Unter-, Mittel- und Oberstufe ausgegangen wird.[221]

Das Grundschulgesetz vom 28.4.1920 legt in § 1 fest: "Die Volksschule ist in den vier untersten Jahrgängen als die für alle gemeinsame Grundschule, auf der sich auch das mittlere und höhere Schulwesen aufbaut, einzurichten. Die Vorschriften der Art. 146 Abs. 2 und 147 der Verfassung des Deutschen Reiches gelten auch für die Grundschule."[222]

"Die Grundschulklassen (-stufen) sollen unter voller Wahrung ihrer wesentlichen Aufgabe als Teil der Volksschule zugleich die ausreichende Vorbildung für den unmittelbaren Eintritt in eine mittlere und höhere Lehranstalt gewährleisten."[223]

---

221 W. Landé, Die Grundschule in Preußen, Weidmannsche Taschenausgabe, Heft 18, Berlin 1925, S. 20.

222 Artikel 146 und 147 der Reichsverfassung vom 11. August 1919 behandeln die Einrichtung der Volksschulen in den Gemeinden und die Einrichtung und Genehmigung von Privatschulen. In: A. Reble (Hrsg.), Geschichte der Pädagogik, Dokumentationsband II, Stuttgart 1971, S. 568f.

223 ebenda, S. 571.

Die bis dahin bestehende Einheit der Volksschule erfährt hier ihre Aufteilung in Grundschule und Volksschuloberstufe. Es beginnt eine andere Auffassung von Bildung und den dazugehörigen Systemen, die bis heute noch keine abschließenden Ergebnisse gebracht hat, wie die neuere Diskussion um den Standort der Hauptschule und ihre Berechtigung als eigenständig weiterführende Schulart beweist. Es kann nicht Aufgabe dieser Arbeit sein, die geschichtliche und politische Entwicklung ausführlich zu zeigen, da die Entwicklung des Religionsunterrichtes untersucht wird. Die Grundschule hat die Aufgabe, den Schülern eine grundlegende Bildung zu vermitteln. "Sie muß deshalb alle geistigen und körperlichen Kräfte der Kinder wecken und schulen und die Kinder mit denjenigen Kenntnissen und Fertigkeiten ausrüsten, die als Grundlage für jede Art von weiterführender Bildung unerläßliches Erfordernis sind."[224]

In dieser Präambel findet sich kein Wort mehr über den religiösen Bildungsauftrag der Schule. Die enge Verflechtung von Staat und Religion, die - wie bereits erwähnt - noch in der *Allgemeinen Schulordnung* von 1814 in der Präambel zu lesen ist, gibt es nicht mehr. Laut Schulartikel 149 der Reichsverfassung vom 11. August 1919 ist der Religionsunterricht ordentliches Lehrfach der Schulen.[225]

Und in Artikel 148 wird dann das Ziel der einzelnen Schulen beschrieben: "In allen Schulen ist sittliche Bildung, staatsbürgerliche Gesinnung, persönliche und berufliche Tüchtigkeit im Geiste des deutschen Volkstums und der Völkerversöhnung zu erstreben."[226]

Die Kirchenartikel der Weimarer Reichsverfasung vom 11.8.1919 gehen "bekanntlich auf die Verfassung der Paulskirche von 1848/49 zurück, die das jahrhundertealte *Konstantinische System* des Staatskirchentums zu beseitigen und in eine *moderne, religionsfreundliche Trennung von Staat und Kirche* überzuleiten versuchte."[227]

Die Entwicklung des Faches Religion wird von der Verschiebung der Erziehungsziele betroffen. Nicht mehr der religiöse Mensch soll das Erziehungsziel sein, sondern der sittliche Mensch (s. oben, 1.8). Zur Erziehung zum sittlichen Men-

---

224 W. Landé, Die Grundschule in Preußen, Weidmannsche Taschenausgabe, Heft 18, Berlin 1925, S. 20f.

225 A. Reble (Hrsg.), Geschichte der Pädagogik, Dokumentationsband II, Stuttgart 1971, S. 569.

226 ebenda, S. 569.

227 Martin Heckel, Die Vereinigung der ev. Kirchen in Deutschland, Jus Ecclesiasticum, Bd. 40, Tübingen 1990, S. 17.

schen ist die Religion - nach Ansicht vieler Pädagogen - nicht unbedingt erforderlich. So wird z.B. Ethik von den Schulfächern Religion und Philosophie gleichermaßen beansprucht (s. unten, 2.3). An die Stelle der Religion können durchaus humanistische Impulse treten. Dieser Streit ist bis heute nicht entschieden. Immer wieder wird in der weiteren Entwicklung der Religionsunterricht in Frage gestellt und muß sich mit den veränderten Erziehungszielen auseinandersetzen, um einen neuen Standpunkt zu finden oder den alten zu verteidigen. Auch die *Evangelische Unterweisung* entsteht mit aus diesem Konflikt heraus. Der Religionsbegriff wird zu diesem Zeitpunkt nicht nur von Pädagogen sondern auch von Theologen in Frage gestellt (s. unten, 2.10).

Der Lehrplan für das Fach Religion an der Grundschule setzt nun 1921 mit dem zweiten Schuljahr ein. Im ersten Schuljahr wird ein fächerübergreifender Unterricht durchgeführt, "in dem die verschiedenen Unterrichtsgegenstände zwanglos abwechseln."[228]

In diesen zwanglosen Unterredungen werden religiöse Vorstellungen und christliche Bräuche und Einrichtungen besprochen.

Im Anschluß an die christlichen Feiertage im Winter erzählt der Lehrer Geschichten aus dem Neuen Testament. Die Dauer dieser Einheiten wird wöchentlich mit drei halben Stunden festgelegt.

Im zweiten Schuljahr beträgt der Religionsunterricht entweder zwei Stunden oder vier halbe Stunden. Im dritten und vierten Schuljahr umfaßt der Unterricht im Fach Religion je drei Stunden.

Die Inhalte für diesen Unterricht stammen aus Erzählungen des Alten und Neuen Testamentes. Wie im ersten Schuljahr erzählt der Lehrer die Geschichten. Allerdings ist eine vorsichtige Herausarbeitung der religiösen und sittlichen Wahrheiten erweiternd hinzuzufügen. Die Schüler sollen des weiteren auch den Bezug zu ihrem Leben erfahren.

Bibelsprüche, Katechismussätze, Gebete und Verse von Kirchenliedern sind im Anschluß an die christlichen Feste vorgesehen. Es wird ausdrücklich mehrfach vor einer Überforderung der Schüler gewarnt: "Überlastung des Gedächtnisses, insbesondere durch häusliches Lernen, ist dabei zu vermeiden."[229]

Verglichen mit den Inhalten der *Allgemeinen Bestimmungen* von 1872 fällt einmal die größere Verantwortung des Lehrers bei der Stoffauswahl auf. Werden in den

---

228 siehe 1.5, meiner Arbeit

229 W. Landé, Die Grundschule in Preußen, Weidmannsche Taschenausgabe, Heft 18, Berlin 1925, S. 24.

Allgemeinen Bestimmungen noch bestimmte Abschnitte der Bibel im einzelnen vorgeschrieben (s. oben, 2.2.1) so ist jetzt nur noch von den Erzählungen aus dem Alten und Neuen Testament die Rede. Der Lehrer ist also frei in der Wahl der biblischen Stoffe.

In der *Allgemeinen Schulordnung* für Schleswig und Holstein von 1814 findet sich eine ähnliche Freiheit des Lehrers bei der Auswahl der biblischen Geschichten. Allerdings ist er bei der Behandlung des Katechismus mehr gebunden.

Dies ist ein weiterer Beweis dafür, daß die Schulordnung Adlers durchaus einen kritischen Vergleich mit der des Staates Preußen in der Zeit der Weimarer Republik aushalten kann.

In den Richtlinien zur Aufstellung von Lehrplänen zeigt sich eine veränderte pädagogische Richtung, die zum Teil auch auf die veränderten politischen Gegebenheiten zurückzuführen ist. Es geht um einen Abbau der Untertanenmentalität zugunsten von mehr Selbstverantwortung.[230]

Zudem benötigt man jetzt auch nicht mehr die Hilfe bestimmter obrigkeitsgläubiger kirchlicher Kreise, um den Schüler zu diesem Untertanen zu erziehen.

Der Einfluß der Kirche beschränkt sich dem Gesetz nach auf die Kontrolle der Lehrpläne des Faches Religion und auf die Prüfung geeigneter Religionslehrer. Die traditionelle Stellung der Kirche im Bildungswesen, die Kaftan als eine geschichtliche Entwicklung betrachtet, ist damit vorerst abgeschlossen (Kaftan a.a.O., S.124).

Die Richtlinien zur Aufstellung von Lehrplänen können nicht ohne Widerstand durchgesetzt werden, und es kommt zu Änderungen. Die Stundenzahl des katholischen Religionsunterrichts ist größer als die des evangelischen Religionsunterrichts. Verständlicherweise kommt es zu Protesten, so daß am 18. Januar 1923 eine Änderung in Kraft tritt mit folgendem Inhalt: " Der Umstand, daß durch die Erlasse vom 16. März 1921 - U III A 404.1 - und vom 15. April 1921 - U III A 404 II 1. - die Zahl der Religionsstunden für die evangelischen Schüler abweichend von der für die katholischen Schüler festgesetzt worden ist, hat zu lebhafter Beunruhigung in weiten Kreisen der evangelischen Bevölkerung und zu Erörterungen im Preußischen Landtag geführt, und es haben sich erhebliche Schwierigkeiten in solchen Schulen ergeben, die von Schülern beider christlicher Konfessionen

---

230 Zum Problem und zur Karikatur des Untertanen siehe den gleichnamigen Roman von Heinrich Mann (1914). In der 18. Auflage, Dezember 1978, s. besonders die Seiten 35ff (Militärzeit Diederich Heßlings), S. 175ff (Diederichs Rede vorm Gericht), S. 180ff (W. Bucks Rede vorm Gericht) und S. 337ff (Gespräch mit Ehefrau Guste).

besucht werden. Anderseits hat sich die Gesamtstundenzahl für die katholischen Schüler im zweiten, dritten und vierten Schuljahr als zu hoch erwiesen. In Abänderung der genannten Erlasse setze ich daher mit Wirkung vom Beginn des nächsten Schuljahres folgende Stundenverteilung fest:

Fach	Schuljahr
Gesamtunterricht	1.
Religion	2., 3., 4., je 4 Stunden [231]

Und in einem nicht veröffentlichten Erlaß vom 23. Juli 1921 heißt es: "Im Anschluß an meinen Erlaß vom 16. März d.J. - U III A 404.1 - weise ich darauf hin, daß bei der Aufstellung der Lehrpläne für den Religionsunterricht auch die zuständigen evangelischen und katholischen kirchlichen Behörden zu beteiligen sind, insbesondere auch die evangelischen Konsistorien in denjenigen Landesteilen, die in kirchlicher Hinsicht nicht dem Evangelischen Oberkirchenrat der preußischen Landeskirche unterstehen."[232]

Zusätzlich zu den oben angeführten Kreisen versucht auch die preußische Landeskirche, die Reduzierung des Religionsunterrichtes zu verhindern. Sie ist aber nicht sonderlich erfolgreich, wie der Ministererlaß vom 29. Oktober 1923 beweist:
"... Eine Abänderung der Richtlinien zur Aufstellung von Lehrplänen für die Grundschule vom 16. März 1921 - U III A 404 - insbesondere eine Erweiterung des dort vorgeschriebenen Lehrstoffes für den evangelischen Religionsunterricht kann nicht in Aussicht gestellt werden. Ich bemerke jedoch, daß die Anordnung, wonach im Winter des ersten Schuljahres im Anschluß an die christlichen Feste einzelne Geschichten aus dem Neuen Testament vom Lehrer erzählt und von den Kindern in freier, kindlicher Ausdrucksweise nacherzählt werden sollen, keineswegs so zu deuten ist, als ob nur die Festgeschichten auszuwählen seien."[233]

---

231 W. Landé, Die Grundschule in Preußen, Weidmannsche Taschenausgabe, Heft 18, Berlin 1925, S. 35f.

232 ebenda, S. 37.

233 W. Landé, Die Grundschule in Preußen, Weidmannsche Taschenausgabe, Heft 18, Berlin 1925, S. 39f.

Ein weiteres Problem liegt in der Erteilung des Religionsunterrichts innerhalb des Gesamtunterrichts während des 1. Schuljahres. Wie soll der Lehrer die Religionseinheiten in den Unterricht einbringen, ohne das Recht der Eltern, ihre Kinder am Religionsunterricht nicht teilnehmen zu lassen, zu gefährden?
Zu diesem Thema nimmt ein Ministererlaß vom 29. November 1921 Stellung:
"Bei der in der Reichsverfassung begründeten Sonderstellung des Religionsunterrichts ist dessen Einbeziehung in den Gesamtunterricht, auch in der zweiten Hälfte des ersten Schuljahres, nur im Einvernehmen mit den zuständigen kirchlichen Behörden und unter der Voraussetzung zulässig, daß seitens der Erziehungsberechtigten kein Widerspruch erhoben wird. Wenn in einer Klasse des ersten Schuljahres Kinder gemäß einer Willenserklärung ihrer Eltern am Religionsunterricht nicht teilnehmen sollen, so sind für diesen Fall bestimmte Zeiten festzusetzen."[234]
Wie reagierte nun die evangelische Kirche auf die veränderten Bedingungen?
In dem Dresdener Programm des Ersten Deutschen Evangelischen Kirchentages 1919 nimmt die evangelische Kirche zu Fragen des Religionsunterrichts Stellung[235]:
"Das deutsche Volksleben, seine Gesittung und Kultur stehen seit mehr als einem Jahrtausend in engster Verbindung mit der christlichen Religion und sind von ihr aufs Nachhaltigste beeinflußt worden. In diesem Sinne fordern wir mit der weit überwiegenden Mehrzahl der deutschen Eltern den christlichen Charakter der öffentlichen Schule, sowohl der Volksschule als auch der höheren Schule...
2. Zum Grundbestande der deutschen Schule gehört als ordentliches Lehrfach der christliche Religionsunterricht, dessen Ziel es ist, durch Weckung und Pflege der religiösen Anlage des Schülers zum Aufbau seiner gesamten sittlichen Persönlichkeit beizutragen.
4. Der evangelische Religionsunterricht hat die Aufgabe, Wesen und Wahrheit des Christentums nach reformatorischer Auffassung, der Entwicklungsstufe der Schüler entsprechend zur Darstellung zu bringen.
Sein Inhalt ist das Evangelium, das nach seiner Vorbereitung auf dem Boden alttestamentlicher Frömmigkeit im Neuen Testament seine grundlegende Darstellung

---

234 P. Henselmann, Schule und evangelische Kirche in Preußen, Langensalza 1928, S. 69.

235 Der Begriff *Kirchentag* wird im Laufe der Geschichte für verschiedenartige Veranstaltungen verwendet. Am 5.9.1919 treffen sich in Dresden Vertreter der Kirchenleitungen, Synoden und kirchlichen Verbände aus den deutschen evangelischen Landeskirchen, um einen föderativen Zusammenschluß der Kirchen vorzubereiten. H. H. Walz, Art. 'Kirchentag', in RGG³, Bd. III, Tübingen 1959, Sp. 1528ff.

und in der Entwicklung der christlichen Kirche bis zur Gegenwart seine lebendige Auswirkung gefunden hat ..."[236]

Das Beharren auf einem konfessionellen Religionsunterricht ist Ausdruck eines doppelten Bildungssystems. Während in Bremen 1919 der konfessionelle Religionsunterricht abgeschafft wird, läßt die Weimarer Reichsverfassung Bekenntnisschulen weiter zu und festigt damit die Trennung des Religionsunterrichtes in katholischen und evangelischen Unterricht. Dies geschah gegen den Willen der Lehrerschaft. P.C. Bloth schreibt dazu: "Für viele, man darf sagen: für die Mehrheit der Lehrer war es unerträglich, daß der deutsche evangelische Kirchenausschuß in seiner *Erklärung* vom 10. Februar 1921 *mit Nachdruck für die Erhaltung der evangelischen Schule* eintrat und *die Glaubensgenossen* zu gleicher Stellungnahme aufforderte."[237]

Ziel des Religionsunterrichtes ist - nach Punkt 2 des Dresdener Programms - der Aufbau der gesamten sittlichen Persönlichkeit des Schülers.(s. oben, 2.3). Als Begründung für die Notwendigkeit des Religionsunterrichtes an der Schule reicht dieses Ziel in den Augen vieler Menschen nicht mehr aus. Die sittliche Persönlichkeit ist auch mit Hilfe humanistischer Impulse oder einer bestimmten Moralerziehung erreichbar. Die Religion wird in der Sicht des Dresdener Programms vor allem im Hinblick auf Gesittung und Gesinnung gesehen. Die Akzeptanz der Religion ist damit im offenen Bildungssystem begründbar. Diese Einordnung von Religion wird problematisch, wo Gesittung, Ethik und Moral philosophisch, aber nicht mehr religiös begründet werden, und wo sich theologisch verstandene Religion primär nicht mehr für Gesittung, Ethik und Moral interessiert, sondern für die Verkündigung des Christus heute, wie bei der Dialektischen Theologie und der entsprechenden *Evangelischen Unterweisung* (s. unten, 2.10).

Im Lichte der folgenden Entwicklung wird deutlich, daß die sittliche Begründung und Zuspitzung von Religion auf Moral in hohem Maße problematisch werden muß.

Das im Vorfeld von 1933 sich verstärkende Nationalbewußtsein wirkt sich auch auf die Schule aus. Ein Religionsunterricht, der als Ziel den Glauben des einzelnen

---

236 P.C. Bloth, Religion in den Schulen Preußens, Heidelberg 1968, S. 186ff.

237 ebenda, S. 189 (Diese Erklärung wurde also 2 Jahre nach dem ersten Deutschen Evangelischen Kirchentag abgegeben und zeigt schon an, wie die ev. Kirche z.T. das Dresdener Programm verschärft).
D. Stoodt, Arbeitsbuch zur Geschichte des evangelischen Religionsunterrichts in Deutschland, Münster 1985, S. 95ff.

postuliert, wirkt gegen die Einigung der Nation auch in der Schule. Dieses Problem sieht schon Kaftan, der die Privatschule der Einheitsschule vorzieht (s. unten, Anm. 213). Das Ziel des Religionsunterrichtes in der national geprägten Schule kann nur das Ziel der nationalen Einheit haben. Die Kirche muß sich immer häufiger den Vorwurf der weltanschaulichen Parteilichkeit in Schulfragen gefallen lassen.[238]

Alle Faktoren zusammengenommen zeigen in den Richtlinien zur Aufstellung von Lehrplänen ihre Wirkung.

Durch die Gleichstellung des Faches Religion als ordentliches Lehrfach und die gleichzeitige Sonderstellung, die sich unter anderem in der Aufsicht der Kirchen über die Lehrpläne des Faches zeigen, werden ständig neue Standortbestimmungen notwendig. Dadurch ist das Fach in besonderer Weise offen für die gesellschaftliche Entwicklung und sucht nach immer neuen Wegen, den Schülern die Religion nahezubringen. Einer dieser Wege wird dann die *Evangelische Unterweisung* sein, die sich gerade auch mit dem Nationalgedanken und dem Moralbegriff auseinandersetzt.

Auch in Kiel beschäftigt man sich mit der Frage der Trennung von Kirche und Staat. Auch hier will man scharfe Worte vermeiden.

Von Interesse können die vier Argumente gegen den Religionsunterricht sein, die E. Franz von den damaligen Gegnern des Religionsunterrichtes in seiner Schrift *Religion und Schule* aufführt:

1. Religionsunterricht ist ein Widerspruch in sich selber: Die Schule hat den Auftrag der Wissensvermittlung. Religion ist aber so innerlich und persönlich, daß sie in der Schule herabgewürdigt würde.
2. Die Schule ist zu weltlich, deshalb muß die Kirche den Religionsunterricht übernehmen.
3. Die Religion ist rückständig und ein "Überbleibsel aus barbarischen Zeiten," das "mit dem Fortschreiten von Wissenschaft und Bildung dahinwelken müsse."[239]
4. Die Schweiz, England, Holland, Frankreich und Italien haben bereits keinen Religionsunterricht mehr in der Schule: "Der Staat gehöre in gleicher Weise jedem Bürger, einerlei welchen Glaubens oder Bekenntnisses er sei oder ob er überhaupt jedes Bekenntnis ablehne. Religion sei Privatsache des einzelnen

---

238 P.C. Bloth, Religion in den Schulen Preußens, Heidelberg 1968, S. 189.

239 E. Franz, Religion und Schule, in: Kieler Ausschuß (Hrsg.), Schriften zur Frage der Trennung von Staat und Kirche, Heft 1, Kiel 1919, S. 1.

sowie freier geistiger Gemeinschaften." Ziel sollte also die endgültige Beseitigung des Religionsunterrichts in der Schule sein.[240] Diese Position setzt voraus, daß die Religion keine moralische Funktion in der Gesellschaft hat, denn Moral geht alle an und kann nicht privatisiert werden.[241]
In allen vier Punkten wird also der Religionsunterricht aus der Schule verbannt. Die Begründungen sind dagegen unterschiedlich. Nun kann man selbstverständlich diese Argumente aus damaliger Sicht und auch aus heutiger Sicht kritisch beleuchten. Es fällt auf, daß einige Begründungen auch in der heutigen Zeit von den Gegnern des Religionsunterrichts in der Schule verwendet werden. In diesem Zusammenhang wird noch auf die Begründung eingegangen werden, die die Väter der *Evangelischen Unterweisung* aufstellten.
Aus diesen Gründen wird hier auf eine Darstellung der Argumente für den Religionsunterricht in der Schule verzichtet und unter Abschnitt 2.6 nachgeholt werden.
Für die ablehnende Haltung der Volksschullehrer gegenüber dem Religionsunterricht in der Schule macht E. Franz den "vorwiegend orthodoxen Religionsunterricht der Lehrerseminare verantwortlich."[242]
Neben den Lehrerseminaren trägt die Aufsicht durch Geistliche, die aus Kostengründen vom Staat mit dieser Aufgabe betraut werden, zu einer ablehnenden Haltung der Lehrer gegenüber der Kirche bei. Der Lehrerstand beginnt, sich unter der Anleitung von Diesterweg und den Ideen Pestalozzis pädagogisch zu bilden und mehr Selbstbewußtsein aufzubauen.[243]
Allerdings verläuft der Religionsunterricht nicht immer reibungslos. Auch Befürworter leugnen gewisse Mängel nicht.
So beklagt E. Franz zum einen die große Kluft, die teilweise zwischen Elternhaus und Schule herrscht. Die politischen Spannungen der damaligen Zeit wirken sich also hemmend auf den Unterricht aus.
Zum anderen setzen die Eltern zu hohe Erwartungen in die Schule und glauben, daß diese in der Lage sei, den sittlich vollkommenen Menschen zu erziehen.
Dies ist also das Umfeld, in dem die Richtlinien zur Aufstellung von Lehrplänen für die Grundschule entstehen. Doch auch durch sie tritt keine Ruhe in der Schule ein.

---

240 ebenda, S. 5f.

241 Zur Problematik s. oben, 1.8 und 2.2.

242 E. Franz, Religion und Schule, in: Kieler Ausschuß (Hrsg.), Schriften zur Frage der Trennung von Staat und Kirche, Heft 1, Kiel 1919, S. 6.

243 ebenda, S. 15.

Die geschichtliche Entwicklung wird die Beziehung von Staat und Kirche noch viel stärker belasten.[244]

2.4 Die Lehrplanentwicklung unter den Nationalsozialisten

In den ersten Jahren nach ihrer Machtübernahme sind die Nationalsozialisten zunächst an einem guten Verhältnis zu den beiden deutschen Kirchen interessiert.
In der Regierungserklärung Hitlers vom 23. März 1933 scheint sich eine positive Haltung gegenüber dem Christentum und der Kirche zu zeigen. "Die nationale Regierung sieht in den beiden christlichen Konfessionen wichtigste Faktoren der Erhaltung unseres Volkstums ... Sie erwartet aber und hofft, daß die Arbeit an der nationalen und sittlichen Erhebung unseres Volkes, die sich die Regierung zur Aufgabe gestellt hat, umgekehrt die gleiche Würdigung erfährt ... Die nationale Regierung wird in Schule und Erziehung den christlichen Konfessionen den ihnen zukommenden Einfluß einräumen und sicherstellen ... Der Bestand der Länder wird nicht beseitigt, die Rechte der Kirche werden nicht geschmälert, ihre Stellung zum Staate nicht geändert."[245]
Die katholische Kirche glaubt sich durch den Abschluß des Reichskonkordats vom 20. Juli 1933 gesichert.
Auch in der evangelischen Kirche sind die einzelnen Richtungen mit Auseinandersetzungen um theologische Fragen und kirchliche Reformen beschäftigt.[246]
Es kann bei den folgenden Ereignissen nicht von einer einheitlichen Haltung der evangelischen Kirche gesprochen werden. 1932 wurde die Bewegung der Deut-

---

244 ebenda, S. 23 ff..

245 D. Stoodt, Arbeitsbuch zur Geschichte des evangelischen Religionsunterrichts in Deutschland, S. 111.

246 Die evangelische Kirche hatte noch nicht die politischen Veränderungen von 1919 verarbeitet. Es bestand keine Einheit unter den evangelischen Christen in der politischen Haltung und damit auch im Aufbau der Kirche. Die enge Verbindung von Kirche und Staat war gelöst worden. Wie sollte die neue Beziehung zwischen Staat und Kirche aussehen?
Die Vorschläge reichten von einem demokratischen Aufbau der Kirche über konservativ-bürgerliche Ausrichtung bis zu einer internationalen Verbindung.
In dieser Richtungslosigkeit wirkte das Schlagwort vom *positiven Christentum* in Artikel 24 des Parteiprogramms der Nationalsozialisten richtungweisend, und die Schriften von Hitler und Rosenberg, die das wahre Programm enthielten, wurden nicht beachtet. H. Brunotte, Die Evangelische Kirche in Deutschland, Geschichte, Organisation und Gestalt der EKD, Evangelische Enzyklopädie, Gütersloh 1964, S. 50 ff..

schen Christen gegründet, die sich für eine Reichskirche und Arisierung des Geistlichenstandes aussprachen.[247]

Als Gegenpol zu den Deutschen Christen bildet sich der Pfarrernotbund, der vorwiegend aus Theologen der Jungreformatorischen Bewegung besteht.[248] Als eine weitere Gruppe ist die Bekennende Kirche zu sehen, die in der Barmer theologischen Erklärung ihre Ziele und Ansichten verdeutlicht. Die Barmer Erklärung wird für die Ziele und Entstehung der *Evangelischen Unterweisung* noch von Bedeutung sein und deshalb gesondert behandelt werden (s. unten, 2.5).

Doch nicht lange hält sich Hitler an die Worte seiner Regierungserklärung. Schon 1935 beginnt er, die Konfessionsschulen zu bekämpfen und durch zahlreiche Schikanen den Religionsunterricht an den Schulen zu stören:

" a) Geistliche wurden von der Erteilung des Religionsunterrichtes ausgeschaltet;
b) durch die Nichterstellung von reichseinheitlichen Lehrplänen wurde der Weg frei für Einzeleingriffe in den Religionsunterricht;
c) die Abmeldung vom Religionsunterricht wurde Eltern und Schülern nahegelegt und durch Kampagnen der Hitlerjugend gefördert;
d) Schulandacht und Schulgottesdienst wurden verboten;
e) der Religionsunterricht wurde in Eckstunden verlegt, um die Abmeldung zu fördern;
f) an den Hochschulen für Lehrerbildung wurden die religionspädagogischen Lehrstühle nicht besetzt, an den Lehrerbildungsanstalten waren sie überhaupt nicht mehr vorgesehen;
g) an den nationalpolitischen Erziehungsanstalten und an den Adolf-Hitler-Schulen wurde der Religionsunterricht abgeschafft;
h) durch Erlaß des Reichserziehungsministeriums vom 20. März 1940 wurde der Religionsunterricht auf die Dauer der Vollzeitschulpflicht beschränkt und damit für die oberen Klassen der höheren Schule aufgehoben;

---

247 G. Scheffler, Staat und Kirche, Hamburg 1973, S. 82 ff..

248 Die Jungreformatorische Bewegung setzte sich hauptsächlich aus Vertretern der jüngeren Theologengeneration zusammen, wie z.B. Martin Niemöller, Theodor Heckel, Magdalena von Tiling und Hanns Lilje. Sie traten am 11. Mai 1933 mit einem 12-Punkte-Programm an die Öffentlichkeit.
Im Gegensatz zu den Deutschen Christen versuchten sie, die Eigenständigkeit der Kirche zu erhalten: "Wir fordern, daß die evangelische Kirche in freudigem Ja zum neuen deutschen Staat den ihr von Gott gegebenen Auftrag in voller Freiheit von aller politischen Beeinflussung erfüllt und sich zugleich in unlöslichem Dienst an das deutsche Volk bindet." P. Neumann, die Jungreformatorische Bewegung, in: Arbeiten zur Geschichte des Kirchenkampfes, Bd.. 25, Göttingen 1971, S. 21.

i) der Nationalsozialistische Lehrerbund, in dem sich der Antiklerikalismus großer Teile der früheren Volksschullehrerschaft (s. oben, 2.4) mit der Christentumsfeindlichkeit des Nationalsozialismus verband, setzte sich zeitweise bei seinen Mitgliedern für die Niederlegung des Religionsunterrichts ein. In Abwehr dieses staatlichen Angriffs auf den Religionsunterricht bauten die Kirchen ihren eigenen katechetischen Unterricht stärker aus."[249]

In den vorausgegangenen Punkten wird das Ausmaß der Ablehnung deutlich, das das nationalsozialistische Regime gegenüber der Kirche und auch dem Religionsunterricht praktiziert. Aber sie waren nicht die einzigen Mittel, die Hitler im Kampf gegen die Kirchen benutzte. In den Richtlinien des Reichsministers für Erziehung, Wissenschaft und Volksbildung vom 15. Dezember 1939 steht in der Präambel in aller Deutlichkeit das Erziehungsziel Hitlers, das der Religion keinen Raum in der Schule mehr geben konnte.

Dort heißt es unter Punkt 1: "Die Aufgabe der Deutschen Schule ist es, gemeinsam mit den anderen nationalsozialistischen Erziehungsmächten, aber mit den ihr gemäßen Mitteln, die Jugend unseres Volkes körperlich, seelisch und geistig zu gesunden und starken deutschen Männern und Frauen zu erziehen, die, in Heimat und Volkstum fest verwurzelt, ein jeder an seiner Stelle zum vollen Einsatz für Führer und Volk bereit sind."[250]

Hier findet sich nun nicht mehr die Erziehung zum sittlichen Menschen oder zum nützlichen Gliede der Kirchengemeinde wie in den vorangegangenen Schulordnungen und Richtlinien. Hier kennt die Erziehung nur ein Ziel: den Einsatz für Führer und Volk. An die Stelle des Fürsten oder der Kirche tritt die Gestalt des Führers in der Person Adolf Hitlers.

In Punkt 2 der Richtlinien wird die Eingrenzung der Bildung auf ein bestimmtes Maß niedergelegt. Der einzelne gilt nicht mehr, die Individualisierung der Weimarer Republik ist rückgängig gemacht worden: "Die Volksschule hat nicht die

---

249 D. Stoodt, Arbeitsbuch zur Geschichte des evangelischen Religionsunterrichts in Deutschland, Münster 1985, S. 98.
Auf der Reichstagung des NSLB 1936 in Bayreuth wurde folgendes erklärt: "... legen wir zugleich ein Bekenntnis ab zur siegreichen nationalistischen Weltanschauung, der wir verfallen sind ... Es gibt keinen anderen Menschen auf dieser Welt, von dem wir Weisungen für unseren Dienst an der deutschen Jugend anzunehmen hätten oder willens wären, es zu tun." Kurt Dietrich Schmidt (Hrsg), Dokumente des Kirchenkampfes II, in: Arbeiten zur Geschichte des Kirchenkampfes, Bd. 14, Göttingen 1965, S. 1033.

250 H. Hettwer (Hrsg.), Lehr- und Bildungspläne 1921-1974, in: Klinkhardts Pädagogische Quellentexte, Bad Heilbrunn 1976, S. 47.

Aufgabe, vielerlei Kenntnisse zum Nutzen des einzelnen zu vermitteln. Sie hat alle Kräfte der Jugend für den Dienst an Volk und Staat zu entwickeln und nutzbar zu machen. In ihrem Unterricht hat aber nur der Stoff Raum, der zur Erreichung dieses Zieles erforderlich ist. Sie muß sich daher von all den Stoffen frei machen, die auf Grund überwundener Bildungsvorstellungen in sie eingedrungen sind."[251]
Als weiteres Mittel, um den Religionsunterricht aus den Schulen langsam zu verdrängen, kann auch die Reduzierung der Stundenzahl auf 2 Stunden bzw. 1 Stunde in der 8. Klasse gelten. Das Fach Leibeserziehung hat mit 3 bis 5 Stunden hinter dem Fach Deutsch einen größeren Stellenwert als das Fach Mathematik. Ein weiterer Beweis, welche Gewichtung die Machthaber dem Fach Religion zumaßen.[252]
Doch allen Versuchen zum Trotz kann sich der Religionsunterricht vor dem vollständigen Verschwinden aus der Schule retten. Es gibt auch jetzt noch durchaus Lehrpläne für das Fach Religion.
Der Vergleich eines Lehrplans (s. unten), der - wie bereits erwähnt - keine Allgemeingültigkeit besitzt, mit vorangegangenen Lehrplänen zeigt deutliche Veränderungen. Besonders die Stellung des Alten Testamentes hat sich stark verändert:
"Das Alte Testament geht uns als Quellenbuch der israelitisch-jüdischen Religionsgeschichte so viel oder so wenig an wie irgendeine andere Religion...
In der Volksschule kann das Alte Testament in einem besonderen Lehrgang[253] nicht behandelt werden ... Die Behandlung alttestamentlicher Gestalten als sittliche Vorbilder für uns und das Verständnis der jüdischen Geschichte als Heilsgeschichte ist abzulehnen."[254]
Deutlich zeigt sich das neue Verhältnis zur christlichen Botschaft bei der Stoffauswahl, wenn von "Gestalten *deutscher* christlicher Frömmigkeit"[255] die Rede ist. Nicht nur Jesus soll sich den Kindern einprägen, sondern ebenfalls deutsche Personen.

---

251 ebenda, S. 47.

252 ebenda, S. 61.

253 Der Begriff *Curriculum* wird in den damaligen Lehrplänen noch nicht verwendet.

254 D. Stoodt, Arbeitsbuch zur Geschichte des evangelischen Religionsunterrichts in Deutschland, Münster 1985, S. 193.

255 ebenda.

Während man diesen Punkt vielleicht noch als ein verständliches Nationalbewußtsein auffassen kann, spricht der Abschnitt über das Alte Testament eine nicht zu überhörende Sprache.
Wo Teile des Alten Testaments im Unterricht behandelt werden, sind sie vorher von "Luther eingedeutscht und des jüdischen Charakters entkleidet"[256] worden. Hier zeigt sich eine Verfälschung, die eindeutig Hitlers Auffassung von der Herrenrasse widerspiegelt. Als sittliches Vorbild kann das Alte Testament nicht mehr herangezogen werden. Diese Sichtweise ist in den bisher besprochenen Schulordnungen und Bestimmungen nicht zu finden. In den Lehrplänen zeigt sich also auch die unheilvolle Entwicklung während der Naziherrschaft. Bestehende Wertvorstellungen werden einfach umgedeutet und für die Zwecke der Herrschenden mißbraucht. Sicher findet sich auch in den *Stiehlschen Regulativen* in der Auswahl der Stoffe eine Gängelung (s. oben, 2.1.), doch eine derart krasse Umdeutung und Verfälschung ist in ihnen nicht zu finden.
Ein ganz neues Stoffgebiet ist der Glaube unserer vorchristlichen Väter. Hier sollen die germanischen Götter und Kulte, die ja teilweise als Vorbild für gewisse Riten[257] dienen, die kirchliches Brauchtum verdrängen und ablösen sollen, besprochen werden. Es wäre sicher im Sinne der Kirche und des Evangeliums, diese Informationen im heutigen Geschichtsunterricht zu behandeln.

---

256 D. Stoodt, Arbeitsbuch zur Geschichte des evangelischen Religionsunterrichts in Deutschland, Münster 1985, S. 193.
Der Schlesische Erzieher, eine Lehrerzeitung, schreibt in der Nr. 19 vom 7.9.1935:
"Führende Juden bestätigen durch gelegentliche Bekenntnisse die Gefährlichkeit der als *Alten Testaments* bezeichneten Schriften. Letzteres und die *Biblische Geschichte* sind die ältesten und verbreitetsten Unterrichtswerke an deutschen Schulen.
Aus ihnen fließen fortgesetzte jüdische Weltanschauungen, jüdisches Gift, jüdischer Schmutz, jüdische Weltpolitik in die Seele von Millionen deutschen Kindern. Sie weinen mit dem wegen Unsittlichkeit ins Gefängnis geworfenen 'unschuldigen' Josef, sie bejubeln den Aufstieg des späteren Getreidewucherers und Großbankiers; sie leiden mit den angeblich verfolgten Juden in Ägypten, jauchzen mit ihnen und mit Miriam über allen den Ägyptern zugefügten Schaden und Jammer... Sollte nicht jeder öffentliche Unterricht in der jüdischen Geschichte und die Verbreitung des Alten Testamentes glattweg verboten werden?" In: Karl Immer (Hrsg.), Entchristlichung der Jugend, Eine Materialsammlung, Barmen 1936.

257 So sollte die Jugendweihe die Konfirmation ersetzen und an Stelle der Taufe stand, zumindest für SS-Angehörige, die Geburtsfeier. Für die Bevölkerung bestand allerdings kein Zwang, aus der Kirche auszutreten, jedoch war eine enge Beziehung zur Kirche für eine Parteikarriere nicht zuträglich.

Immer wieder sollen auch Beispiele aus der Literatur herangezogen werden, die das Bild des aufrechten und wehrhaften Deutschen untermauern. Die immer wiederkehrende Aufforderung zu einem sittlichen Leben in der deutschen Gemeinschaft läßt fast vergessen, daß es sich hier um *Religionsunterricht* handelt.
Der Erlösergedanke wird den Schülerinnen und Schülern im Ausblick auf den Erlöser Hitler vorgestellt und dabei der Unterschied "zwischen dem parsisch-arischen Heilandsglauben und dem jüdischen Messianismus" klar herausgearbeitet.[258]
Diese Gleichschaltung der Schüler durch die Stoffauswahl ist bewußt als Erziehungsmittel gebraucht. Es wäre durchaus möglich, daß diese Gleichschaltung der Kinder im Religionsunterricht ihren Gegenpol in der Individualisierung der *Evangelischen Unterweisung* (durch die persönliche Entscheidung) findet und die Ziele der *Evangelischen Unterweisung* sich zum Teil aus dem Gegensatz zum vorherigen Unterricht ergeben (s. unten, 3.1 ff.).
Bei den Kirchenliedern soll das deutsche Element ebenfalls zum Tragen kommen. Auch hier wird die Betonung auf *deutsch* gelegt. Die Lieder sollen nicht als Glaubensäußerungen ihren Platz in der Schule finden, sondern neben dem geistlichen Volkslied und frommen Liedern der Zeit den Unterricht lebendig gestalten. Hier zeigt sich eine stärkere Einbeziehung des Kindes in den Unterricht: Weg vom geistlosen Wiederholen, das noch zum Teil von den *Stiehlschen Regulativen* gefordert wird. Der Lehrplan zeigt in diesem Punkt eine pädagogische Entwicklung, die durchaus in den Rahmen der allgemeinen Pädagogik paßt. Schon bei Adler finden wir Ansätze in der *Allgemeinen Schulordnung*. Die Lehren Pestalozzis und Rousseaus werden auch von den Nationalsozialisten nicht vollständig ignoriert.
In Schleswig-Holstein existierten Lehrpläne für den *deutschen Religionsunterricht*. Detlef Cölln ist der Herausgeber eines solchen Lehrplanes von 1935, an dem unter anderen der Kieler Universitätsprofessor Mandel mitgewirkt hat.
Auch hier fällt wieder eine besondere Betonung des Wortes *deutsch* auf. Es ist nicht evangelischer oder christlicher Glaube, der gelehrt werden soll, sondern *Deutscher Glaube*. Ziel des Religionsunterrichtes ist "die Bereitung der jugendlichen Seele für deutsches Gotteserleben und deutsche Sittlichkeit."[259]

---

258 D. Stoodt, Arbeitsbuch zur Geschichte des evangelischen Religionsunterrichts in Deutschland, Münster 1985, S. 194.

259 D. Cölln, Lehrplan für deutschen Religionsunterricht, Kiel 1935, S. 4.
Deutsch ist hier als *deutschchristlich* zu verstehen.

Dabei soll er dem jungen Menschen "die letzte Begründung seiner deutschen Haltung geben, die nur nationalsozialistisch sein kann."[260] Jesus wird als "heldischer Rufer zu Gott"[261] gesehen.
Die Stoffpläne sind in Stoffkreise aufgeteilt und teilweise mit Themen aus den Fächern Deutsch, Geschichte und Biologie verbunden:
"Das Leben in der Familie
Gottvater ruft seine Menschenkinder zur Arbeit
Gott beruft große deutsche Männer und Frauen
Wir suchen Gottvater in der Natur
Eine Heimat, ein Volk, ein Gott
Für weitere Stoffkreise sind anstoß- und richtunggebend:
Der natürliche Jahresablauf, ferner Tagesereignisse, die ins Leben des einzelnen und des Volkes eingreifen.
Von Leben und Lehre Jesu
Märchen
Wie unsere Ahnen (Germanen) Gott suchten."[262]
An diesen Stoffkreisen zeigt sich deutlich, daß Religionsunterricht nicht mehr das Kind zu einem Glied der Gemeinde erzieht, sondern daß über die Verbindung mit der Heimatkunde und über die alten Mythen und Sagen die Ideen des Nationalsozialismus Eingang in die Schule auch im Religionsunterricht finden.
Bei der Auswahl aus den Stoffkreisen ist der Lehrer frei. Bestimmte Themen in bestimmten Schuljahren sind nicht vorgeschrieben. Natürlich liegt darin für den Lehrer die Möglichkeit, doch überwiegend Religionsunterricht zu erteilen, der sich mit Jesus Christus auseinandersetzt, die andere Gewichtung ist aber ebenso denkbar.
Die Forderung, die im *Schlesischen Erzieher* erhoben worden war - das Alte Testament aus der Schule gänzlich herauszunehmen - ist in diesem Lehrplan für die Grundschule erfüllt.
In der Oberstufe der Volksschule gelten die gleichen Stoffkreise wie in den Mittelschulen und Höheren Schulen der gleichen Jahrgangsstufe.[263]

---

260 ebenda, S. 5f.

261 ebenda.

262 ebenda.

263 ebenda, S. 6.

Darin zeigt sich zum einen eine Sonderstellung des Faches Religionsunterricht und zum anderen eine Gleichschaltung der verschiedenen Schultypen. Dies kann aber nur dort geschehen, wo die Schüler eine Ideologie vermittelt bekommen, die für alle gilt. Solche Gleichschaltung ist durchaus nicht üblich, wie die Lehrpläne zeigen, die Dieter Stoodt aufführt.[264]

7 Stoffkreise kann der Lehrer im Laufe der Schuljahre nach seinen Zeitplänen behandeln. Allerdings findet sich im Lehrplan die Anmerkung, daß Stoffkreise, die geschichtlich gebunden sind, zweimal behandelt werden sollten.[265]

Der erste Stoffkreis hat Jesus zum Inhalt. Dabei wird natürlich ein Jesusbild vermittelt, das den Intentionen der Nationalsozialisten entspricht:
"Jesus, ein heldenhafter Gottkünder:
a) Jesus prüft sich noch einmal, beginnt zu lehren und gewinnt Anhänger
b) Jesus im Kampf gegen jüdische Gesetzesreligion
c) Abgesandte aus Jerusalem spionieren hinter Jesus her; er gibt sich Rechenschaft über den Erfolg seines Wirkens
d) Jesus will seiner Berufung treu bleiben und lehrt weiter
e) Jesu Tod
f) Was man sich vom auferstandenen Jesus erzählt"[266]

Jesus soll als "der heldische Rufer zu Gott, als der Rufer zu einer ernsten und hohen Sittlichkeit der Gesinnung und der Tat, als das vollendete Bild eines menschlichen Lebens und Wesens, das sich ganz Gott und dem Guten hingab und opferte", dargestellt werden. Genaue Bibelstellen und Versangaben sind dem Unterrichtenden vorgeschrieben, damit dieses Bild den Schülern und Schülerinnen vermittelt werden kann. Der leidende und zweifelnde Jesus paßt nicht in das Bild vom Helden und darf nicht im Unterricht behandelt werden. Teil a) und b) des Stoffkreises zeigen wieder die antijüdische Haltung, die sich nicht mit der Tatsache auseinandersetzt, daß Jesus durchaus von jüdischen Jüngern begleitet wurde und keinesfalls einen Kampf gegen die Juden führen wollte. Hier handelt es sich um eine Verfälschung der Geschichte und des evangelischen christlichen Glaubens im evangelischen Religionsunterricht, um anderen Ideologien zu genügen.

Der zweite Stoffkreis beschäftigt sich mit Kirchengeschichte:

---

264 D. Stoodt, Arbeitsbuch zur Geschichte des evangelischen Religionsunterrichts in Deutschland, Münster 1985, S. 189 ff..

265 D. Cölln, Lehrplan für deutschen Religionsunterricht, Kiel 1935, S. 6.

266 ebenda, S. 6f.

"2) Das Ringen um die deutsche Seele, Kampf gegen Rom und Juda."[267]
Es erfolgt ein Abriß von dem ersten Pfingstfest bis in die Gegenwart. Dabei sollen folgende Punkte besondere Beachtung finden:
"Auf der Oberstufe sind die Versuche der germanischen Seele zur Befreiung aus den Fesseln der Romkirche hervorzukehren, also besonders Durchbruch der deutschen Frömmigkeit in der deutschen Mystik, der deutschen Reformation, dem deutschen Idealismus und der deutschen Gegenwart."[268]
Diese Maßgabe verdeutlicht weiter die Richtung, in der erzogen werden soll.
Im dritten Stoffkreis werden deutsche Künstler, Staatsmänner und Philosophen als Gottkünder behandelt. Auch Jesus wurde so eingeführt. Offensichtlich besteht also kein Unterschied zwischen geschichtlichen Persönlichkeiten und Jesus. Unter den bedeutenden Staatsmännern befindet sich Adolf Hitler. Hitler und Jesus - beide Gotteskünder![269]
Germanenglauben, Mythen, Märchen, Edda und Sagas sind Gegenstände des 4. Stoffkreises. Dieser Kreis soll ausführlich behandelt und über zwei Kurse verteilt werden. Hier kann nun wirklich nicht mehr von christlichem Religionsunterricht gesprochen werden. Besonders interessant ist das Ergebnis, das aus dem Vergleich des germanischen Glaubens mit dem Jesusglauben gezogen werden soll: "Dies über alles: Sei dir selbst treu!"[270]
Es scheint nur allzu verständlich, daß auf solche Inhalte des Religionsunterrichts die *Evangelische Unterweisung* reagiert, die Bibel, Katechismus und Gesangbuch an die vorderste Stelle rückt (s. unten, 2.10).
Der 5. Stoffkreis besteht aus lebens- und naturnahen Stoffkreisen. Wieder ist der Führer Thema dieses Abschnitts. Der Lehrplan gibt ein Beispiel, wie diese Themen zu unterrichten sind:
"Führe die Schüler vor den blühenden Kirschbaum. Laß sie betrachten, dann sprechen. - Es wird schon einer kommen, der auf die Fülle der Blüten hinweist. Da faß an! - In den Blättern werden die Rohstoffe in pflanzliche Baustoffe umgewandelt.

---

267 ebenda, S. 8.

268 ebenda.

269 ebenda, S. 9.

270 ebenda, S. 8.
Es fällt auf, daß D. Cölln den 4. Stoffkreis in 2 Kurse unterteilt. Die Schüler werden in einem grundlegenden und einem erweiternden Kurs mit der Götterwelt der Germanen vetraut gemacht. Cölln begründet diese Vorgehensweise nicht.

Blätter fehlen aber noch fast ganz. - Der blühende Kirschbaum gibt im Frühjahr seine Kraft, die er im Jahr vorher aufspeicherte, um zu blühen und Frucht zu bringen. Dann erst treibt er allmählich junge Blätter, die neue Nahrung bereiten, ihn zu erhalten und die Frucht zum Reifen zu bringen. - Im Herbst bildet er in den Knospen alles vor, damit er im nächsten Frühjahr in gleicher Fülle blühen kann. - Wie steht es um das Volksempfinden, das da sagt: 'Bevor ein Obstbaum stirbt, blüht er noch einige Jahre in stärkster Fülle. Er blüht sich tot' - Überall in der Natur schauen wir den Willen zum Leben, der sich in überschwenglicher Fruchtbarkeit äußert.

- Nun führe deine Schüler zu der Erkenntnis, daß das zeitlich begrenzte individuelle Leben nur ein Zwischenglied ist in der Kette der überzeitlichen Generationen. Daß diese nicht reiße, sondern gestärkt werde, ist Pflicht des Einzelwesens. Dieser Aufgabe hat es sich ganz hinzugeben, wenn sein Dasein seinen letzten Sinn erfüllen soll. - 'Du bist Glied in einer Blutskette und bist für Deutschlands Zukunft verantwortlich, als religiöse Erkenntnis'."[271]

Der christliche Religionsunterricht erfährt mit diesem Lehrplan eine Zersetzung und Unterwanderung, wie sie in den vorangegangenen Lehrplänen noch nicht gegeben ist. Sicher konnte auch in den vorausgegangenen Plänen politische Einflußnahme an einigen Stellen nachgewiesen werden, doch eine so offensichtliche Verdrehung christlicher Erkenntnisse und Wertvorstellungen ist neu.

Zwei Stoffkreise werden im Lehrplan noch behandelt, die aber nur die vorausgegangenen Manipulationen stützen:

" 6) Die Gottesschau anderer Völker und Rassen
 7) Deutscher Glaube"[272]

Im Schrifttum für den deutschen Religionsunterricht wird unter anderem *Mein Kampf* von Adolf Hitler und *Nordisch arische Wirklichkeitsreligion* von E. Mandel, dem Mitverfasser der Lehrpläne, empfohlen. Diese Bücher sind - nach Cölln - zur Einführung besonders geeignet.[273]

Die Bibel wird nicht aufgeführt. Katechismus und Gesangbuch ebensowenig.

Das Literaturverzeichnis zum Lehrplan Cöllns stützt die Inhalte des Lehrplans und damit die Erziehungsziele dieses Plans.

---

271 ebenda, S. 12.

272 ebenda.

273 ebenda, S. 14 ff.

Der Religionsunterricht im Dritten Reich hat den Bezug zum Christentum verloren und zeigt deutlich den immer größer werdenden Verlust des Einflusses der christlichen Theologie und Kirche.
Lediglich eine religiöse Richtung ist in diesen Lehrplänen vertreten: die *deutschen Christen*.
Wie stellen sich nun Kirche und Wissenschaft zu diesem stetigen Abbau des Religionsunterrichts in der Schule? Sicher kann es auf die Frage keine eindeutige Antwort geben. Doch lohnt es sich, schriftliche Äußerungen aus der damaligen Zeit zu untersuchen. Es gab unter den Theologen durchaus Männer, die dem Nationalsozialismus positiv gegenüberstanden und seine Lehren befürworteten.
So schreibt Professor Theodor Ellwein: "Es ist wiederum völlig verfehlt, wenn von irgendwelchen Seiten dem Nationalsozialismus Religionsfeindschaft oder gar Gottlosigkeit vorgeworfen wird."[274]
Und am Ende seiner Schrift *Christ und Nationalsozialist* heißt es: "Ich bekenne, daß ich den Führer lieb habe und entschlossen bin, zu dem Eid zu stehen, den ich ihm als Beamter, als Offizier und als Mitglied der Bewegung geschworen habe. Ich bekenne, 'Daß Jesus Christus ... sei mein Herr' (Luther), und daß ich ihn nicht verraten werde, so wahr mir Gott dazu die Kraft schenken wird. Ich bekenne, daß sich beides für mich zu einer sauberen Einheit zusammenfügt und daß ich in mir keinen Riß und keine Gespaltenheit sehe."[275]
In diesem Bekenntnis zeigt sich, daß einige Menschen durchaus eine Verbindung zwischen Nationalsozialismus und Christentum sehen konnten, und daß sie als Männer der Kirche auch Nationalsozialisten sein konnten. Diesen Menschen mag die Präambel der Richtlinien nicht so unannehmbar und gefährlich erschienen sein. Sie hofften auf eine Verständigung zwischen Kirchen und Staat, die der Religion eine Überlebenschance sichert: "Kirche und Staat sind Institutionen, die sich im Dienstverhältnis zum lebendigen Volk und seinen Gliedern zu verstehen haben."[276]

---

274 Th. Ellwein, Christ und Nationalsozialist, in: Der evangelische Religionsunterricht, Heft 1, Volkserziehung und Verkündigung, Frankfurt am Main 1937, S. 6.
Auf den ersten Blick unterscheidet sich diese Aussage nicht wesentlich von der der Jungreformatoren (s. oben, Anm. 247). Hier muß genau gelesen werden, um die Unterschiede zwischen den Deutschen Christen und der Jungreformatorischen Bewegung zu erkennen.

275 ebenda, S. 14.

276 H. Frick, Zusammenarbeit von Kirche und Staat am evangelischen Erziehungswerk, in: Der evangelische Religionsunterricht, Volkserziehung und Verkündigung, Heft 1, Frankfurt am Main 1937, S. 66.

Um dieses Zusammenwirken zu gewährleisten, benötigt man Lehrer, die zugleich Nationalsozialisten und Christen sind. "Auf den Lehrer und auf dessen klare Ausbildung auf diese Aufgabe hin kommt es an, auf Lehrer, die als Nationalsozialisten die gemeinschafts- und religiös-erzieherische Aufgabe zu verbinden wissen. Wir haben begründete Hoffnung, daß sie aus der neuen Lehrerbildung hervorgehen werden, um so mehr, als diejenigen, die zur Erteilung des Religionsunterrichts bereit sind, sich aus freiem Entschluß der hierfür erforderlichen erweiterten Ausbildung unterziehen können. Auch das bedeutet eine Verbesserung gegenüber den bisherigen Voraussetzungen."[277]

Wie aus den angeführten Beispielen deutlich wird (s. oben, 1.7, 2.1 und 2.2.2), bemüht man sich ständig um die Verbesserung der Lehrerausbildung. Allerdings ist es zunächst das Ziel, die Schüler zu guten Christen zu erziehen. Auch von den Lehrern wird ein Lebenswandel verlangt, der nicht im Gegensatz zu den christlichen Moralvorstellungen steht, wie die vorausgegangenen Dokumente beweisen.

In der Weimarer Zeit geht der Einfluß der Kirche auf die Lehrerausbildung zurück und findet in der Ausbildung während des Dritten Reiches seinen Tiefpunkt.[278] Es bleibt zu fragen, wie viele Menschen den Mut aufbrachten, angesichts der Schikanen des Regimes den Wunsch zu verwirklichen, Religionslehrerin oder -lehrer zu werden. Es verblüfft zunächst, wenn Vertreter der Kirche bei solch einer Handhabung noch von Verbesserung sprechen (s. oben, 2.4).

Aber es fehlt auch nicht an warnenden und mahnenden Stimmen in Theologie und Kirche. So heißt es in einem Beschluß der Vierten Bekenntnissynode der DEK vom 11.02.-12.12.1936 über die Schulfrage: "Nach den geltenden Gesetzen ist der christliche Charakter des deutschen Schulwesens bis heute unverändert. Von der Universität bis zur Volksschule sind Formen erhalten geblieben, durch die der Staat

---

277 R. Schaal, Volksschule und religiöse Erziehung, in: Der evangelische Religionsunterricht, Volkserziehung und Verkündigung, Heft 1, Frankfurt am Main 1937, S. 76.

278 Karl Knoop, Zur Geschichte der Lehrerbildung in Schleswig-Holstein: 200 Jahre Lehrerbildung vom Seminar bis zur Pädagogischen Hochschule 1781-1981, Husum 1984, S. 17f: Der Einfluß der Kirche auf die Lehrerbildung ging für jedermann sichtbar zurück, als 1870 D. Schneider, Dezernent des Provinzialschulkollegiums an Stelle des bisherigen Generalsuperintendenten Prüfungsausschußvorsitzender bei den Prüfungen an den Lehrerseminaren wurde. Damit wurde der rein staatliche Charakter der Lehrerseminare hervorgehoben. Gerhard Besier, Die Bekennende Kirche und der Widerstand gegen Hitler, in: Wort und Dienst, 1985, S. 135ff.

den christlichen Kirchen den ihnen zukommenden Einfluß auf die Erziehung der Jugend gewährleistet.
In Wirklichkeit ist es aber dahin gekommen, daß die christliche Grundlage des deutschen Schulwesens aufs äußerste bedroht und in einigen nicht unwesentlichen Stücken bereits beseitigt ist."[279]
Und Landesbischof Wurm äußert sich in einer Rede vor dem Württembergischen Landeskirchentag am 02.09.1941 folgendermaßen:
"Sie wissen, daß der Religionsunterricht schon lange in einem Zerfall sich befindet. Um den Dienst der Kirche an der Jugend aufrecht zu erhalten, ist ein kirchlicher Religionsunterricht eingeführt worden. Der Zerfall des Religionsunterrichtes macht besonders eine Neuordnung des Konfirmandenunterrichts nötig, der seit einiger Zeit ganzjährig erteilt wird. Im Zusammenhang mit dieser Neuordnung hat es sich herausgestellt, daß auch das bisherige Konfirmandenbüchlein einer tiefgreifenden Neubearbeitung bedarf."[280]
In dieser Zeit der Gegensätze schreibt G. Bohne sein Buch *Das Wort Gottes und der Unterricht* (1929). Durch dieses Buch wird Bohne zu einem der führenden Religionspädagogen und Mitbegründer der *Evangelischen Unterweisung*. In den folgenden Kapiteln wird deshalb auch der Frage nachzugehen sein, in wieweit die Ereignisse im Dritten Reich für die Fortentwicklung der *Evangelischen Unterweisung* verantwortlich sind.[281]

2.5. Die Barmer Theologische Erklärung von 1934 und ihre Auswirkungen auf die Schule

Die Lehrpläne der Nationalsozialisten können nach 1945 nicht mehr übernommen werden. Auch die Stellung des Faches Religion muß sich zwangsläufig ändern. Deshalb ist die Kirche zu einer neuen Bewertung des Faches aufgerufen. Die Barmer Theologische Erklärung setzt indirekt Maßstäbe für die Bewertung des

---

279 D. Stoodt, Arbeitsbuch zur Geschichte des evangelischen Religionsunterrichts in Deutschland, Münster 1985, S. 112.

280 ebenda, S. 114.

281 An der Biographie G. Bohnes läßt sich beobachten, daß er schon im Dritten Reich die *Evangelische Unterweisung* zu vermitteln suchte. Ein wirklicher Ausbau geschah allerdings erst nach 1945, da er ab Wintersemester 1938/39 vom Dienst suspendiert war. Karl Knoop, Zur Geschichte der Lehrerbildung in Schleswig-Holstein: 200 Jahre Lehrerbildung vom Seminar bis zur Pädagogischen Hochschule 1781-1981, Husum 1984, S. 75.

Faches Religion, denn die Unterzeichner der Thesen von Barmen haben sich deutlich von den Zielen der NSDAP distanziert. Damit sind sie nach dem Krieg Ansprechpartner der Alliierten. Deshalb ist es notwendig, die Barmer Theologische Erklärung ausführlich darzustellen.[282]
Die Barmer Theologische Erklärung von 1934 ist als Antwort auf die "die Kirche verwüstenden und damit auch die Einheit der Deutschen Evangelischen Kirche sprengenden Irrtümer der Deutschen Christen und der gegenwärtigen Reichskirchenregierung" zu sehen.[283]
Nach J. Kahle hätte die Barmer Theologische Erklärung durchaus in weitaus größerem Umfange zu einem "diametralen Verhalten gegenüber dem nationalsozialistischen Staat führen können als geschehen,"[284] denn sie bewirkt das erste Bekenntnis von Reformierten, Unierten und Lutheranern. So weist die These 5 deutlich auf die Trennung von Staat und Kirche hin und verneint entschieden den Führungsanspruch des Naziregimes auch über die Kirche.[285]
Sie zeigt ganz offen, daß nicht irgendein Mensch einen universalen Herrschaftsanspruch fordern kann, wie Adolf Hitler es tut, sondern "Christus Gottes kräftiger Anspruch auf unser ganzes Leben ist."[286]

---

282 E. Wolf, Art. 'Barmen', in: RGG³, Bd. III, Tübingen 1959, Sp. 873ff. Umstritten ist, ob der Ansatz von Barmen rein aus der Offenbarungstheologie Karl Barths oder aus den Zeitumständen von 1934 zu erklären sei. Vgl. zur Diskussion: Christoph Gestrich, Neuzeitliches Denken und die Spaltung der Dialektischen Theologie, Tübingen 1977, S.13.

283 J. Moltmann (Hrsg.), Bekennende Kirche wagen, Barmen 1934-1984, München 1984, S.15ff.

284 J. Kahle, Der Einordnungsprozeß der Deutschen Evangelischen Kirche in das demokratische Funktionssystem der Nachkriegsära in den Westzonen, Kiel 1987, S. 4.
Johannes Kahle legt diese Arbeit zur Erlangung eines Magister Artium der Philosophischen Fakultät der Christian-Albrechts-Universität zu Kiel vor.

285 "Wir verwerfen die falsche Lehre, als solle und könne der Staat über seinen besonderen Auftrag hinaus die einzige und totale Ordnung menschlichen Lebens werden und also auch die Bestimmung der Kirche erfüllen."
These V der Barmer Theologischen Erklärung, in: J. Moltmann (Hrsg.), Bekennende Kirche wagen Barmen 1934-1984, München 1984, S. 277.
These V zeigt eine große Nähe zu der Auffassung der Jungreformatorischen Bewegung (s. oben, Anm. 248).

286 J. Kahle, Der Einordnungsprozeß der Deutschen Evangelischen Kirche in das demokratische Funktionssystem der Nachkriegsära in den Westzonen, Kiel 1987, S. 5.

Karl Barth sieht Barmen als ersten Schritt, auf einem Weg, den man aber hätte weitergehen müssen:
"Will man ihnen einen Vorwurf machen, so kann es nicht der sein, daß sie dort angefangen haben, sondern nur den, daß sie von dort aus nicht weitergegangen sind."[287]
Die Autoren der Barmer Theologischen Erklärung sind nun durchaus nicht alle der Meinung Barths. Daraus ist vielleicht auch zu begründen, warum Barmen nicht in dem Umfang wirksam wird, wie J. Kahle es für möglich hält. Hans Assmussen ist neben Karl Barth und Thomas Breit für den Vorentwurf der Barmer Theologischen Erklärung in Frankfurt verantwortlich. Ihm ist die Einigung zwischen Reformierten und Lutheranern in Barmen zu verdanken. Doch geht diese Einigung auf Kosten der Wirksamkeit der Barmer Theologischen Erklärung, da die unterschiedlichen Standpunkte nicht beseitigt worden sind und nach 1945 offen zu Tage treten.[288]
Für die Lutheraner zeigt Barmen einen neuen Weg in die Zukunft, für die Reformierten ist die Theologische Erklärung eine Festschreibung und Bewahrung des "konfessionellen Erbes der reformatorischen Väter."[289]
Die Unterzeichner der Barmer Theologischen Erklärung stellen sich in aller Deutlichkeit gegen die Naziherrschaft in der Kirche und nehmen den Deutschen Christen, die auf der Sportpalastkundgebung in Berlin 1933 bereit sind, die Ansichten Hitlers auch über die Vormachtstellung der Arier anzuerkennen, ihre Mitgliedschaft in der Christengemeinde.
Allerdings verläuft die Proklamation der *Königsherrschaft Christi* nicht ohne Probleme: Die Lutherischen Landeskirchen sehen Schwierigkeiten in der Erfüllung dieser Proklamation, da sie aus Traditionsgründen "Staatsordnungen (veranlaßt durch Röm. 13, 1 ff.) als von Gott eingesetzt" ansehen (s. oben, 1.5) und "in Rechtssatzungen göttlichen Offenbarungswillen" erkennen.[290]
Diese Position führt wieder in die gefährliche Nähe der deutschen Christen.

---

287 Bertold Klappert, Barmen I und die Juden, in: J. Moltmann (Hrsg.), Bekennende Kirche wagen Barmen 1934-1984, München 1984, S. 64.

288 H. Goltzen, J. Schmidt, G. Müller, Art. 'Hans Asmussen', in: TRE, Bd. IV, Berlin 1979, S. 259 ff..

289 H. Hermelink (Hrsg.), Kirche im Kampf, Tübingen und Stuttgart 1950, S. 115.

290 J. Kahle, Der Einordnungsprozeß der Deutschen Evangelischen Kirche in das demokratischen Funktionssystem der Nachkriegsära in den Westzonen, Kiel 1987, S. 5f.

W. Elert und P. Althaus schreiben im Ansbacher Ratschlag folgendermaßen: "Das Gesetz, 'nämlich der unwandelbare Wille Gottes' (FC, Epit. VI, 6), begegnet uns in der Gesamtwirklichkeit unseres Lebens, wie sie durch die Offenbarung Gottes ins Licht gesetzt wird. Es bindet jeden an den Stand, in den er von Gott berufen ist, und verpflichtet uns auf die natürlichen Ordnungen, denen wir unterworfen sind wie Familie, Volk, Rasse (d.h. Blutzusammenhang). Und zwar sind wir einer bestimmten Familie, einem bestimmten Volk und einer bestimmten Rasse zugeordnet. In dem uns der Wille Gottes ferner stets in unserem Hier und Heute trifft, bindet er uns auch an den bestimmten historischen Augenblick der Familie, des Volkes, der Rasse, d.h. an einen bestimmten Moment ihrer Geschichte."[291]

Die Stellung des Alten Testaments ist - wie auch in den Lehrplänen (s. oben, 2.4) - umstritten und führt im Rahmen der Barmer Erklärung zur Konfrontation.

Die hannoversche Pfarrbruderschaft äußert sich am 3. Juli 1939: "Gott (hat) es gefallen... (das alttestamentliche) Israel zum Träger und Werkzeug der göttlichen Offenbarung zu machen... Die Kirche als das wahre Israel ist Erbe der Verheißung, die dem Volk gegeben wurde. Die jüdische Religion der Gesetzlichkeit und der politischen Messiashoffnung (so die Godesberger Erklärung der nationalkirchlichen Einigung Deutsche Christen) findet sich nicht allein in der jüdischen Rasse, sondern z.B. in den nationalkirchlichen Bestrebungen der Deutschen Christen."[292]

Und die Konferenz der Landesbruderräte[293] äußert sich ähnlich:

"Die Kirche als das wahre Israel ist Erbe der Verheißung, die dem Volk Israel gegeben wurde... Der christliche Glaube steht in einem unüberbrückbaren religiösen Gegensatz zum Judaismus. Dieser Judaismus lebt aber nicht nur im Judentum,

---

291 Gerhard Niemöller: Die erste Bekenntnissynode der Deutschen Evangelischen Kirche zu Barmen, in: Kurt Dietrich Schmidt (Hrsg.), Arbeiten zur Geschichte des Kirchenkampfes, Bd. 5, Göttingen 1959, S. 144f.
Der Ansbacher Ratschlag vom 11.6.1934 von W. Elert und P. Althaus sah sich als 'genuin luth. Stimme' und stellte acht Thesen auf, die eine Theologie des Gesetzes und der Ordnungen widerspiegeln. Barmen wird als des Antinomismus verdächtig angesehen und die NS-Staatsordnung letzlich bejaht. Vgl. E. Wolf, Art. 'Barmen' in: RGG^3, Bd. I, Tübingen 1957, Sp. 878.

292 Bertold Klappert, Barmen I und die Juden, in: J. Moltmann (Hrsg.), Bekennende Kirche wagen Barmen 1934-1984, München 1984, S. 85.

293 Die Landesbruderräte waren im Reichsbruderrat zusammengefaßt, der am 11. April 1934 in Nürnberg als Organ der Bekennenden Kirche unter dem Vorsitz von Präses Koch gebildet worden war. Joachim Beckmann (Hrsg.), Kirchliches Jahrbuch 1933-1944, 60.-71. Jg., Gütersloh 1976, S. 65.

sondern ebenso in allen nationalkirchlichen Bestrebungen der Deutschen Christen."[294]

Aus diesen Zitaten wird deutlich, daß auch in den Reihen der Bekennenden Kirche die kritische Einstellung gegenüber dem Alten Testament bzw. dem *Judaismus* zu finden ist. Die Vorbehalte gegen das Alte Testament beruhen dabei darauf, daß das Alte Testament nationalreligiösen Tendenzen Vorschub leisten konnte. Das Alte Testament schildert die Beziehung Jahwes zum Volk Israel und stellt Israel als das auserwählte Volk dar. Wenn sich Christen als Nachfolger des Volkes Israel sehen, kann daraus leicht eine Sonderstellung gegenüber Nichtchristen abgeleitet werden.[295]

Vergleicht man den Anteil, den das Alte Testament in den Lehrplänen des Dritten Reichen und auch in den nachfolgenden Lehrplänen hat, so drückt sich die zwiespältige Haltung gegenüber dem Alten Testament ebenso in den Lehrplänen aus. Karl Barth teilt diese Ansicht nicht. 1938 sagt er:

"daß das alte Testament nicht als 'Einleitung zur eigentlichen, nämlich der neutestamentlichen Bibel' mißzuverstehen sei, daß vielmehr nicht das Alte, sondern das Neue Testament, das Hinzugekommene, die Ergänzung und Erweiterung des Kanons der Synagoge sei. Daß also 'gerade der Kanon der Synagoge' ... den selbstverständlichen Grundstock ihrer (der Judenchristen und Heidenchristen) Heiligen Schrift bildete."[296]

---

294 ebenda, S. 85f.

295 Die Christen, die sich als *Nachfolger* des Volkes Israel sehen, beziehen diese Nachfolge allein auf den Bund mit Gott. Dennoch ergibt sich die Frage, ob Christen überhaupt als *Volk* anzusehen sind, denn gerade die Landverheißung, die für das Volk Israel so wichtig ist, hat für die Christen keine direkte Bedeutung. Christ kann man in jedem Volk sein, ohne seine Identität aufgeben zu müssen. Unbeschadet der geschichtlichen Zusammenhänge zwischen Judentum und Heidenchristen gibt es keine exklusive Bindung des Christen an Palästina im geographischen Sinne. Vgl. dazu Hans Conzelmann, Heiden, Juden, Christen, Tübingen 1981, S.9f.

Die Bezeichnung: *Altes Testament* war in der Situation der Bekennenden Kirche unproblematisch. In der Gegenwart ist dies nicht mehr der Fall. Vgl. dazu: Dieter Sänger, Die Verkündigung des Gekreuzigten und Israel, in: WUNT 75/93, S.63ff.

296 Bertold Klappert, Barmen I und die Juden, in: J. Moltmann (Hrsg.), Bekennende Kirche wagen Barmen 1934-1984, München 1984, S. 87.
Auch Luther wertete das Alte Testament durchaus positiv, wenn er in seiner Heidelberger Disputation die exklusive Erkenntnis Gottes sowohl mit dem Alten als auch mit dem Neuen Testament begründet. Ebenda, S. 68f.

Die Einigung, die noch die Barmer Theologische Erklärung von 1934 auszeichnet, zerbricht unter den auftretenden Schwierigkeiten schnell. Schon 1936 kommt es auf der Bekenntnissynode zu Oeynhausen zu einer Spaltung der Bekennenden Kirche (s. unten, 2.6). Die politischen Konsequenzen, die sich aus der Barmer Theologischen Erklärung von 1934 ergeben, führen also nicht zu einem massiven Widerstand seitens der Bekennenden Kirche, sondern nur ein geringer Teil vermag sich von der Obrigkeitshörigkeit auch vieler Barmer Theologen zu lösen. Erst 1942, mit der Gründung des Kirchlichen Einigungswerks durch den Bischof Theophil Wurm[297], wird erneut Widerstand gegen die Kirchenpolitik des Naziregimes laut. Der Krieg hat viele von einem Widerstand abgehalten, weil es nicht mit dem Gewissen vereinbar schien, gegen den Staat während eines Krieges zu kämpfen. So erscheint die Barmer Theologische Erklärung als eine *kirchenpolitische* Erklärung, die sich nicht im heute wünschenswerten Umfange auf die Politik ausweitet. Trotzdem bleibt die Barmer Erklärung gerade nach dem Ende des Krieges aktuell und beeinflußt das Verhältnis der Kirche zu den Siegermächten.

Den Kirchen ist von den westlichen Siegermächten die Rolle der Institution zugedacht, die bei der Umorientierung des Volkes mithelfen soll:
"Die enge Bindung an die Kirchen hat ihre Basis in der philosophischen Prämisse der anglo-amerikanischen Besatzungsmächte, unter der der Krieg gegen das totalitäre Regime begonnen wurde: Es galt die christlich-abendländische Kultur zu verteidigen, die durch einen erfolgreichen Aggressor Hitler zum Untergang verurteilt gewesen wäre. Von daher sah man die Kirchen '... gewissermaßen als Bündnispartner ...' an, mit deren Hilfe eine grundsätzliche, d.h. 'innere' Überwindung des Nationalsozialismus gelingen konnte."[298]

Damit übernimmt die DEK nach 1945 eine Aufgabe, die sie während der Zeit des Nationalsozialismus gescheut hat. Sie muß sich jetzt auch politisch orientieren, die Westmächte geben sich nicht mit einer politisch neutralen Haltung der Kirche zufrieden. Die Kirche muß dem Volk das Demokratieverständnis der Sieger vermitteln. Die Barmer Theologische Erklärung, die trotz der unter Abschnitt 2.6

---

297 Theophil Wurm (7.12.1868-28.1.1953) war ab 1933 Landesbischof der ev. Landeskirche in Württemberg. Er rechnete sich zur Bekennenden Kirche und trat nicht nur während der NS-Zeit für Recht und Würde des Menschen ein, sondern setzte sich für diese Ziele auch bei den Siegermächten ein. H. Hohlwein: Art. 'Theophil Wurm', RGG³, Bd. VI,. Tübingen 1862, Sp. 1848.

298 J. Kahle, Der Einordnungsprozeß der Deutschen Evangelischen Kirche in das demokratische Funktionssystem der Nachkriegsära in den Westzonen, Kiel 1987, S. 13.

gemachten Einschränkungen, im Sinne des westlichen Demokratieverständnisses gesehen werden kann, bietet *jetzt* die Chance, die Erkenntnisse der Erklärung nicht nur auf die Kirchenpolitik zu beziehen, sondern auch auf den zu gründenden Staat (J. Kahle a.a.O., S. 13).

In dem Lehrplan für Schleswig-Holstein von 1946 ist von einer überlegenen Einflußnahme der Kirche im Geiste der Barmer Theologischen Erklärung allerdings nichts spürbar.

Zwar wird von einer "Revolution der Gesinnung"[299] gesprochen, doch ist das Ziel dieser Revolution nicht die totale Hingabe als Eigentum Gottes, sondern der freie Mensch.[300]

Auch in der Auswahl der Teile des Alten und Neuen Testaments läßt sich kein Hinweis auf einen Einfluß der Barmer Theologischen Erklärung von 1934 finden.

2.6. Zusammenkunft der Kirchenführer in Treysa, August 1945 und ihre Auswirkungen auf die Schulpolitik der evangelischen Kirche

In Bad Oeynhausen (s. oben, 2.5) faßt 1936 die vierte evangelische Bekenntnissynode einen Beschluß, der die tiefe Sorge um die Schulpolitik des Naziregimes widerspiegelt und zugleich das Engagement der Bekennenden Kirche für eine christliche Schule aufzeigt:
"Um die deutsche Schule ringen zwei einander ausschließende Glaubenshaltungen. Die eine ist vom Geist der Selbstverherrlichung des Menschen bestimmt. Sie lehnt nicht nur den Einfluß der Kirche auf die Schule ab, sondern bekämpft die

---

299 Schulabteilung der Regierung zu Schleswig (Hrsg.), Lehrplan für Grundschulen Schleswig-Holsteins, Schleswig 1946, S. 5.

300 Der Begriff *freier Mensch* ist verschieden interpretierbar. In der deutschen Tradition ist ein Element der Absage an die Religion enthalten (Freiheit von der Religion). Hier muß nun der anglo-amerikanische Freiheitsbegriff gemeint sein, der durch die Alliierten Eingang in die Lehrpläne findet. In der angelsächsischen Tradition ist die Freiheit zu den Religionen Schrittmacher für alle bürgerlichen Freiheiten. Roger Williams bereitete durch die Gründung der Siedlung Providence diesen Freiheitsbegriff vor. Hier herrscht eine strikte Trennung von Staat und Kirche mit garantierter Religionsfreiheit. Als Folge dieses angelsächsischen Freiheitsbegriffes ist es ausgeschlossen, daß der Mensch von politischer Seite veranlaßt werden könnte, seine Religion aufzugeben. Aus diesem Verständnis heraus interpretierten die Angloamerikaner die Barmer Theologische Erklärung als politisches Instrument gegen die Nazis.
K.D. Erdmann, Roger Williams, das Abenteuer der Freiheit, in: Veröffentlichungen der Schleswig-Holsteinischen Universitätsgesellschaft, Neue Folge - Nr. 46, Kiel 1967, S. 5 ff.
Vgl. auch H.T. Wrege, Wirkungsgeschichte des Evangeliums, Göttingen 1981, S. 128 ff..

christliche Botschaft als volksschädlich. Die andere ist das Bekenntnis zu dem für uns gekreuzigten und auferstandenen Herrn Jesus Christus. Sie erkennt im Gehorsam gegen ihn die unveräußerliche Grundlage aller echten Erziehung. Ein Jahrtausend deutscher Geschichte ist durch dieses Bekenntnis geprägt worden ...
Die heute eingeleitete *Entkonfessionalisierung* der Schule führt ... zur Loslösung der Schule von Kirche und christlicher Verkündigung und zu ihrer Auslieferung an einen Irrglauben. Immer stärker drängt sich der Eindruck auf, als sollte die gesamte deutsche Jugend nach und nach in einem antichristlichen Geiste beeinflußt werden. Man scheint davon das allmähliche Absterben der christlichen Kirche in Deutschland zu erwarten ..."[301]
Nach dem Zusammenbruch Deutschlands muß nun das Verhältnis der Kirche zu Staat und Schule neu geordnet werden. Die Siegermächte bringen ihre unterschiedlichen Konzepte in die einzelnen Zonen und sehen in den Westzonen in der Kirche einen Partner, da ja die Bekennende Kirche, nach Ansicht der westlichen Alliierten, Widerstand geleistet hat.
Hier liegt für die Kirche eine große Versuchung, die neu gewonnene Machtposition zur Durchsetzung von zahlreichen Forderungen zu nutzen. Ferner ist die Kirche die einzige nichtstaatliche Institution, die sich mit Schule beschäftigte, da Lehrer- und Elternverbände noch nicht gegründet worden sind.
Namentlich die CDU wünscht eine enge Bindung der Schule an die Kirche:
"Wir wollen unser Volk krisenfest machen gegen alle Diktaturgelüste ... Wie kann das aber möglich sein, wenn die Kinder in der Schule die Verbindung mit Gott nicht erhalten oder vielleicht ganz verlieren. Abgesehen von den unveräußerlichen und unentziehbaren Rechten der Eltern, die Erziehung ihrer Kinder zu bestimmen, sind es wichtige staatspolitische Erwägungen, die uns bestimmen, auf eine enge Verbindung von Religion und Schule zu drängen."[302]
Die Kirchenkonferenz in Treysa 1945 befaßt sich nun mit den Problemen, die sich aus dem Zusammenbruch des Naziregimes und einer Neuordnung des Verhältnisses Kirche und Staat ergeben.
Landesbischof Wurm initiiert diese Konferenz. Er wird dabei von den Alliierten unterstützt. Schon vor Beginn der Konferenz wird seitens des von Niemöller geprägten Flügels der Bekennenden Kirche Kritik laut, da die *Stimme der Gemeinde*

---

301 G. Bockwoldt, Religionspädagogik, Stuttgart 1977, S. 72. Hier ist eine terminologische Nähe zum Dresdener Programm zu erkennen.

302 H. Noormann, Protestantismus und politische Macht 1945-1949, Bd. I, Gütersloh 1985, S. 242.

nicht in die bevorstehenden Entscheidungen mit einbezogen wird.[303]
Eine Neuordnung der Kirche kann nicht durchgesetzt werden. Die konservativen Gruppierungen in der Bekennenden Kirche sorgen aber für "die Wiederherstellung bzw. Verfestigung der traditionellen Kirchenstruktur."[304]
In der Schulfrage hingegen legt die Konferenz Vorschläge vor, die nicht nur die Entchristlichung der Schulen durch die Nationalsozialisten aufheben sollen, sondern darüber hinaus wieder eine Bindung der Schule an die Kirche fordern (s. oben, 2.6). So heißt es in einer Rede von D. Georg März, gehalten auf dieser Konferenz:
"Es genügt nicht der Ruf: zurück zu den christlichen Schulen, die uns vor 1933 gesetzlich zugestanden waren ... Wir sind auf dem Weg zu einer christlichen Unterweisung, die nicht isoliert neben dem kirchlichen Leben steht, sondern organisatorisch mit ihm verbunden ist."[305]
In Treysa beschließt die Konferenz zur Schulfrage auf dem Boden der Entschließung der *Kammer für kirchlichen Unterricht* aus dem Jahre 1943:
"1. Für die Neuordnung des Schulwesens fordern wir die christliche Volksschule. Es mag nach den jeweiligen Verhältnissen entschieden werden, ob die christliche Gemeinschaftsschule oder die Bekenntnisschule eingerichtet werden soll. In jedem Fall aber muß die Evang. Kirche darauf bedacht sein, einen Gewissenszwang für die Lehrer zu vermeiden und Wege zu einem neuen Vertrauen zu bahnen.
2. Die christliche Ausrichtung der Schule muß gewährleistet werden:
a) durch evangelische Lehrerbildungsanstalten
b) durch Arbeitsgemeinschaften zwischen Pfarrern und Lehrern

---

303 J. Kahle, Der Einordnungsprozeß der Deutschen Evangelischen Kirche in das demokratische Funktionssystem der Nachkriegsära in den Westzonen, Kiel 1987, S. 55.

304 ebenda, S. 54.
Heinz Brunotte sieht als Ziel der Versammlung von Treysa die Entstehung der EKD als Kirche auf der Basis von Barmen. Dieses Ziel konnte jedoch nicht erreicht werden. Erst auf der 2. Versammlung von Treysa, 5.-16. Juni 1947, wurde ein dreiköpfiger Ausschuß eingesetzt, der eine neue Kirchenverfassung erarbeiten sollte. Er beendete 1948 seine Arbeit, und im Juli 1948 wurde in Eisenach die Grundordnung der EKD verabschiedet.
H. Brunotte, Die Evangelische Kirche in Deutschland, Geschichte, Organisation und Gestalt der EKD, in: Helmut Thielicke, Hans Thimme (Hrsg.), Evangelische Enzyklopädie, Bd. I, Gütersloh 1964, S. 57 ff.

305 H. Noormann, Protestantismus und politische Macht 1945-1949, Bd. I, Gütersloh 1985, S. 242f.

c) durch die Bildung Evangelischer Schulgemeinden.
3. Es besteht darüber Einmütigkeit, daß der Evangelische Religionsunterricht (besser sollte statt dessen gesagt werden: Christliche Unterweisung) auch innerhalb der Schule Sache der Kirche ist, die in Verantwortung für ihre getauften Glieder handelt. Alle in der Christlichen Unterweisung tätigen Lehrkräfte müssen einen kirchlichen Lehrauftrag haben. Die Unterweisung erfolgt nach kirchlichem Lehrplan. Die Aufsicht in der Christlichen Unterweisung führen von der Kirche bestellte, fachlich vorgebildete Kräfte."[306]

Die Kammer für kirchlichen Unterricht bei der Leitung der Deutschen Evangelischen Kirche hat - wie bereits erwähnt (s. oben, 2.7) - 1943 das "Modell einer sog. allgemeinen christlichen Staatsschule" und einer "Schule mit der Bibel" konzipiert.[307]

Auch in bezug auf die spätere *Evangelische Unterweisung* lohnt sich eine kurze Darstellung:

Die *allgemeine christliche Staatsschule* soll das christlich-kulturelle Erbe bewahren und durch Gebet, Andacht und Feier in der Schule pflegen. Der Religionsunterricht ist an dieser Schule ordentliches Lehrfach.

Die *Schule mit der Bibel* ist darüber hinaus noch strenger christlich ausgerichtet. Der Religionsunterricht ist Hauptfach. Ansonsten soll die Schule die gleichen Unterrichtsziele wie die allgemeine christliche Staatsschule haben. Nur derjenige Lehrer darf Religionsunterricht erteilen - jetzt in beiden Schulen Christenlehre genannt - der von der Kirche beauftragt wird.[308]

An diesen Ausführungen wird deutlich, daß die Konferenz von Treysa diesem Modell folgte.

Wie sah es nun mit der Durchsetzung dieser Vorstellungen aus?

Die Mehrheit der Lehrerschaft empfindet das Denkmodell von Treysa als Klerikalisierung des Bildungswesens.

Auch erfüllen nicht alle Religionslehrerinnen und -lehrer die Erwartungen der Kirche.

Dr. Künkel, Dozent für die religionspädagogische Ausbildung und Leiter der Arbeitsgemeinschaft von Religionslehrern im Bereich der braunschweigischen Kirche, äußert sich folgendermaßen:

---

306 ebenda, S. 243.

307 G. Bockwoldt, Religionspädagogik, Stuttgart 1977, S. 72f.

308 ebenda.

"Der größte Anteil der Kollegen sei nach wie vor einem eher ethischen Religionsunterricht verpflichtet; eine Minderheit von 'Religions- und Kirchenfeinden' verweigerten sich jeder Beeinflussung, einen Unterricht gemäß dem lutherischen Bekenntnis zu erteilen."[309]
Die Elternschaft soll in der Britischen Zone ihre Zustimmung zu den Forderungen von Treysa geben.
Die britische Militärregierung setzt dazu bis zum 12. Juni 1946 einen Fragebogen ein, der von den Eltern ausgefüllt werden soll.
Die Leitung der ev.-luth. Landeskirche in Schleswig-Holstein bittet vergebens um die Aufschiebung dieses Termins, um die Eltern zu einer Mitarbeit bewegen zu können.[310]
Das Abstimmungsergebnis führt auch in Schleswig-Holstein zu einem enttäuschenden Ergebnis.[311] Damit verweigern die Eltern überwiegend den Forderungen von Treysa ihre Zustimmung.
Die Abstimmung der Eltern bewirkt jedoch nicht einen vollständigen Rückzug der Kirche von den Belangen der Schule, weil durch den Artikel 7 des Grundgesetzes von 1949 der *Religionsunterricht* als ordentliches Lehrfach in den öffentlichen Schulen gesetzlich verankert wird (s. oben, Anm. 227):
"Artikel 7 Abs. 3
Der Religionsunterricht ist in den öffentlichen Schulen mit Ausnahme der bekenntnisfreien Schulen ordentliches Lehrfach.
Unbeschadet des staatlichen Aufsichtsrechtes wird der Religionsunterricht in Übereinstimmung mit den Grundsätzen der Religionsgemeinschaften erteilt. Kein Lehrer darf gegen seinen Willen verpflichtet werden, Religionsunterricht zu erteilen."[312]

---

309 H. Noormann, Protestantismus und politische Macht 1945-1949, Bd. I, Gütersloh 1985, S. 247.

310 ebenda S. 247.

311 ebenda, S. 247f.

312 D. Stoodt, Arbeitsbuch zur Geschichte des evangelischen Religionsunterrichts in Deutschland, Münster 1985, S. 115.
Eine Ausnahme bilden die Länder Bremen und Berlin. Hier sind andere Konzepte verwirklicht. In Bremen wird ein Unterricht erteilt, der nicht an ein Bekenntnis gebunden ist, sondern allgemein christlich gehalten wird. Berlin stellt in den staatlich-öffentlichen Schulen unentgeltlich Räume für Religionsunterricht zur Verfügung. Alles weitere liegt in den Händen der Kirchen. Ebenda, S. 99.

Dieser Artikel sichert zwar die Einbindung des Faches Religion in den Fächerkanon der Schule, erfüllt aber keineswegs die Forderungen von Treysa (s. oben, 2.6), wie z.B. eine christliche Ausrichtung der Schulen.
Gleichzeitig gibt er den Religionsgemeinschaften die Möglichkeit, doch noch auf die Schule einzuwirken, allerdings nur im Fach Religion.
Diese Einwirkungsmöglichkeit, die auch bei den Lehrplänen besteht, macht die Sonderstellung des Faches Religion erneut deutlich.
In keinem anderen Fach in der Schule wird außerschulischen Institutionen die Möglichkeit gegeben, direkt auf die Inhalte einzuwirken.
Die Kirche trägt durch ihren inneren Entwicklungsprozeß entstehende Veränderungen ebenfalls in die Schule. Aber auch die gegenläufige Bewegung ist zu beobachten. Nach 1945 zeigt sich ein pädagogisches Interesse der Kirche. Sie richtet katechetische Ämter ein, die später in Pädagogisch-Theologische Institute umstrukturiert werden. Auch das Comenius-Institut stellt pädagogische Forderungen auf, die in dem Lehrplan von 1975 (s. unten, 2.8) ihren Niederschlag finden.
Das Fach Religion ist damit einem ständigen Wandel unterworfen, der sich auch in den Lehrplänen äußert. (s. unten, 2.7).

2.7 Die Auswirkungen von Treysa und Barmen auf die Lehrpläne

In den weiteren Lehrplänen des Landes Schleswig-Holstein schlagen sich die Ergebnisse von Treysa nieder.
In den Richtlinien für die Grundschulen Schleswig-Holsteins von 1949 wird die Anbindung des Lehrers an die evangelische Kirche betont (s. unten, 2.8). Sie fehlt noch in dem Lehrplan für Grundschulen Schleswig-Holsteins von 1946. Aus dem Unterrichtsstoff lassen sich dagegen keine Rückschlüsse auf die Erkenntnisse der Barmer Theologischen Erklärung von 1934 ziehen (s. unten, 2.8.). Eventuell könnte die Stellung des Alten Testaments auf eine Änderung gegenüber den Ansichten von 1939 hindeuten.
Das Alte Testament wird zusammen mit dem Neuen Testament in den Klassenstufen 2, 5 und 6 wieder in den Unterricht aufgenommen.
Dieser Anteil ist zwar noch nicht sonderlich hoch, jedoch wird eine Diskriminierung des Alten Testaments vermieden (s. unten, 2.8).

Interessant wird in diesem Zusammenhang auch die Frage des Religionsunterrichts in den neuen Bundesländern sein, in denen Religionsunterricht an den Schulen nicht erteilt wurde. Hier bleibt abzuwarten, wie sich das Verhältnis Staat-Kirche dort gestalten wird.

Die Richtlinien für die Lehrpläne der Grundschulen des Landes Schleswig-Holstein von 1961 betonen in stärkerem Maße den christlichen Charakter der Grundschule. Hier lassen sich durchaus Bezüge zu den Forderungen von Treysa herstellen. So zeigt sich auch die politische Veränderung in Schleswig-Holstein.
Die CDU hatte sich ja bereits 1945 für eine enge Bindung zwischen Kirche und Schule ausgesprochen (s. oben, 2.6). Die vorherige SPD-Regierung in Schleswig-Holstein vertrat diese Auffassung nicht. Dies ist unter anderem auch auf ein Versäumnis der Kirche nach 1945 zurückzuführen, die nicht genügend versucht hat, die Arbeiterschaft für ihre Ideen zu gewinnen: "Der Protestantismus ver-folgte in den Jahren 1945/46 seinen schulpolitischen Kurs in den Westzonen, ohne den Dialog mit den Arbeiterparteien in der Schule zu suchen. Dem Gespenst (sic!) der weltlichen Simultanschule entledigten sich die Kirchenleitungen anfangs dadurch, daß sie die Existenz ihrer Protagonisten weiterhin ignorierten - Kommunisten, Sozialdemokraten und auch die Liberalen. Wo es ging, verhandelten sie an ihnen vorbei mit der vorwiegend bürgerlich orientierten Beamtenschaft der Kultus-bürokratie."[313]
So wird der politische Wechsel auch in den Lehrplänen für das Fach Religion deutlich.
Die Lehrpläne von 1975 und 1978 zeigen insgesamt eine Trennung von der Kirche. Sie bewegen sich auf einen sozialethischen Unterricht zu. Dieses wird an den Inhalten deutlich (s. unten, 2.8).
Der Einfluß der Kirche ist nach dem Grundgesetz derselbe geblieben, jedoch zeigen die Lehrpläne Schleswig-Holsteins ein anderes Bild. Dies ist auf die Veränderungen im gesellschaftlichen Bereich zurückzuführen, denn die Studentenunruhen während der sechziger Jahre an den Universitäten waren nicht ohne Folgen geblieben. Die ehemaligen Studenten waren nun zum Teil Lehrer geworden und natürlich auch Pfarrer. Ihre Ideen trugen sie vielfach in gemäßigter Form in Schule und Kirche

---

313 H. Noormann, Protestantismus und politische Macht 1945-1949, Bd. I, Gütersloh 1985, S. 248f.
Beide Großkirchen tun sich zunächst schwer, Veränderungen in der Arbeitswelt zu erfassen und richtig zu bewerten, da die Kirchenvertreter in der Regel aus bürgerlichen Kreisen stammen. Eine Ausnahme ist Martin Niemöller, der sich jedoch nicht durchsetzen kann. Th. Litt, *Das Bildungsideal der deutschen Klassik und die moderne Arbeitswelt*, zeigt, daß das oben beschriebene Defizit der Kirche weitgehend begründet ist in der Entfremdung der idealistisch geprägten Bildung von der Welt der Arbeit.
Vgl. auch: Carsten Nicolaisen, Art. 'Martin Niemöller', in: Traugott Bautz (Hrsg.), Biographisch-Bibliographisches Kirchenlexikon, Herzberg 1993, Sp. 741ff.

hinein. Von einer christlichen Schule, wie sie in Treysa gefordert wurde, kann keine Rede mehr sein.
Das christlich-kulturelle Erbe beschränkt sich in den neuen Lehrplänen von 1975 und 1978 vorwiegend auf die Sozialethik (s. unten, 2.8.).
Die Barmer Theologische Erklärung scheint für die Lehrpläne der Grundschule nicht mehr von Bedeutung zu sein.
In den ersten Richtlinien für die Lehrpläne des 5. bis 9. Schuljahres der Volksschulen des Landes Schleswig-Holstein von 1954 wird die Demokratisierung der Schüler als Ziel genannt. Jedoch sollen Schüler auch zu gläubigen Menschen erzogen werden.
Obgleich sich die Barmer Thesen Anfang der dreißiger Jahre nur auf die kirchliche Struktur beziehen, läßt sich hier eine gleiche Auffassung feststellen:
"These IV
... Die verschiedenen Ämter in der Kirche begründen keine Herrschaft der einen über die andere, sondern die Ausübung des der gesamten Gemeinde anvertrauten und befohlenen Dienstes.
Wir verwerfen die falsche Lehre, als könne und dürfe sich die Kirche abseits von diesem Dienst besondere, mit Herrschaftsbefugnissen ausgestattete Führer geben oder geben lassen.
These V
... Die Schrift sagt uns, daß der Staat nach göttlicher Anordung die Aufgabe hat, in der noch nicht erlösten Welt, in der auch die Kirche steht, nach dem Maß menschlicher Einsicht und menschlichen Vermögens, unter Androhung und Ausübung von Gewalt für Recht und Frieden zu sorgen ...
Wir verwerfen die falsche Lehre, als solle und könne der Staat über seinen besonderen Auftrag hinaus die einzige totale Ordnung menschlichen Lebens werden und also auch die Bestimmung der Kirche erfüllen."[314]
Durch die in den Richtlinien von 1954 (s. unten, 2.9) aufgezeigte Querverbindung zu anderen Fächern ist eine Möglichkeit der Ausdehnung des Religionsunterrichts

---

314 Jürgen Moltmann, Zum Abschluß, in: J. Moltmann (Hrsg.), Bekennende Kirche wagen, Barmen 1934-1984, München 1984, S. 277.
Hier wird mit dem Begriff *totale Ordnung menschlichen Lebens* ein Problem angesprochen, das heute noch aktuell und unerledigt ist. In den neuen Bundesländern versuchte das vormalige SED-Regime, die *einzige totale Ordnung menschlichen Lebens* für sich in Anspruch zu nehmen. Nach dem Scheitern muß sich in den neuen Bundesländern die Kirche neu orientieren und versuchen, ihren Platz in der Gesellschaft einzunehmen und durchzusetzen.

gegeben, die aber, wenn man die Themen betrachtet, mit den unter Abschnitt 2.7 angeführten Thesen IV und V nicht in Konflikt steht.
Die Richtlinien von 1966 zeigen (s. unten, 2.9) einen noch niedrigeren Stellenwert der christlichen Erziehung bei den allgemeinen Erziehungszielen. Die Richtlinien für den evangelischen Religionsunterricht verfolgen aber noch die gleichen Ziele wie 1954 (s. unten, 2.9), jedoch zeigt sich in den Stoffplänen eine Loslösung vom streng bibelorientierten Unterricht.
Die Lehrpläne für das 5. bis 9. Schuljahr von 1954 und 1966 zeigen also durchaus eine Nähe zu der *Barmer Theologischen Erklärung* von 1934. Aber auch in den Lehrplänen von 1982 finden sich Berührungspunkte. Allerdings ist es notwendig, die Thesen auf ihren Bezug zur heutigen Situation zu überprüfen. Es zeigt sich also, daß die *Barmer Theologische Erklärung* ihrerseits einem Interpretationsprozeß unterworfen werden muß.
In der Zeit vom 27.02. - 01.03.1984 werden auf der theologischen Tagung *Barmen 1934-1984* die Barmer Thesen neu gefaßt, so daß sie auch heute von Bedeutung sind:
"Die Barmer Theologische Erklärung nötigt uns, auf die uns heute gestellten Herausforderungen dem Zeugnis von Jesus Christus dem Herrn (sic!) entsprechend zu antworten. Darum haben wir
- das Zeugnis von Barmen I auf das Verhältnis von Kirche und Israel
- das Zeugnis von Barmen II auf den Zusammenhang zwischen Verelendung der Dritten Welt und dem Weltwirtschaftssystem
- das Zeugnis von Barmen II und V auf das Friedenszeugnis der Kirche angesichts der Massenvernichtungsmittel und auf das Verhalten der Christen in der rechts- und sozialstaatlichen Demokratie

im Anschluß an die entsprechenden Vorträge in Arbeitsgruppen bedacht ".[315]
Diese *neue* Interpretation der *Barmer Theologischen Erklärung* von 1984 zeigt eine starke Verwandtschaft zu den Inhalten des Lehrplanes für die Hauptschulen in Schleswig-Holstein von 1982 (s. unten, 2.9). Sowohl Lehrplan als auch die neue Barmer Theologische Erklärung reagieren also auf das veränderte Zeitbild. Dies zeigt, daß die *Barmer Theologische Erklärung* im Kontext des Zeitbewußtseins - wie die Lehrpläne - weitergeschrieben werden muß.
Sehr ausführlich werden dort z.B. im 9. Schuljahr die Religion der Juden und ihre Verfolgung im Dritten Reich behandelt. Dieses Thema findet sich in den vorangegangenen Lehrplänen nicht.[316]

---

315 ebenda, S. 266.

Die Dritte-Welt-Problematik und das Verhalten der Menschen in den Industrieländern sind ebenfalls Gegenstände ausführlicher Betrachtungen, wie z.B. in Klassenstufe 8: "Teufelskreis der Armut, Hilfsorganisationen, Bibel und Brot."[317]
Das Verhalten der Christen in der rechts- und sozialstaatlichen Demokratie wird unter anderem ebenfalls im 9. Schuljahr behandelt. Die Schüler sollen sich "Gedanken über die gefährdete und begrenzte Zukunft unserer Welt machen und lernen, mit den Gütern der Erde verantwortlich umzugehen."[318] Und im 7. Schuljahr wird das ökologische Thema mit dem Ziel behandelt: "Erkennen, daß unsere Welt durch den Menschen immer mehr gefährdet wird und deshalb geschützt werden muß."[319]
Aus diesen Beispielen wird deutlich, daß die neuinterpretierte *Barmer Theologische Erklärung* durchaus auch heute ihre Berechtigung hat und sich Elemente von ihr sogar im Hauptschullehrplan von 1982 finden (s. oben, 2.7).

2.8 Die Unterstufe der Volksschule und spätere Grundschule

Das Ende des Dritten Reiches bringt zunächst durch die unterschiedliche Handhabung der Siegermächte keine einheitliche Bildungspolitik in Deutschland, und auch später bleibt es bei der Bildungshoheit der einzelnen Länder.
Für Schleswig-Holstein ist das Jahr 1946 ein wichtiges Datum in der Geschichte der Lehrpläne. Im Jahre 1946 wird nämlich der erste schleswig-holsteinische Volksschullehrplan aufgestellt. In der Präambel werden die Erziehungsziele folgendermaßen beschrieben: "Wir wollen Menschen erziehen, arbeitende Menschen, einfach, ehrlich, frei. Sie bestimmen die Zukunft unseres Landes, nicht soldatische Helden und Herrenmenschen. Zur Erreichung dieses Zieles bedarf es einer Revolution der Gesinnung. Der neue Mensch muß Fairneß, Toleranz, Humanität und Ehrfurcht als die Tugenden in sich aufnehmen, die ein gutes Zusammenleben gewährleisten.

---

316 Lehrplan Hauptschule, Kultusministerium des Landes Schleswig-Holstein (Hrsg.), Kiel 1982, S. 27.

317 ebenda, S. 31.

318 ebenda, S. 32.

319 ebenda, S. 30.

Wir kennen keine Vergewaltigung der Menschenseele, sondern nur eine freie und
selbständige Entfaltung der Persönlichkeit. Nicht der Haß, sondern die Atmosphäre
der helfenden Liebe erfüllt die Herzen der Erzieher und der Kinder.
Wir achten jeden Menschen ohne Rücksicht auf Rasse, Farbe oder Religion. Alles
menschliche Leben ist heilig.
Die Jugend wünscht und braucht eine Haltungsform. Die neue Haltungsform ist
nicht die Zackigkeit, sondern die Zurückhaltung, die Bescheidenheit und die Höf-
lichkeit. Wir fördern kritisches Denken und eine offene Aussprache. Wir wollen
keine kriegerische Haltung - der Krieg zerstört, unsere Haltung heißt Frieden -
Frieden baut auf, bringt Wohlstand und Kultur.
Arbeiten wir an der Revolution zu dieser Gesinnung."[320]
Vergleicht man diese Präambel mit der der Richtlinien vom 15. Dezember 1939, so
läßt sich auf den ersten Blick erkennen, daß es keine Gemeinsamkeit gibt. Die
Präambel des Lehrplans von 1946 verarbeitet die bittere Erfahrung, die aus dem
Versuch der Verwirklichung der Wahnidee Hitlers gewonnen werden mußte.
Auch der Religionsunterricht ist in dem neuen Lehrplan vorhanden. Allerdings
steht er nicht mehr an erster Stelle, wie noch in den Richtlinien von 1921 (s. oben
2.3). Jedoch wird er wieder aufgenommen und fehlt nicht mehr wie in den
Richtlinien von 1939.
Der Religionsunterricht ist zwar ordentliches Lehrfach der Schulen, doch ist eine
Teilnahme an ihm freiwillig. Hier findet sich also erneut die Sonderstellung, die
schon aus der Weimarer Zeit bekannt ist (s. oben, 2.3).

*Damit sind die Probleme, die sich aus dieser Stellung ergeben, auch im Lehrplan
von 1946 nicht gelöst. Reinhart von Drygalski gibt folgendes zu bedenken: Religionsunterricht als ordentliches Lehrfach bedeutet, daß der Staat und nicht mehr
die Kirche Auftraggeber ist. Der Religionsunterricht unterliegt den gleichen
Voraussetzungen wie die anderen Fächer. Er ist 'Pflichtfach' (s. unten, Anm. 401)
in der Schule und muß die Leistung der Schüler - wie jedes andere Fach - objektiv
messen. Er darf nicht grundsätzlich in der ersten oder der letzten Schulstunde
unterrichtet werden. Der Staat ist aber nicht nur für die Erteilung des Unterrichts
verantwortlich - und damit für die anstehenden Kosten - sondern muß für*

---

320 Lehrplan für die Grundschulen Schleswig-Holsteins, Schulabteilung der Regierung zu
Schleswig (Hrsg.), Schleswig 1946, S. 5.
Diesen Lehrplan führt R. Larsson in seinem Buch, *Religion zwischen Kirche und Schule*,
Malmö 1980, nicht auf! (S. 90). Larsson sieht den Grundschullehrplan 1949 als ersten
Lehrplan nach dem 2. Weltkrieg.

Ausbildung und Einstellung der Religionslehrerinnen und -lehrer Sorge tragen. Der Inhalt des Religionsunterrichtes muß aber in Übereinstimmung mit den Grundsätzen der Religionsgemeinschaften erteilt werden: Der Staat darf also beim Religionsunterricht nicht gegen die Grundsätze der Religionsgemeinschaften handeln. An dieser Stelle ergeben sich zwei Fragen: 1. Ist das Globalziel in Art. 7.3. GG schulverträglich? 2. Wie verträgt sich die enge Bindung des Schulfaches Religion an das Grundgesetz mit der Trennung von Staat und Kirche? Hier wird es noch zum Austausch verschiedener Ansichten kommen, die Reinhard von Drygalski zum Teil auch anspricht.[321] Ziel dieses Unterrichts ist es, "die Wirklichkeit Gottes zu erschließen und das Gewissen zu stärken."[322]
Auch hier wird auf die verfehlten Ziele des Dritten Reiches Bezug genommen und versucht, aus den begangenen Fehlern zu lernen.
Jedoch wird Wert auf die Feststellung gelegt, daß dieser Unterricht kein Moralunterricht sein soll (s. oben, Anm. 126).
Es findet sich heute eine Tendenz zur Reduktion der Religion auf Moral und gleichzeitig eine Kritik daran (s. unten, Anm. 488).
In diesem Punkt wird auf die Richtlinien von 1921 eingegangen, die eine Tendenz in diese Richtung zeigen (s. oben, 2.3 und unten, 2.8).

Im ersten Schuljahr werden zunächst noch keine biblischen Stoffe unterrichtet, sondern ein vorbereitender Kursus mit Märchen, Liedern und Sprüchen durchgeführt. Die Zeit, in der die Schüler mit dem Katechismus lesen lernen, ist endgültig vorbei (s. oben, 2.3). Die Entwicklung vom Mündlichen hin zum Schriftlichen läßt sich also auch am Beispiel des Katechismusunterrichts verdeutlichen. Der Katechismus wird zuerst mündlich vermittelt, dient dann als Lesebuch bis er schließlich aus dem 1. Schuljahr verbannt wird, um erst in der Oberstufe in ausgewählten Teilen behandelt zu werden. Die Überforderung, die schon Adler ansprach (s. oben, 2.3), wird vermieden. Die pädagogische Arbeit von Pestalozzi und Reformpädagogen wie Adolf Reichwein, Peter Petersen und anderen trägt nun auch im Fach Religion ihre Früchte. Hier zeigt sich eine Eigenart des Faches Religion: Der Katechismus

---

321 Reinhard von Drygalski, Die Einwirkungen der Kirchen auf den Religionsunterricht an öffentlichen Schulen, Göttingen 1967, S. 60 ff.

322 Lehrplan für die Grundschulen Schleswig-Holsteins, Schulabteilung der Regierung zu Schleswig (Hrsg.), Schleswig 1946, S. 22. Vgl. im übrigen zur Problematik der Religion als persönliche Gewissensbildung oder als ordentliches Schulfach M. Heckel (s. oben, Anm. 227).

wird in der Grundstufe überflüssig, taucht aber dann in der höchsten Reflexionsstufe wieder auf.[323]

Im zweiten Teil des ersten Schuljahres werden dann Geschichten aus dem Neuen Testament vorgestellt. Dabei bietet sich natürlich der *Weihnachtskreis* mit Jesu Geburt, den Hirten auf dem Felde, an der Krippe, den Weisen aus dem Morgenlande und der Flucht nach Ägypten an.

Neben dem Weihnachtskreis stehen ausgewählte Wundergeschichten und *Jesus segnet die Kinder*.

Das zweite Schuljahr wird mit Geschichten aus dem Alten und Neuen Testament und drei Liedern ausgefüllt.

Ähnlich verhält es sich im dritten Schuljahr. Allerdings fehlen hier die Lieder.

Das vierte Schuljahr stellt ebenfalls Geschichten aus dem Alten und Neuen Testament vor.

Vergleicht man diesen Lehrplan mit den *Allgemeinen Bestimmungen* von 1872, so fällt zunächst eine Reduzierung der Stoffülle auf. Die Erklärung ist einfach, da die Zahl der Religionsstunden 1946 nur noch zwei beträgt.

Weiterhin fehlen in dem Lehrplan von 1946 das Gebet und die Vorstellung der sonntäglichen Perikope.

Die Teile des Alten und Neuen Testaments entsprechen den Vorschlägen der *Allgemeinen Bestimmungen* von 1872: *1. Buch Mose, Mose, Davids 1. Zeit; Geburt, Kindheit, Tod und Auferstehung Jesu* (s. oben, 2.2.1).

Die beginnende Lösung von der Kirche hat sich zwar im Lehrplan von 1946 fortgesetzt, es gibt jedoch noch den Bezug zur Bibel und den Geboten. Die Freiheit des Lehrers wird durch die genau vorgeschriebenen Teile des AT und NT stark eingeschränkt. In den *Allgemeinen Bestimmungen* von 1872 ist diese Einschränkung nicht vorhanden. Die Ziele des Religionsunterrichtes werden aber durch die vorgeschlagenen Geschichten gut abgedeckt. So ist z.B. die Behandlung von Tod und Auferstehung Jesu im 4. Schuljahr geeignet, die Wirklichkeit Gottes zu erschließen: Gott gibt seinen eingeborenen Sohn zum Opfer,[324] und Jesus nimmt unsere Sünden auf sich.

---

323 Zur Problematik des Katechismusunterrichts vgl. Walter Eisinger, Lernen, was glauben heißt - die notwendige Wiedergewinnung des Katechismusunterrichts, in: Theologische Fakultät der Universität Basel (Hrsg.), Theologische Zeitschrift, 43. Jg., Basel 1987, S. 42ff und Johann Spölgen, Den Glauben als organische Ganzheit lernen, Der Katechismusunterricht, Anfragen und Probleme heute. in: Kurt Krenn, Leo Scheffczyk, Anton Ziegenaus (Hrsg.), Forum Katholische Theologie, 5. Jg., Pottlich 1989, S. 271ff.

324 *Opferterminologie* kann hier nur mit Einschränkung gebraucht werden, da sie aus dem Neuen Testament nicht bzw. nicht explizit erhoben werden kann. Vgl. zur Debatte: Gerhard

Im 1. Buch Mose zeigen die Schöpfungsberichte (Gen. 1 und 2) den Kindern die Wirklichkeit des Schöpfergottes.
Um das Gewissen zu stärken, bietet sich die Behandlung der 10 Gebote an. Hier bekommen die Schülerinnen und Schüler klare Maßstäbe für ihr sittliches Handeln.
Es wäre durchaus auch vorstellbar, die Josephsgeschichten unter dem Aspekt der Gewissensbildung zu behandeln (Gen. 37-50).
Die Brüder Josephs erkennen, daß sie durch ihre zügellose Eifersucht ihrem Vater und Bruder schweres Leid zugefügt haben.
Joseph hört auf sein Gewissen, als er die Werbung der Frau Potiphars ausschlägt, auch wenn dieses Verhalten für ihn zunächst böse Folgen hat.
In den Jahren 1946 und 1949 wird ein schleswig-holsteinisches Kultusministerium eingerichtet. So ist es nicht weiter verwunderlich, daß 1949 Richtlinien für die Lehrpläne der sechsjährigen Grundschulen Schleswig-Holsteins erscheinen. Herausgeber ist das Ministerium für Volksbildung in Kiel.[325]
Es fällt zunächst auf, daß die Grundschulzeit sechs Jahre beträgt. 1949 regiert die SPD das Land. Zu ihrem Programm gehört unter anderem eine sechsjährige Grundschulzeit. Als das Land dann nach einem Regierungswechsel von der CDU regiert wird, ändert sich auch die Dauer der Grundschulzeit.[326]
Diese Richtlinien von 1949 sind wesentlich umfangreicher als der vorausgegangene Lehrplan und weisen auch einige Änderungen auf.
Jedes Schuljahr im Fach Religion ist unter ein Gesamtthema gestellt:
" 1. Schuljahr: Gott, unser Vater im Himmel
2. Schuljahr: Der Herr, unser Gott
3. Schuljahr: Der Heiland

Friedrich, Die Verkündigung des Todes Jesu im Neuen Testament, Neukirchen-Vluyn 1982, S. 63 ff. und andererseits Peter Stuhlmacher, Jesus von Nazareth, Christus des Glaubens, Stuttgart 1988, S. 34 ff.
Jürgen Roloff, Neues Testament², Neukirchen-Vluyn 1979, S.181ff.

325 Der Schleswig-Holsteinische Landtag beschloß am 13.12.1949 die Landessatzung. In Artikel 6 heißt es: "1. ... Es besteht allgemeine Schulpflicht. Die für alle gemeinsame Grundstufe umfaßt mindestens 6 Schuljahre."
Edo Osterloh, Schule und Kirche nach dem Zusammenbruch 1945, in: Joachim Beckmann (Hrsg.), Kirchliches Jahrbuch 1950, 77. Jg., Gütersloh 1951, S. 415.

326 Am 20.11.1950 hob der neugewählte Landtag den 2. Punkt, die 6jährige Grundschulpflicht, des Artikels 6 auf. Am 03.02.1951 beschloß der Landtag ein Gesetz, das in § 1 ausdrücklich sagt: "Die ersten 4 Jahre der Volksschule bilden die für alle Kinder gemeinsame Grundschule." Ebenda, S. 415.

4. Schuljahr: Das Jahr der Kirche

5. Schuljahr/6. Schuljahr:
- I Altes Testament: Die Urgeschichte aus dem 2., 3. und 4. Schuljahr wird wiederholt und in vertiefenden Zusammenhang gestellt, möglichst in einer modernen Übersetzung.
- II Neues Testament: Jesus wird berufen und versucht, Jesus bringt die Herrschaft Gottes, Jesus vollendet die Erlösung der Menschen durch sein Leiden und Sterben."[327]

In allen Schuljahren sind Gebete und Lieder vorgeschrieben. Es wird ausdrücklich erwähnt, daß Märchen keinen Platz mehr im Religionsunterricht haben.

Im ganzen sind diese Richtlinien von 1949 umfangreicher und detaillierter aufgebaut. Sie scheinen eine stärkere Hinwendung zur Kirche überhaupt zu befürworten, halten aber andererseits Distanz zur *theologischen Lehrmeinung*. So heißt es: "Der Lehrer ist in evangelischer Glaubens- und Gewissensfreiheit nicht gebunden an theologische Lehrmeinungen, wohl aber an Geist und Sinn des Evangeliums, wie es uns im Neuen Testament verkündet wird. Er erteilt die *Evangelische Unterweisung* als Glied der Kirche."[328] Der Staat kann, wie aus diesem Zitat deutlich wird, nur auf institutioneller Seite mit der Kirche kooperieren und nicht Lehrmeinungen innerhalb der Kirche beurteilen.

Der Religionsunterricht hat einen neuen Namen bekommen: *Evangelische Unterweisung*.

Aber nicht allein der Name hat sich geändert, sondern auch die Inhalte, wie oben angeführt. Der Unterricht und die entsprechenden Konzeptionen erschöpfen sich nicht mehr nur in biblischen Geschichten sondern stellen Schülerinnen und Schülern auch die Kirche vor. Eine Einbindung des Kindes in die Gemeinde wird zwar in der Präambel als Ziel nicht mehr erwähnt, jedoch deuten die Inhalte darauf hin.

So wird im 4. Schuljahr das gegenwärtige Leben der Kirche behandelt. Teilweise sieht man auf den ersten Blick nicht viele Unterschiede zu vorhandenen Lehrplänen aus dem Naziregime. Das Alte Testament ist z.B. nur im 2., 5. und 6. Schuljahr vertreten.[329] Beispiele christlicher Lebensführung in unserer Zeit könnten ebenfalls

---

327 Richtlinien für die Lehrpläne der sechsjährigen Grundschulen Schleswig-Holsteins, Ministerium für Volksbildung in Kiel (Hrsg.), Kiel 1949, S. 12ff.

328 ebenda, S. 11. Vgl. Helmuth Kittel: Vom Religionsunterricht zur Evangelischen Unterweisung, Wolfenbüttel, Hannover 1947.

329 Bezüglich des AT vertreten die Anreger der *Evangelischen Unterweisung*, Karl Barth und Rudolf Bultmann, unterschiedliche Positionen. Die *Evangelische Unterweisung* folgt der

Gegenstand des Religionsunterrichtes in einer Schule zur Zeit der Nationalsozialisten gewesen sein. Bei allen diesen Entsprechungen unterscheiden sie sich in einem Hauptpunkt: Der Führer steht nicht mehr im Vordergrund, sondern Gott ist der Herr.

Die Wiedereinführung der vierjährigen Grundschule fordert eine Neufassung der Lehrplanrichtlinien von 1948/49.

So entstehen die Richtlinien für die Lehrpläne der Grundschulen Schleswig-Holsteins 1952.[330]

Wie der Kultusminister des Landes Schleswig-Holstein in seinem Vorwort zu den Richtlinien von 1961 schreibt, sind die eingefügten Stoffpläne nicht bindend, sondern nur Beispiele und Anregungen.

Das Fach Religion nimmt eine Sonderstellung ein, denn die Hinweise zur Stoffauswahl für die einzelnen Fächer sind für die *Evangelische Unterweisung* und den katholischen Religionsunterricht bindend.[331]

Die Richtlinien von 1961 begründen diese Sonderstellung damit, daß der Unterricht in allen anderen Fächern an die Umwelt des Kindes anknüpft. Diese Begründung gilt jedoch nur für Religion als *Evangelische Unterweisung*, weil es hier um die Entscheidung des einzelnen Kindes auf der Grundlage der Bibel geht. Die anderen Fächer sollen bei der Unterrichtung durch den Lehrer an die Umwelt des Kindes anknüpfen und sind deshalb freier gestaltet.

Die Religion wird als *Evangelische Unterweisung* erteilt. Die Gründe, weshalb dieser Name der Bezeichnung *Religionsunterricht* vorgezogen wird, erläutert der damalige Kultusminister Edo Osterloh im April 1950:

Auffassung Bultmanns. Vgl. Rudolf Bultmann, Theologie des NT^9, Tübingen 1984, § 2, S. 15 und § 11, S. 109 ff.

330 Nach Peter Biehl lassen sich die Unterschiede zwischen Lehrplan, Richtlinien und Rahmenrichtlinien folgendermaßen darstellen:
Bis ca. 1920 erließ das jeweils zuständige Ministerium für jedes Fach Lehrpläne. Die zu behandelnden Stoffe im Unterricht wurden festgelegt. Der Lehrer war ausführendes Organ.
In den *Präambeln* der Richtlinien fanden sich grundlegende Aussagen über Aufgaben und Ziele der jeweiligen Fächer.
Seit 1970 entstanden die *Rahmenrichtlinien* die noch stärker die Mitverantwortung der Lehrkräfte betonen.
P. Biehl, Zur Anlage und Bedeutung von Rahmenrichtlinien für den Religionsunterricht, in: Ulrich Becker, Friedrich Johannsen (Hrsg.), Lehrplan-Kontrovers, Frankfurt am Main 1979, S. 13.

331 Richtlinien für die Lehrpläne der Grundschulen Schleswig-Holsteins, Kultusminister des Landes Schleswig-Holstein (Hrsg.), Kiel 1961, S. 3.

"Nach den Grundsätzen der evangelischen Kirche erfüllt der Religionsunterricht in der Schule an seinem Teil den der Kirche von ihrem Herrn gewordenen Auftrag, das Evangelium zu verkünden und zu lehren. Die 'Evangelische Unterweisung' ist darum keine bloße Religionskunde und auch nicht bloße Wissensvermittlung; sie ist Zeugnis von dem lebendigen Herrn, der seine Gemeinde erhält und regiert. Dieser Sachverhalt soll zum Ausdruck gebracht werden, wenn jetzt in der Kirche weithin von 'Evangelischer Unterweisung' und nicht von 'Religionsunterricht' gesprochen wird."[332]

Hier kommt wieder der Doppelaspekt des Religionsunterrichts in der Schule zum Ausdruck: einerseits ordentliches Lehrfach und andererseits Verkündigung.[333] Damit ändert sich auch die Rolle des Religionslehrers: Einerseits ist er Wissensvermittler, andererseits Verkünder des lebendigen Gottes.

Weiterhin haben sich die pädagogischen und didaktischen Grundsätze der vorangegangenen Richtlinien nicht verändert.[334]

Die Präambeln der beiden Richtlinien von 1949 und 1952 stimmen denn auch fast wortwörtlich überein. Unterschiede sind eben nur in der Dauer der Grundschulzeit zu finden.

In den folgenden Beispielen sind in den ersten vier Schuljahren bis auf einen fehlenden Spruch im dritten Schuljahr (der vorgeschlagene Spruch: Lasset die Kindlein zu mir kommen ... (Marc. 10,14) entfällt in den Richtlinien von 1952) beide Vorschläge identisch. Die nächsten Richtlinien für die Lehrpläne der Grundschulen in Schleswig-Holstein werden am 1. April 1961 herausgegeben. Sie sind "eine Neufassung der Richtlinien vom 1. Februar 1952."[335]

Als vornehmste Aufgabe wird "die Persönlichkeitsbildung und Gemeinschaftserziehung"[336] genannt. "Die Grundschule soll die religiösen, sittlichen, geistigen und körperlichen Kräfte der Kinder pflegen und fördern, ihren Erlebnis- und Erfah-

---

332 E.Ch. Helmreich, Religionsunterricht in Deutschland, Hamburg 1966, S. 308.

333 Dieser Begriff gewinnt jetzt eine eigentümliche Prägung gegenüber seinem vorherigen, eher unspezifischen Gebrauch, siehe K.E. Løgstrup, Art. 'Verkündigung', RGG³, Bd. VI, Sp. 1358 f. und Reinhard Dross, Religionsunterricht und Verkündigung, Hamburg 1964, S. 9 ff.

334 Richtlinien für die Lehrpläne der Grundschulen Schleswig-Holsteins, Hrsg. Kultusminister des Landes Schleswig-Holstein, Kiel 1952, S. 3.

335 ebenda.

336 ebenda.

rungskreis ständig erweitern und sie mit Kenntnissen und Fertigkeiten ausrüsten, die als Grundlage für jede Art der weiterführenden Bildung unerläßlich sind.
In Ehrfurcht vor Gott und in der Achtung vor der Würde des Menschen sind die Kinder zu Verantwortlichkeit, Pflichtbewußtsein, Hilfsbereitschaft und Kameradschaftlichkeit zu erziehen und an die Ordnung des menschlichen Zusammenlebens zu gewöhnen."[337]

Im Vergleich mit den Richtlinien von 1946 ist der Stellenwert der Religion zweifellos gestiegen. Die Unterweisung des Kindes im biblischen Glauben, die es zu pflegen und zu fördern gilt, steht an erster Stelle, und in den folgenden Richtlinien von 1961, wird zuerst die Religion behandelt.

Es finden sich deutliche Parallelen zu Adlers *Allgemeiner Schulordnung* von 1814 (s. oben, 1.8). Auch hier steht die moralisch-religiöse Bildung an erster Stelle, wenn sich auch bei den Bürgerschulen dann der gute und geschickte Staatsbürger an die erste Stelle gesetzt findet.[338]

In der *Evangelischen Unterweisung*[339] soll das Kind nicht nur auf das "Wort Gottes hören" sondern auch in "die Heimatgemeinde seiner Kirche hineinwachsen."[340]

Hier findet sich kein Unterschied zu der *Allgemeinen Schulordnung* von 1814, ja dieses Ziel wird schon von Luther vertreten.[341]

Die Entwicklung, die das Schulfach Religion in Schleswig-Holstein durchmacht, geht also von einer Anbindung an die Kirche über eine Loslösung in der Weimarer Zeit und dem Dritten Reich zu einer Annäherung nach dem Zweiten Weltkrieg und einer verstärkten - wenn auch nicht totalen - Anbindung wiederum an die Kirche

---

337 ebenda.

338 Die Allgemeine Schulordnung für die Herzogtümer Schleswig und Holstein, in: Wegweiser für die Lehrerfortbildung, Heft 43/44, Kiel 1964, S. 63 und 73.

339 Vgl. Gottfried Adam / Rainer Lachmann (Hrsg.) Religionspädagogisches Kompendium³, Göttingen 1990, S. 30f.

340 Richtlinien für die Lehrpläne der Grundschulen Schleswig-Holsteins, Kultusminister des Landes Schleswig-Holstein (Hrsg.), Lübeck und Hamburg 1961, S. 9.
Vgl. auch Gottfried Adam / Rainer Lachmann (Hrsg.), Religionspädagogisches Kompendium³, Göttingen 1990, S. 30ff.

341 Reiner Preul, Luther und die praktische Theologie, Beiträge zum kirchlichen Handeln in der Gegenwart, in: Wilfried Härle, Dieter Lührmann (Hrsg.), Marburger Theologische Studien 25, Marburg 1989, S. 55.

und Gemeinde während der Phase der *Evangelischen Unterweisung*[342] (s. unten, 3.2.5).

Die Lehrmittel der *Evangelischen Unterweisung* bestehen aus der Bibel, Kirchenliedern und Teilen des Katechismus. Diese strenge Auswahl ist fast identisch mit der aus der *Bugenhagener Schulordnung* bis hin zur *Allgemeinen Schulordnung* von Adler von 1814. Jedoch hat es sich gezeigt, daß ein Lesen- und Schreibenlernen nur mit Hilfe des Katechismus und der Bibel auf die Dauer ungenügend war. Aber was den Religionsunterricht betrifft, blieben Bibel, Kirchenlieder und Katechismus Hauptgegenstände.

In bezeichnendem Kontrast dazu werden in den Richtlinien von 1921 dem Lehrer die Behandlung religiöser Vorstellungen, christlicher Bräuche und Einrichtungen vorgeschrieben, so daß Bibel und Katechismus erst später eingeführt wurden (s. oben).

Wie schon erwähnt, nahmen Mythen und Lebensbeschreibungen im Dritten Reich einen großen Platz im Religionsunterricht ein. Das Alte Testament wurde nur in Ausschnitten unterrichtet und die Botschaft Christi stark verfälscht (s. oben, 2.7).

Ähnlich wie die Mythen werden die Märchen, die sich noch in den Lehrplänen nach dem Zweiten Weltkrieg finden, unter der *Evangelischen Unterweisung* aus dem Religionsunterricht entfernt.

Bei dem Vergleich der Stoffpläne von 1949 und 1961 im Fach *Evangelische Unterweisung* fällt zunächst eine Vermehrung des Stoffes im Plan von 1961 im ersten Schuljahr auf.

Zwar wird auch das Thema im Stoffplan von 1961: *Gott, unser Vater im Himmel*, vorgeschlagen, doch wird den Kindern ein wesentlich differenzierteres Gottesbild vermittelt als in den vorausgegangenen Richtlinien. So wird Gott als Schöpfer aller Dinge vorgestellt, der auch uns geschaffen hat. Dazu lernen die Kinder das 1. Gebot und den 1. Artikel in der *Evangelischen Unterweisung*.

Das Gebot wird mit dem Artikel begründet. D.h. das Kind erfährt die Gottheit Gottes durch sich selbst als Geschöpf Gottes und hat damit die Möglichkeit, auf Gottes Gebote zu hören. Hier wiederholt sich pädagogisch das Verhältnis von Indikativ und Imperativ, das bei R. Bultmann in seinem Werk *Theologie des NT* in § 59_1 beschrieben wird.

"Gott hat uns Eltern gegeben, denen gegenüber wir uns recht verhalten sollen.

---

[342] Der Lehrer "erteilt die Evangelische Unterweisung als Glied der evangelischen Kirche" Richtlinien für die Lehrpläne der sechsjährigen Grundschulen Schleswig-Holsteins, Ministerium für Volksbildung in Kiel (Hrsg.), Kiel 1949, S. 11.

Er ist allgegenwärtig und sorgt für uns. Dafür sagen wir ihm im Gebet Dank. Aber wir können ihm auch unsere Sorgen und Bitten sagen.
Der Sonntag als Tag Gottes ist dem Gottesdienst und Kindergottesdienst gewidmet. Dazu besuchen wir die Kirche und halten das 3. Gebot in rechter Weise.
Wir müssen lernen, daß das Böse uns versucht und Gott uns zur Überwindung des Bösen auffordert, aber er vergibt uns auch.
Wir sollen Gott für seine Gaben danken und sorgsam mit ihnen umgehen.
Gott nimmt die Toten in den Himmel.
Er schenkt uns seinen Sohn, Jesus Christus, der sich als Heiland offenbart."[343]
Während des ersten Schuljahres werden in der Evangelischen Unterweisungskonzeption schon die 10 Gebote besprochen. Ferner werden noch Lieder und Bibelsprüche eingeübt. Nun sind diese Themen aber nicht so zu verstehen, daß diese Themenfülle während des ersten Schuljahres ausreichend behandelt wird, sondern die Kinder sollen während ihrer gesamten Grundschulzeit diese Themen besprechen. Dabei bleibt die große Stoffülle bestehen, die in zwei Religionsstunden pro Woche abgehandelt werden soll. Haben doch die vorausgegangenen Bestimmungen bis zu den Richtlinien von 1939 mehr Religionsstunden vorgesehen (s. oben, 2.3).[344] Im zweiten Schuljahr beschränkt sich der Stoffplan auf Teile des Alten und Neuen Testaments, Gebete, Sprüche und Lieder. Die Teile des Alten Testaments in den Richtlinien von 1961 entsprechen denjenigen des Stoffplans von 1949 (s. oben).
Bei der Behandlung des Neuen Testamentes sind neue Geschichten aufgenommen: die *Gefangennahme* und *Kreuzigung Jesu, Ausblick auf Ostern* und die *Berufung der Jünger*. Dafür fehlt Marc. 10, 13-16, Jesus segnet die Kinder.[345]

---

343 Richtlinien für die Lehrpläne der Grundschulen Schleswig-Holsteins, Kultusminister des Landes Schleswig-Holstein (Hrsg.), Kiel 1961, S. 27f.

344 Die Ziele der Evangelischen Unterweisung sind in zwei Unterrichtsstunden pro Woche nicht zu erreichen. Hier zeigt sich wieder ein schultechnisches Grundproblem: Die qualitativen Maßstäbe werden höher gesetzt, aber die Stundenzahl sinkt. Damit wird ein Erfüllen der Maßstäbe erschwert, wenn nicht gar unmöglich.

345 Möglicherweise besteht zwischen dem Fehlen des *Kinderevangeliums* und der unter unten, Anm. 353, dargelegten Position Bohnes ein Zusammenhang. Zwar bietet Bohne Mk 18, 13-16 in seinem *Unterrichtswerk zum Neuen Testament* für den Unterricht an, weist aber ausdrücklich darauf hin, daß hier keine Geschichte für Kinder erzählt wird sondern der Segen Jesu im Vordergrund steht. G. Bohne/H.Gerdes, Unterrichtswerk zum Neuen Testament³, Bd. IV-V, Düsseldorf 1973, S. 77 ff.

Die Lieder des neuen Stoffplanes von 1961 sind bis auf vier Kinderlieder aus dem evangelischen Kirchengesangbuch entnommen. Im vorangegangenen Plan 1952 halten sich Kinderlieder und Lieder des Kirchengesangbuches die Waage.[346]

Auch die Richtlinien von 1961 zeigen wieder, daß sich die *Evangelische Unterweisung* an der Bibel, dem Katechismus und dem Gesangbuch orientiert. Die Übergewichtung des Neuen Testaments (s. oben) steht im Gegensatz zu den *Allgemeinen Bestimmungen* von 1872 und vor allem den *Stiehlschen Regulativen*. Der Grund für die Gewichtung könnte einmal ein verändertes Gottesbild sein. Der Gott des Alten Testaments wird häufig als richtender und strafender Gott gesehen, der unbedingten Gehorsam verlangt. Diese Sichtweise kommt natürlich dem Verständnis der damaligen Regierung entgegen, die den gehorsamen Untertanen benötigt.

Die Vernachlässigung des Alten Testaments im Dritten Reich hat - wie schon ausgeführt - andere Gründe (s. oben, 2.4).

In der *Evangelischen Unterweisung* scheint das Gottesbild von Jesus geprägt, den Schülern vorgestellt zu werden.[347] Gefragt ist jetzt das persönliche Verhältnis zu Gott, das uns von Jesus aufgezeigt wurde. Hier tritt der Begriff der persönlichen Entscheidung auf, der in den folgenden Kapiteln noch ausführlicher zu besprechen sein wird (s. unten, 3.2.5).

Im dritten Schuljahr fehlt im Stoffplan von 1949 das Alte Testament ganz. Dadurch rückt Jesus in den Mittelpunkt. Zwar heißt auch im Stoffplan von 1961 das Gesamtthema: *Der Heiland*, doch gibt es hier einige wenige Abschnitte des Alten Testaments. Die Richtung, die sich schon im zweiten Schuljahr andeutete, findet hier ihre Bestätigung.[348]

Einige Abschnitte, wie *der zwölfjährige Jesus im Tempel* und *die Berufung der ersten Jünger*, werden im Stoffplan von 1961 bereits im zweiten Schuljahr behandelt, während sie der Stoffplan von 1949 im dritten Schuljahr den Schülern vorgestellt wissen will.

---

346 Richtlinien für die Lehrpläne der Grundschulen Schleswig-Holsteins, Kultusminister des Landes Schleswig-Holstein (Hrsg.), Kiel 1952, S. 12ff.

347 Vgl. zum Gottesbild Jesu: Jürgen Becker, Johannes der Täufer und Jesus von Nazareth, in: Helmut Gollwitzer, Ferdinand Hahn, Hans-Joachim Kraus (Hrsg.), Biblische Studien, Heft 63, Neukirchen-Vluyn 1972.

348 Richtlinien für die Lehrpläne der Grundschulen Schleswig-Holsteins, Kultusminister des Landes Schleswig-Holstein (Hrsg.), Lübeck und Hamburg 1961, S. 29f.

Es stellt sich die Frage, ob der häufig aufgetretene Vorwurf gegen G. Bohne, die Entwicklung der Schüler zu vergessen, in dem frühzeitigen Einsatz verschiedener Abschnitte des neuen Testaments hier seinen Ursprung hat.
G. Bohne hat sich indirekt dazu in dem *Unterrichtswerk zum Neuen Testament* von Bohne/Gerdes geäußert (zu Bohne s. unten, 3.2.5):
"Erste Begegnung
oder
Wie die (späteren) Jünger zum Glauben an Jesus kommen, Joh. 1, 35-51
Zur Behandlung
In der Unterstufe: Erzählung: 'Wie die ersten Jünger zum Glauben an Christus kommen.' Nur Vers 35-42 erzählen, damit das Interesse nicht auf das Wunder gelenkt wird. Das Kind versteht den inneren Vorgang leicht, da es selbst den Weg vom Autoritätsglauben zur Begegnung und Erfahrung geht. Gespräch darüber nicht notwendig.
Die Geschichte macht die spätere Berufung der Jünger verständlich und verhindert das magische Mißverständnis von Mark. 1,16-20. Auch in der Mittelstufe steht noch der Vorgang, wie die Jünger zum Glauben an Christus kommen, im Mittelpunkt. Dazu vertiefendes Gespräch über den 'Weg zum Glauben', Offenbarung - Zeugnis - Autoritätsglaube - Erfahrung - Gewißheit. Wie steht es heute damit? Besinnung auf den eigenen Weg zum Glauben. Wer sind die (wirklichen) Zeugen? Wo findet sich der Glaube in seiner Betätigung?"[349]
In der Oberstufe sehen wir auch die literarische Form des Johannesevangeliums: Wie Johannes Geschichte (aber eben Geschichte) verdichtet zur theologischen Aussage. Diese Aussage ist 'geschichtlich wahr', ohne daß die Einzeltatsachen historisch sein müssen. Näher nachdenken über Vers 51: Was heißt es: durch Christus Zugang zu Gott haben (der Himmel offen) und durch ihn Kraftwirkungen Gottes (Engel) erfahren?"[350]

---

[349] Mit den Begriffen *Zeugnis* und *Offenbarung* wird das Zentrum des Selbstverständnisses G. Bohnes getroffen. *Offenbarung* erinnert dabei an den Offenbarungsansatz Karl Barths, während der Begriff *Zeugnis*, bzw. *Kerygma* Bultmann zuzuordnen ist. Die folgenden Begriffe *Autoritätsglaube* und *Erfahrung* sind dagegen genuin pädagogisch.
Bohne entnimmt seine Lernziele der Bibel: So wie die Jünger, sollen auch die Schüler zum Glauben kommen. Dabei bevorzugt er das Johannesevangelium wie auch Bultmann (vgl. Rudolf Bultmann, Theologie des NT^9, Tübingen 1984, § 41-§ 48).

[350] G. Bohne, H. Gerdes, Unterrichtswerk zum neuen Testament, Berlin und Schleswig-Holstein 1973, S. I/3f.
Bohne sieht die historische Wirklichkeit als Wirklichkeit des Menschen, der an "Raum, Zeit und Geschehen zwischen Ich und Du" gebunden ist. Die geschichtliche Wirklichkeit

Bohne zeigt durch dieses Zitat, daß die *Evangelische Unterweisung* nicht den Fehler des reinen Memorierens biblischer Stoffe wiederholt. Durch die Erzählung einzelner Verse kann auf den Verständnishorizont der Grundschüler eingegangen werden. Er zeigt aber auch, daß das Evangelium neu gesehen wird. Die Befragung der Jünger im Johannestext durch Jesus wird bei Bohne zur Entscheidung der Jünger für Jesus und damit für Gott.[351] Das Evangelium erhält in der *Evangelischen Unterweisung* eine neue Qualität. Es wird höher gehalten, als es bisher der Fall war. Die Entscheidung der Jünger soll zur Entscheidung der Schüler werden, und sie sollen wie die Jünger zu Gott kommen. *Bohne parallelisiert die Rolle der Jünger im NT mit der Rolle der Schüler in der Evangelischen Unterweisung.*

Die Entscheidung ist ein Kernbegriff der *Evangelischen Unterweisung*. So wird auch an Bibelstellen den Kindern deutlich gemacht, daß der einzelne sich heute im Schulunterricht für Gott entscheiden kann.[352]

Dieses geschieht nicht durch theologische Überlegungen, sondern durch eine geeignete Auswahl einiger Bibelstellen, die vom Lehrer kindgemäß erzählt werden.

---

dagegen einer biblischen Geschichte ist das "wirkliche Geschehen zwischen Mensch und Gott", in: G. Bohne, Das Wort Gottes und der Unterricht[3], Berlin 1964, S. 207f.
Geschichte ist für Bohne und Bultmann das, was die Entscheidung bringt. Dabei ruft das Kerygma den einzelnen zur Entscheidung und der einzelne reagiert auf diesen Ruf.
Die *historische* Wirklichkeit ist also *positivistisch* an der Tatsächlichkeit des Geschehens orientiert. Die *geschichtliche* Wirklichkeit dagegen resultiert aus der freien Entscheidung des Menschen, ist also kerygmatisch orientiert, (vgl. Hans-Theo Wrege, Wirkungsgeschichte des Evangeliums, Göttingen 1981, S. 96 ff und Martin Kähler, Der sogenannte historische Jesus und der geschichtliche, biblische Christus, Vortrag auf der Wuppertaler Pastoralkonferenz, Leipzig 1892).

351 G. Bohne äußert sich in seinem Buch: *Das Wort Gottes und der Unterricht* über den Begriff der *Entscheidung* ausführlich. Ein Zitat aus diesem Buch mag dieses verdeutlichen: "Darin liegt für Jesus, weil er den Menschen von Gott aus sieht, das Wesen des Menschen, daß er in der Entscheidung steht und seinen Wert erst erhält durch die rechte Entscheidung. So geht der Weg zu Gott also auch nicht durch Entfaltung, sondern durch Entscheidung." In: G. Bohne, Das Wort Gottes und der Unterricht, Berlin 1964[3], S. 137f.

352 Der Entscheidungsbegriff ist nach Bohne von Ch. Graf von Krockow in seinem Buch *Die Entscheidung*, Stuttgart 1958 und von R. Heidemann *Religionspädagogik, Pädagogik und Entscheidung*, Aachen 1988, kritisch reflektiert worden, wobei Heidemann über den Entscheidungsbegriff im Werk G. Bohnes schreibt. Ch. Graf von Krockow behandelt das Thema am Beispiel M. Heideggers, C. Schmitts und E. Jüngers und verbindet den Entscheidungsbegriff mit präfaschistischen Zügen.

Das Zitat zeigt aber auch sehr gut, wie die Schüler mit wachsendem Alter in einer ihrer jeweiligen Entwicklung angepaßten Stufe zum Evangelium geführt werden. Bohne kennt die Entwicklung des Kindes und nutzt sie für seinen Unterrichtsvorschlag.[353]
Bei der Umsetzung der Vorschläge Bohnes wird deutlich, daß der Lehrer zunächst einmal über umfassende Bibelkenntnisse verfügen muß. Eine Synopse der Evangelien ist für den erfolgreichen Unterricht unerläßlich, um die biblische Begebenheit darzulegen, daß der Schüler sich - wie die Jünger - zum Glauben entscheiden kann. Doch das genügt noch nicht. Auch die Umwelt Jesu darf dem Lehrer nicht unbekannt sein. Viele Handlungen Jesu erscheinen ohne diese Kenntnis unverständlich, wie zum Beispiel das *Ährenraufen am Sabbat*, die *Fußwaschung* etc.. Für den Lehrenden besteht die Spannung darin, daß der Religionsunterricht "*Religions*unterricht sein will und doch zugleich Religions*unterricht* ist."[354] Der Lehrer muß den Kindern das Evangelium nahebringen und darf doch nicht ein Evangelium für Kinder schaffen. Dieses könnte leicht geschehen, wenn die Entwicklungspsychologie im Religionsunterricht die Oberhand gewönne. So setzt Bohne Prioritäten für die Entscheidung. In der Entscheidung ist die Einheit von Bibelverständnis und Pädagogik gegeben, so daß die Einheit seines Bibelverständnisses nicht angegriffen wird.[355]
Über das spannungsreiche Verhältnis gibt ein Zitat von G. Bohne jedoch Aufschluß: "Das Ziel eines evangelischen Religionsunterrichts, der mit Bewußtsein in der lebendigen Spannung zwischen der menschlichen und der göttlichen Wirklichkeit stehen will, kann es nur sein, daß er das ihm aufgetragene Wort

---

353 "Das heißt aber nicht, daß wir den Stoff in einen kindesgemäßen und nicht kindesgemäßen nach psychologischen Grundsätzen aufteilen. Das Evangelium ist nirgends kindesgemäß. Vielmehr ist hier nur gemeint, daß aus der Fülle des gesamten Gotteswortes, von dem grundsätzlich kein Teil dem Kinde vorenthalten werden soll, in lebendigem Bezug nur das dem Kinde gegeben wird, was es unmittelbar angeht." In: G. Bohne, Das Wort Gottes und der Unterricht³, Berlin 1964, S. 210. Diese an Barth orientierte Aussage hindert Bohne nicht, daß Evangelium kindgemäß zu erzählen (s. unten, 3.2.5).
Paul Tillich führt die Debatte weiter: Das Evangelium ist nirgends kindgemäß. Die Einheit Evangelium-Kind und Evangelium-Mensch darf nicht auseinandergerissen werden. Damit spielt der Entscheidungsbegriff bei Tillich nicht die Rolle wie bei Bohne. Bohne lehnt eine Einheit Evangelium-Mensch ab. G. Adam/R. Lachmann (Hrsg.) Religionspädagogisches Kompendium³, Göttingen 1990, S. 62f.

354 G.Bohne, Das Wort Gottes und der Unterricht, Berlin 1964³, S. 71.

355 ebenda, S. 70 ff.

Gottes dem jungen, werdenden Menschen in menschlicher Lebendigkeit und steter psychologischer Anknüpfung an seine Entwicklung sagt und ihn dadurch in die Entscheidung vor Gott stellt oder doch ruft." Bohne äußert sich in zwei Richtungen, einerseits betont er die psychologische Anknüpfung auf S. 107 seines Werkes *Das Wort Gottes und der Unterricht* wie das vorangegangene Zitat zeigt, andererseits formuliert er nur eine Seite später: "Damit wird er (der Religionsunterricht) in einem besonderen Sinne nun allerdings die *große Störung* der Entwicklung." Hier hat Bohne offensichtlich an Karl Barth und seine Schriften gedacht, so daß man von einer Spannung im Werk Bohnes sprechen muß.[356]
Weiter heißt es: "Diese Bedingungen aber werden gefunden durch eine psychologische und existentielle Untersuchung kindlichen Seins, von der aus dann unmittelbar erkennbar wird, warum die Begegnung mit Gott und die Entscheidung vor ihm gerade in dieser Form sich spiegelt."[357] Auch hier wird wieder deutlich, daß Bohne sich zu dieser seiner eigenen Aussage in Spannung setzt, wenn er die Entscheidung des jungen Menschen vor Gott alsbald (Das Wort Gottes und der Unterricht, S. 108) als "die große Störung" der Entwicklung bezeichnet.
Der Lehrer, der *Evangelische Unterweisung* unterrichtet, muß fachlich und pädagogisch sehr gut ausgebildet sein, um die Forderungen Bohnes zu erfüllen.
Im vierten Schuljahr gleichen sich die Stoffpläne von 1949 und 1952 in vielen Punkten (s. oben, 2.8). Beide verzichten auf das Alte Testament, beide empfehlen den Bezug zur Heimatkunde in diesem Schuljahr. Lediglich bei den Gebeten und Sprüchen ist der Stoffplan von 1949 ausführlicher.[358]
1975 tritt ein neuer Lehrplan für die Grundschule in Schleswig-Holstein in Kraft. In den Richtlinien für den evangelischen Religionsunterricht in der Grundschule werden in sieben Abschnitten die Aufgaben des evangelischen Religionsunterrichts und seiner allgemeinen Lernziele beschrieben.[359]

---

356 G.Bohne, Das Wort Gottes und der Unterricht, Berlin 1964³, S. 108. Obgleich Bohne nicht so zu verstehen ist, daß er lediglich "aus der dialektischen Theologie die pädagogischen Folgerungen" zieht. Als Beweis kann die Ablehnung seiner pädagogischen Gedanken durch Karl Barth gelten. Hans Bernhard Kaufmann (Hrsg.), Gerhard Bohne Erziehung ohne Gott, Neukirchen-Vluyn 1995, S.125.

357 G. Bohne, Das Wort Gottes und der Unterricht, Berlin 1964³, S. 107 und 144.

358 Richtlinien für die Lehrpläne der sechsjährigen Grundschulen Schleswig-Holsteins, Ministerium für Volksbildung in Kiel (Hrsg.), Kiel 1949, S. 16f.

359 Lehrplan in Schleswig-Holstein, Kultusminister Schleswig-Holstein (Hrsg.), Kiel 1975, S.1f.

Der Name des Faches hat sich also geändert. Mit dieser Änderung werden neue Ansprüche an das Fach gestellt, wie sich auch in den Aufgaben und Lernzielen zeigt.
Aufgabe des Religionsunterrichtes ist nicht mehr primär "dem Kinde zu helfen, auf Gottes Wort zu hören"[360], sondern den "heranwachsenden Menschen zu befähigen, sein Grundrecht auf religiöse Überzeugung und deren Äußerung mit Wort und Tat wahrzunehmen."[361]
Das Hineinwachsen in die Gemeinde fehlt in den neuen Richtlinien von 1975. Der Religionsunterricht hat sich von einer strengen Anbindung an die Kirche entfernt.[362] Eine soziale Grundstimmung tritt in den Vordergrund. Die 3. Welt und Fremdreligionen werden mit einbezogen.
So wird in Punkt 1.3 der Richtlinien von 1975 im christlichen Glauben eine prägende Kraft der Vergangenheit und Gegenwart gesehen, die nicht das Kind und seine Entscheidung für das Evangelium Jesu Christi in den Mittelpunkt stellt, sondern seine Einbettung in soziale und kulturelle Zusammenhänge.[363]
Ferner wird in Punkt 1.4. das soziale Anliegen mit biblischen Themen zusammengeführt, um die "Verantwortung für Mitmenschen und Umwelt" anzusprechen.[364]
Die Bibel ist in diesem Augenblick nicht Verkündigung sondern Lehrmittel, um die o.a. sozio-kulturellen Lernziele zu erreichen.
Punkt 1.5 spricht die affektiven, sozialen und kognitiven Kräfte der Schüler an, die es zu entwickeln gilt.[365] Dieses Lernziel könnte ohne die folgende Erklärung für

---

360 Richtlinien für die Lehrpläne der Grundschulen des Landes Schleswig-Holstein, Kultusminister des Landes Schleswig-Holstein (Hrsg.), Lübeck und Hamburg 1961, S. 9.

361 Lehrplan in Schleswig-Holstein, Kultusminister Schleswig-Holstein (Hrsg.), Kiel 1975, S.1.

362 Es ist nicht zufällig, daß der Kirchenbezug im neuen RU immer wieder diskutiert wird, da der RU in das Bildungs- und Erziehungswesen der Schule stärker eingebettet wird. Damit ist der Gemeindebezug, wie er sich in der EU (s. oben, 2.9) findet, nicht mehr Gegenstand der schulischen Bildungs- und Erziehungsziele.

363 Lehrplan in Schleswig-Holstein, Kultusminister Schleswig-Holstein (Hrsg.), Kiel 1975, S.1.

364 ebenda, S. 2.

365 1) Dadurch wird deutlich, daß die Curriculumtheorie auch im Fach Religion im Lehrplan angewandt wird. (Klaus Westphalen, Praxisnahe Curriculumentwicklung, Donauwörth[8], 1980, S.43ff).
2) Damit wird der RU *nivelliert*, denn globale Lernziele können auch durch andere Fächer abgedeckt werden, wie z.B. durch Heimat- und Sachunterricht. RU ist durch die Aufgabe,

jedes Fach gelten. Darum stehen in den Erklärungen an erster Stelle die Gesellschaft und die wissenschaftliche Forschung, während in der Zeit der *Evangelischen Unterweisung* Offenbarung und Glaubensentscheidung an 1. Stelle stehen.[366]
An die Stelle des Gemeindebezugs tritt der soziale Bezug, Religion dient zur Lebensbewältigung. So wie der Religionsunterricht im schulischen Rahmen den Schüler für gesellschaftliche und ökologische Aufgaben heranzieht, so stellt auch die Denkschrift der EKD *Evangelische Kirche und freiheitliche Demokratie* von 1985 den Christen als Bürger in den demokratischen Prozeß hinein.
In der Einleitung heißt es: "Christen nehmen *als Bürger* unseres Staates am demokratischen Prozeß mitverantwortlich und mitbetroffen teil."[367]
Der Religionsunterricht bearbeitet insofern die Themen der Kirchen und der Gesellschaft. Die Thesen Hans-Bernhard Kaufmanns von 1966 zeigen ihre Wirkung auch in den Lehrplänen: "Es ist an der Zeit, Ort und Auftrag des Religionsunterrichts an unseren Schulen pädagogisch, theologisch und gesellschaftspolitisch (Unterstreichung vom Verfasser) neu zu konzipieren und dabei zu beachten, was an Einsichten an anderer Stelle in der Diskussion um eine zeitgemäße Theorie der Schule vorgelegt worden ist." [368]
Dabei wird besonders der Technisierung der Umwelt und den wirtschaftlichen Verflechtungen auf dem Weltmarkt im neuen Lehrplan Rechnung getragen:
"1.7 Das zunehmende Zusammentreffen mit Menschen anderer Religionsgemeinschaften sowie die Erkenntnis, daß viele Konflikte im personalen und politischen Bereich ihre Ursache im Nichtkennen und Nichtverstehen des anderen haben, machen auch den Dialog mit fremden Religionen, Weltdeutungen und Normsystemen zu einer wichtigen Aufgabe des evangelischen Religionsunterrichts."[369]
Die Aufgaben und Ziele des Religionsunterrichtes haben sich also erweitert und ausgedehnt. Es ist hier deutlich ein Zusammenhang zwischen Religion und gesell-

---

die affektiven, sozialen und kognitiven Kräfte der Schüler zu entwickeln, in diesem Punkt den anderen Fächern gleichgestellt.

366 Lehrplan in Schleswig-Holstein, Kultusminister Schleswig-Holstein (Hrsg.), Kiel 1975, S.1.

367 Kirchenamt im Auftrag des Rates der Evangelischen Kirche in Deutschland (Hrsg.), Evangelische Kirche und freiheitliche Demokratie, eine Denkschrift der Evangelischen Kirche in Deutschland, Gütersloh 1985, S. 11.

368 D. Stoodt, Arbeitsbuch zur Geschichte des evangelischen Religionsunterrichts in Deutschland, München 1985, S. 391.

369 Lehrplan in Schleswig-Holstein, Kultusminister Schleswig-Holstein (Hrsg.), Kiel 1975, S.2.

schaftlicher, wirtschaftlicher sowie politischer Entwicklung zu erkennen.[370] Damit wird der ohnehin schon umfangreiche Stoff des Faches Religion erweitert. Das Fach teilt das Schicksal anderer Schulfächer, die vor ähnliche Probleme gestellt werden. Wie z.b. die Computerentwicklung, die ihren Eingang in der Schule im Fach Mathematik findet.
Die Stundenzahl wird nicht erhöht, nur die Stoffülle wächst. Im folgenden Vergleich der Inhalte des Religionsunterrichtes von 1961 und 1975 wird sich zeigen, ob eine vernünftige Lösung des Problems gefunden werden konnte.
Was der Lehrplan von 1975 als *Themen- und Lernzielübersicht* bezeichnet, wird 1961 noch *Stoffauswahl* genannt.
Es fällt zunächst auf, daß die Themen- und Lernzielübersicht von 1975 wesentlich ausführlicher und damit eventuell auch einengender als die *Stoffauswahl* von 1961 ist.
Neben einer Übersicht über die Themen des 1. Schuljahres stehen - im Lehrplan von 1975 - die dazugehörigen Lernziele.[371]
Es folgen ausführliche Erläuterungen zu den einzelnen Themen, die aus Teilzielen, Inhalten und Hinweisen bestehen. Es wird jeweils auch ein biblischer Begründungszusammenhang gegeben.[372]
Im Vergleich zum Stoff des 1. Schuljahres im Lehrplan von 1961 fällt der Einstieg sofort auf. Während im alten Plan Gott als Schöpfer aller Dinge am Anfang steht, beginnt der neue Lehrplan "Das bin ich".[373] Wird also in der *Evangelischen Unterweisung* von Gott ausgegangen, so wird im *Religionsunterricht* vom Kinde ausgegangen, Das Kind soll lernen, sich besser zu verstehen, damit es auch andere (an)erkennen kann.
Trotz dieser Unterschiede zwischen den Richtlinien von 1961 und dem Lehrplan von 1975 gibt es durchaus auch Berührungspunkte. Die Themen: *Wir feiern Weihnachten, Menschen reden von Gott, Mein und Dein, Die Kirchenglocken läuten,*

---

370 Während die EU bei Gerd Bohne auf die Entscheidung *des einzelnen* abhebt, faßt der RU der Ära nach Bohne nicht den einzelnen, sondern das Glied der Gesellschaft ins Auge. Zur Problematik siehe M. Theunissens Artikel zum Ich-Du-Verhältnis im HWPh, Joachim Ritter, Karlfried Gründer (Hrsg.), Bd. 4, Basel 1976, Sp. 19ff.

371 Lehrplan in Schleswig-Holstein, Kultusminister Schleswig-Holstein (Hrsg.), Kiel 1975, S.12.

372 ebenda, S. 12 ff.

373 ebenda, S. 12.

Vom Beten, Vom Feiern und Fröhlichsein, finden sich in ähnlicher Form auch schon im Plan von 1961.[374]

Das Thema: *Wer war Jesus,* wird auch in den Richtlinien von 1961 behandelt. Es zeigen sich aber doch Unterschiede. Während in der *Evangelischen Unterweisung* an erster Stelle steht: "Jesus Christus offenbart sich als Heiland", heißt es im Lehrplan von 1975: "Jesus als einen Menschen kennenlernen, der sich den Menschen als Freund und Bruder zuwendet und ihnen die Liebe Gottes zeigt."[375] Lehrpläne reagieren erstaunlich schnell kompetent und sensibel auf die Verschiebung der theologischen Fragestellung, die kerygmatische Offenbarungstheologie wird abgelöst von dem *irdischen* Jesus.[376]

Anhand der Lehrpläne läßt sich also auch eine Veränderung des Jesusbildes verdeutlichen: Jesus verändert sich vom Heiland, der uns in seiner Gottesnähe fremd ist, zu unserem Mitbruder. Diese Entwicklung ist nun nichts Neues, sie ist schon bei den *Stiehlschen Regulativen* und den *Allgemeinen Bestimmungen* von Adler (z.B. *Jesus als Vorbild*) zu finden, wie im vorangegangenen gezeigt wurde. (s. oben, 1.8 und 2.1).

Der *Religionsunterricht* hat, wie schon erwähnt, nicht mehr nur die Aufgabe der Verkündigung. Im ersten Schuljahr finden sich unter dem Thema: *Ich habe Verantwortung für Dinge und Lebewesen,* folgende Inhalte: "Umgang mit Schulbrot, Kleidung und Ausrüstung, Spielzeug und Schulsachen, Sauberkeit auf Spielplätzen, Pflanzen und Tiere sind Lebewesen und brauchen Rücksichtnahme und Pflege."[377]

Der *Religionsunterricht* übernimmt hier Inhalte, die sich durchaus auch im Rahmen des Heimat- und Sachkundeunterrichts behandeln ließen. Es bleibt abzuwarten, ob der Religionsunterricht sich in der weiteren Entwicklung dieser Themen weiter annehmen wird. In den neueren Religionsbüchern zeigt sich in zunehmenden Maße

---

374 Richtlinien für die Lehrpläne der Grundschulen des Landes Schleswig-Holstein, Kultusminister des Landes Schleswig-Holstein (Hrsg.), Lübeck und Hamburg 1961, S. 27ff.

375 Lehrplan in Schleswig-Holstein, Kultusminister Schleswig-Holstein (Hrsg.), Kiel 1975, S.16.

376 Jürgen Roloff, Das Kerygma und der irdische Jesus, Göttingen 1970, S. 9ff; H. Ristow, K. Matthiae (Hrsg.), Der historische Jesus und der kerygmatische Christus, Berlin 1960, S. 12-26, 87-93, 115-121, 208-219, 233-236.

377 Lehrplan in Schleswig-Holstein, Kultusminister Schleswig-Holstein (Hrsg.), Kiel 1975, S.22.

eine Ausrichtung auf biblische Inhalte.[378] Die Richtlinien haben sich noch nicht geändert.

Auch in der 2. Klasse finden sich einige Ähnlichkeiten: *Die Josephsgeschichte, Weihnachten, Jesu Passion* und *Ostern* sind Themen, die in den Richtlinien von 1961 und dem Lehrplan von 1975 behandelt werden. Neben den biblischen Themen sind im neuen Lehrplan von 1975 wieder Themen aus dem sozialen Bereich wie z.B.: "Ich habe (k)einen Freund. Vertrauen und Mißtrauen. Familie und Arbeitswelt."[379]

Daneben werden Themen des ersten Schuljahres weitergeführt, *Ich habe Verantwortung für Mitmenschen* und *Wo Christen sich versammeln*, die schon im ersten Schuljahr in ähnlicher Form behandelt wurden.

Das zweite Thema behandelt verschiedene Gottesvorstellungen. Lernziel ist hier: "Voraussetzungen für ein sachgemäßes Reden von Gott zu gewinnen."[380]

In der Evangelischen Unterweisung ist von 'sachgemäßem Reden' von Gott nichts zu finden. Hier wird nicht von Gott geredet, sondern Gott redet uns an. Wir können uns anreden lassen und entscheiden. Im Lehrplan von 1975 steht - wie bereits erwähnt - das Kind im Mittelpunkt. Von ihm aus werden die einzelnen Themen aufgebaut

Das Wort 'sachlich' im Zusammenhang mit Reden von Gott zeigt ebenfalls, daß die Lehrpläne immer ein Spiegel der Gesellschaft sind. In den siebziger Jahren ist zweifellos ein Trend zu finden, der zu mehr Wissenschaftlichkeit auch im Bereich der Religion hinweist. Betrachtet man die Zunahme der Menschen, die sich Sekten, Okkultismus, schwarzer Magie und ähnlichem zuwenden, stellt sich die Frage, ob sich jetzt eine Abkehr von dem rein rationalen Denken vollzieht und der emotionale Bereich wieder mehr Bedeutung erlangt.[381] Hier können eventuell Untersuchungen in Pädagogik und Psychologie weiterhelfen. In dem Lehrplan zeigt sich verständlicherweise diese Beobachtung noch nicht.

---

378 So stehen in *Licht auf unserem Weg*, Bagel Verlag 1987, acht biblischen Themen fünf nichtbiblische entgegen.
Dies mag damit begründet sein, daß sich die gegenwärtige Bibelwissenschaft in erheblichem Maße den gegenwärtigen Problemen geöffnet hat, so daß die Brücke vom problemorientierten RU zur Bibel leichter zu schlagen ist.

379 Lehrplan in Schleswig-Holstein, Kultusminister Schleswig-Holstein (Hrsg.), Kiel 1975, S.27.

380 ebenda.

381 H. J. Geppert, Götter mit beschränkter Haftung, München 1985, S. 24ff und Reinhard Hummel, Gurus in Ost und West, Stuttgart 1984, S. 20ff.

In den Richtlinien von 1961 und dem Lehrplan von 1975 werden also auch im zweiten Schuljahr die unterschiedlichen Voraussetzungen des Religionsunterrichts deutlich.

Jesus und *Abraham* sind Themen, die in den Richtlinien von 1961 und dem Lehrplan von 1975 im 3. Schuljahr behandelt werden. Die Richtlinien von 1961 weiten die vorausgegangenen Themen aus und bringen sie in engen Zusammenhang mit dem Kirchenjahr.[382]

Auch im neuen Plan werden Bezüge zu vorausgegangenen Themen hergestellt. Die eben problematisierte Sachbezogenheit des Lehrplans von 1975 wird an Themen wie "von der Bildsprache des Religiösen" und "Umwelt Jesu" deutlich.[383]

Hier setzt sich fort, was schon im Ziel des 1. Schuljahres *Jesus als einen Menschen kennenlernen, der sich den Menschen als Freund und Bruder zuwendet, und ihnen die Liebe Gottes zeigt*, angedeutet wird.

Thema 8: "Gewalt, Gewaltlosigkeit, Frieden" erinnert stark an den Lehrplan für die Grundschule von 1946. Damals waren der verlorene Krieg und die Schreckensherrschaft der Nazis Anlaß für die Betonung der Gewaltlosigkeit und des Friedens auch im Lehrplan. Für die Inhalte im Lehrplan von 1975 könnten die Ereignisse von 1968 verantwortlich sein. In Woodstock zeigte die studentische Jugend unter dem Eindruck des Vietnamkrieges eine Friedenssehnsucht und Gewaltverurteilung für eine bessere, friedliche, atomwaffenfreie und sozial gerechtere Gesellschaft. Diese Gedanken übertrugen sich auf die führenden Studentenvertreter der damaligen Bundesrepublik Deutschland wie Rudi Dutschke, Fritz Teufel, Rainer Langhans, Uschi Obermeier und andere und führten zu den Unruhen an den Universitäten von 1968, die sich auf die gesamte Gesellschaft ausweiteten.

Während im vierten Schuljahr die Richtlinien von 1961 das Kirchenjahr in den Vordergrund stellen, finden sich im Lehrplan von 1975 drei größere Bereiche: Fremdreligionen, Kirchengeschichte und Jesus.[384]

Die Tendenz des dritten Schuljahres setzt sich fort. An den einzelnen Themen läßt sich wieder eine Hinwendung zur Wissenschaftlichkeit erkennen, soweit das im Rahmen der Grundschule möglich ist.

---

382 Lehrplan in Schleswig-Holstein, Kultusminister Schleswig-Holstein (Hrsg.), Kiel 1975, S.42.

383 ebenda.

384 ebenda, S. 57.

Im 11. Thema wird z.B. die Entstehung der Bibel als Schriftensammlung behandelt mit dem Lernziel: "Erkennen, daß die Bibel eine Sammlung vieler Schriften ist, in denen Erfahrungen des Glaubens und Bekenntnisse aus verschiedenen Zeiten aufgezeichnet sind."[385]

Zum Vergleich noch einmal ein Zitat aus dem Lehrplan von 1961: "Aufgabe der EU ist es, dem Kinde zu helfen, auf Gottes Wort zu hören, wie es im Evangelium von Jesus Christus zu uns gekommen ist."[386]

Die Stellung der Bibel ist 1961 in deutlichem Unterschied zum vorausgegangenen Lernziel von 1975 zu erkennen (Thema 11).

Auch der Unterschied zwischen biblischem Schöpfungsglauben und naturwissenschaftlichen Theorien der Weltentstehung, den die Kinder kennenlernen sollen, unterstreicht wieder den gewandelten Religionsbegriff (Lehrplan in Schleswig-Holstein, Kultusminister Schleswig-Holstein (Hrsg.), Kiel 1975, S. 61).

Die Zahl der sozialen Themen nimmt im vierten Schuljahr nur einen geringen Raum ein. So wird z.B. das Thema: "Ordnungen - Freiheiten - Konflikte" behandelt.[387]

Es besteht noch ein weiterer großer Unterschied zwischen den beiden Lehrplänen, der wieder die Ablösung des Religionsunterrichts von der Kirche zeigt. Waren im alten Plan die Lieder fast überwiegend aus dem Kirchengesangbuch gewählt, so sind im neuen Plan kaum Lieder aus diesem Gesangbuch zu finden. Da nach wie vor in den Gottesdiensten die Lieder des Gesangbuches gesungen werden, bedeutet es für die Kinder bei einem Besuch in der Kirche keine große Hilfe, wenn sie mit dem Liedgut nicht vertraut sind.

Die Gründe, die die Verfasser des neuen Lehrplans bewogen haben könnten, andere Lieder in den Unterricht aufzunehmen, liegen sicherlich in der Fremdheit der alten Lieder. Für die Schülerinnen und Schüler bieten die neuen Lieder einen kindgemäßen Zugang zu den Inhalten des Religionsunterrichts. Ob die Neuausgabe des EKG diesem Defizit Rechnung trägt, bleibt abzuwarten.

In der Überarbeitung des Lehrplans für Grundschulen und Vorklassen von 1978 finden sich im Fach Religion bis auf das vierte Schuljahr keine Veränderungen. Die Themen 5, 6 und 7 des Lehrplans von 1978 stimmen nur noch bedingt mit denen

---

385 ebenda, S. 42.

386 Richtlinien für die Lehrpläne der Grundschulen des Landes Schleswig-Holstein, Kultusminister des Landes Schleswig-Holstein (Hrsg.), Lübeck und Hamburg 1961, S. 9.

387 Lehrplan in Schleswig-Holstein, Kultusminister Schleswig-Holstein (Hrsg.), Kiel 1975, S.57.

des Lehrplans von 1975 überein. Die Figur des Petrus wird nicht mehr so stark herausgehoben. An seine Stelle treten politische und religiöse Gruppen zur Zeit Jesu. Das Ostergeschehen als entscheidendes Ereignis für die Bildung einer Urgemeinde faßt das Thema 7 des alten Lehrplanes von 1975 differenzierter. Das Wort *Passion*, das im Lehrplan von 1975 steht, ist im folgenden durch *Weg Jesu in den Tod* ersetzt worden.[388]

Die Zeit der lange gültigen Lehrpläne scheint vorüber zu sein. Das Tempo der gesellschaftlichen Veränderungen überträgt sich auch auf die Lehrpläne.[389] Der Zusammenschluß von DDR und Bundesrepublik Deutschland wird sicher auch auf die Lehrplanarbeit, besonders im Fach Religion, Auswirkungen haben, da die rechtliche Situation des Religionsunterrichts in beiden Systemen grundverschieden war.[390]

2.9 Die Volksschuloberstufe/Hauptschule

1949 beträgt die Grundschulzeit noch sechs Jahre (s. oben, 2.8). Die Richtlinien für das 5. und 6. Schuljahr sind somit den Grundschulrichtlinien von 1949 zugeordnet. Beide Schuljahre werden im Fach Religion als Einheit aufgefaßt und nicht unterteilt. Hier ergibt sich eine ähnliche Struktur wie bei der heutigen Orientierungsstufe. Jedoch ist bei den Richtlinien von 1949 das 5. und 6. Schuljahr keine selbständige Stufe, sondern - wie o.a. - der Grundschule zugehörig.

Aus dem Alten Testament wird die *Urgeschichte*, die bereits im 2. Schuljahr behandelt wurde, wiederholt und in einen höheren Zusammenhang gestellt.[391] Das 2. alttestamentliche Thema ist *Abraham*. *Moses und die Richter*, *Könige und Propheten* und *Messianische Weissagungen* ergänzen den alttestamentlichen Teil der Richtlinien von 1949.[392]

---

388 Lehrplan für Grundschule und Vorklasse in Schleswig-Holstein, Kultusminister Schleswig-Holstein (Hrsg.), Kiel 1978, S. 56.

389 Näheres zu diesem Thema findet sich in der Arbeit von St. Hopmann, Lehrplanarbeit als Verwaltungshandeln, Kiel 1988.

390 Zu dieser Problematik und ihren Auswirkungen verweise ich auf M. Heckel, Die Vereinigung der evangelischen Kirchen in Deutschland, in: JUS Ecclesiasticum, Bd. 40, Tübingen 1990.

391 Richtlinien für die Lehrpläne der sechsjährigen Grundschulen in Schleswig-Holstein, Ministerium für Volksbildung in Kiel (Hrsg.), Kiel 1949, S. 17.

392 ebenda, S. 18.

Das Neue Testament nimmt einen breiten Raum ein (s. oben, 2.8). Der Weg Jesu und seine Worte und Werke stehen im Vordergrund. Der Katechismus behauptet noch seinen Platz in der Schule. Allerdings ist er in seinem Umfang stark eingeschränkt. Das 1. Hauptstück soll mit, das 2. Hauptstück ohne Erklärung auswendig gelernt werden. (s. oben, 2.8).

Jeweils für das 5. und 6. Schuljahr sind unterschiedliche Sprüche ausgewählt. Im 5. Schuljahr wurden sie aus dem Alten Testament, im 6. Schuljahr aus dem Neuen Testament ausgesucht.

Für das 5. Schuljahr sind 12 Lieder vorgesehen, die vorwiegend weihnachtlichen Charakter haben.[393]

Die Richtlinien für das 7. - 9. Schuljahr erscheinen erst 1950. Sie sind nicht so detailliert aufgebaut wie die Richtlinien für das 5. und 6. Schuljahr von 1949.

Die Kinder sollen mit den "Quellen des christlichen Glaubens (Evangelien, Briefe der Apostel)"[394] vertraut gemacht werden.

Entstehung und Entwicklung der Kirchen sind ebenfalls Gegenstand des *Religionsunterrichtes*. Aber auch religiöse Probleme der Gegenwart sollen im Unterricht erörtert werden.[395]

Im 7. Schuljahr werden als Thema die *Ausbreitung des Christentums* und die *Entstehung der Kirchen bis zum Mittelalter* behandelt.[396]

Im 8. Schuljahr ist *Luther und die Reformation* neben *kirchlichen Lebensbildern (Francke, Wichern, Sieveking, Schweitzer u.a.)* und *christliche Kunst, Musik und Dichtung* Unterrichtsgegenstand.[397]

Das 9. Schuljahr befaßt sich zunächst mit dem *Leben und der Lehre Jesu* und dann mit der *Bewährung des Christenmenschen in der Welt*. Damit wird ein Bezug zur Arbeitswelt hergestellt, doch geschieht dieser Bezug allein unter dem christlichen

---

393 ebenda, S. 20.

394 Richtlinien für die Lehrpläne der Oberstufe (7. bis 9. Schuljahr) der Volksschule Schleswig-Holsteins, Ministerium für Fortbildung in Kiel (Hrsg.), Kiel 1950, S. 12.

395 Richtlinien für die Lehrpläne der sechsjährigen Grundschulen in Schleswig-Holstein, Ministerium für Fortbildung in Kiel (Hrsg.), Kiel 1950, S.12.

396 ebenda.

397 ebenda, vgl. auch oben, Anm. 75 (Beruf), oben, 2.6 (Arbeitswelt) und unten, Anm. 485 (Bildung).

Gesichtspunkt (s. oben, Anmerk. 745 *Beruf,* oben, 2.6 *Arbeitswelt,* unten, Schluß-bemerkung *Bildung* meiner Arbeit).[398]

Als Lehrstoff sind *2. und 3. Hauptstück mit Erklärungen, Sprüche im Anschluß an das Bibellesen* und *Wochenlieder der Kirche* ausgewiesen.[399]

Die Richtlinien von 1950 lassen dem Lehrer viel Freiheit. Die jeweiligen Themenbereiche können vom Religionslehrer nach seinen Vorstellungen mit Inhalten gefüllt werden. Bei den Lernstoffen zeigt sich noch ein enger Bezug zur Kirche: Katechismus und Wochenlieder erleichtern dem Schüler das Zurechtfinden im Gottesdienst.

1954 treten die ersten Richtlinien für die Lehrpläne des 5. bis 9. Schuljahres der Volksschulen des Landes Schleswig-Holstein in Kraft. Sie lösen die Richtlinien für das 5. und 6. Schuljahr vom Mai 1949 und für das 7. bis 9. Schuljahr vom Mai 1950 ab.

Die Volksschule gliedert sich seit 1954 in einen vierjährigen Grundschulteil und die vier- bis fünfjährige Oberstufe der Volksschule.

Die Aufgabe der Volksschule ist es nunmehr, "den jungen Menschen durch Lehre und Schaffen, durch Schauen und Hingabe, durch Spiel und Feier so zu bilden, daß er später als gläubiger, sittlicher, als selbstverantwortlicher und gemeinschaftsverbundener, als arbeitsfähiger und arbeitswilliger Mensch sein Leben zu gestalten vermag.

... So erfährt der junge Mensch in einem übersichtlichen und überschaubaren Bereich, was *Demokratie als Lebensform* heißt."[400]

Das Erziehungsziel der Oberstufe der Volksschule ist also an erster Stelle der gläubige Mensch, sofern er sich in sittlicher Verantwortung in die Gegenwartsbezüge einbinden läßt. Allerdings wird nicht der christliche Mensch, sondern der gläubige Mensch genannt und damit eine Festlegung vermieden. In den Richtlinien von 1954 wird außer der *Evangelischen Unterweisung* nur noch der katholische Religionsunterricht genannt, so daß Religion im Rahmen des Artikels 7 Abs. 3 GG nur von Religionsgemeinschaften vertreten wird, die den Status einer Körperschaft des öffentlichen Rechts haben.[401]

---

398 ebenda.

399 ebenda.

400 Richtlinien für die Lehrpläne des 5. bis 9. Schuljahres der Volksschulen des Landes Schleswig-Holstein, Kultusminister des Landes Schleswig-Holstein (Hrsg.), Kiel 1954, S. 7.

401 Der Artikel 7 Abs. 3 GG muß im Verhältnis zu Artikel 4 Abs. 1 GG gesehen werden. Hier wird deutlich, daß der Staat sich mit keiner glaubensmäßigen oder weltanschaulichen Auf-

Die *Evangelische Unterweisung* hat das Ziel, "die Jugend heranzuführen zum Glauben an Gott, den Vater und an Jesus Christus, den Heiland und Erlöser, zu einem Leben mit und unter Gott".[402]
Dieses Ziel ist kein abprüfbares Lernziel und zeigt die hohen Ansprüche, die die *Evangelische Unterweisung* an Lehrer und Schüler gleichermaßen stellt.
Stoffquellen des Unterrichts sind - wie schon in der Grundschule - die Bibel, der Lutherische Katechismus, das Gesangbuch und die Kirchengeschichte. Die Schüler sollen am Ende ihrer Schulzeit in der Lage sein, auch die verschiedenen Bibeltexte in vergleichender Form lesen zu können.
Die Schüler werden so zu Menschen erzogen, die sich aus eigener Kraft und Kenntnis für ein Christsein entscheiden können (vgl. oben, Anm. 352).
Die Richtlinien 1954 geben für die *Evangelische Unterweisung* und auch andere Fächer methodische Hinweise, die in den Richtlinien der Grundschule fehlen. Diese Hinweise beschäftigen sich mit dem Gebrauch der Bibel im Unterricht, dem Erfassen des Liedgutes, den Bibelsprüchen und der Kirchengeschichte. Dabei wird das Lied wieder als Möglichkeit genutzt, eine religiöse Feier zu gestalten.[403]
Weiterhin zeigen die Richtlinien sinnvolle Querverbindungen zu anderen Unterrichtsfächern auf:[404]

"Sozialkunde: Das fünfte Gebot - die Todesstrafe, Barmherziger Samariter - Rotes Kreuz, Hilfswerk,[405] Verkehrsdisziplin

---

fassung identifiziert, sondern seine Neutralität wahrt. Diese wird auch nicht durch die Mitbestimmung der katholischen und evangelischen Kirche beim Religionsunterricht gebrochen. Sie ist vielmehr so zu verstehen, daß dadurch der Mehrheit der Bürger die Möglichkeit einer religiös geprägten Erziehung gegeben wird. In: D. Stoodt, Arbeitsbuch zur Geschichte des evangelischen Religionsunterrichts in Deutschland, Münster 1984, S. 145 ff. Zu der staatsrechtlichen Problematik verweise ich wieder auf M. Heckel, oben, Anmerk. 227.

402 Richtlinien für die Lehrpläne des 5. bis 9. Schuljahres der Volksschulen des Landes Schleswig-Holstein, Kultusminister des Landes Schleswig-Holstein (Hrsg.), Kiel 1954, S.19.

403 ebenda, S. 20.

404 Die Einbindung der EU in Nachbarfächer zeigt ein allererstes Abrücken von der strengen Formulierung der EU. Die Entwicklung, die Kaufmann 1966 anregt (s. oben, 2.8), ist hier schon vorweggenommen.

405 Sinnvoll wäre auch gewesen, das Hilfswerk zu nennen, das sich ausschließlich auf den Barmherzigen Samariter bezieht, den Arbeiter-Samariter-Bund (ASB).

Erdkunde:	Die Religion fremder Völker - Mission
Zeichen und Werken:	Betrachten und Besprechen von christlichen Bildwerken, Bild- und Wandschmuck, Bauten, Denkmäler und berühmte Kirchen unserer Heimat
Musikunterricht:	Der Choral als Ausdruck der Anbetung, des Bittens und des Dankens.

In der Querverbindung zu anderen Fächern soll deutlich gemacht werden, daß die EU offen sein möchte für die Fragen der Gegenwart und des Alltags, auch im Hinblick auf die Gestaltung der Bildungseinheiten in der Oberstufe."[406]
Will man diese Querverbindungen nutzen, müssen verschiedene Voraussetzungen erfüllt sein. Der Lehrer muß die Klasse nicht nur in den Fächern unterrichten, die mit der Religion verbunden werden sollen, also gilt nicht das Prinzip des Fachlehrers, sondern die Vorstellung, daß der Lehrer auf allen genannten Gebieten genügend Wissen besitzen muß, um einen effektiven Unterricht gestalten zu können, er folglich neben dem Religionsfachmann noch Fachmann in den Fächern Musik, Erdkunde, Sozialkunde und Zeichnen und Werken sein muß (Diesen Forderungen trägt der 3-Fächer-Lehrer, wie er zur Zeit an der PH ausgebildet wird, Rechnung).
Im 5. bis 7. Schuljahr sollen folgende Stoffe behandelt werden:
" I. Gottes Weg mit dem Volk Israel von Mose bis zu den großen Propheten
 II. Aus dem Leben und Wirken Jesu Christi
 III. Jesu Wirken in der Apostelgeschichte (sic!) und in der Geschichte der christlichen Gemeinde"[407]
Diese Auswahl zeigt, wie Ansprüche der *Evangelischen Unterweisung* wirksam werden (zur EU s. unten, 2.10), den Schülern durch die Bibel einen Weg zu Gott zu zeigen. So stehen Mose und die Propheten nach anfänglichen Weigerungen exemplarisch für ein Leben mit Gott. Dabei verläuft die Entscheidung für Gott wahrhaftig nicht problemlos, und der Dienst für Gott bringt nicht immer nur Angenehmes, sondern ist hart und mühsam.
Auch die Punkte II (Aus dem Leben und Wirken ... s.o.) und III (Jesu Wirken ... s.o.) zeigen den Schülern Jesus im Kampf gegen Überheblichkeit und Selbstsicherheit im Glauben. Entscheidung (s. oben, 2.8) bedeutet: nicht ausruhen, sondern ständige Verantwortung vor Gott. Menschen wie Zinzendorf und Bodelschwingh

---

406 Richtlinien für die Lehrpläne des 5. bis 9. Schuljahres der Volksschulen des Landes Schleswig-Holstein, Kultusminister des Landes Schleswig-Holstein (Hrsg.), Kiel 1954, S.20.

407 ebenda, S. 21f.

versuchen, den Weg Jesu nachzugehen, ohne auf Bequemlichkeit und Wohlstand zu sehen.

Das Übergewicht des Neuen Testaments ist in der Oberstufe nicht so gravierend wie in der Grundschule (s. oben, 2.8). Auch im 8. und 9. Schuljahr finden sich Stoffe aus dem Alten Testament neben anderen Themen:
" I. Der Wille Gottes mit den Menschen
 II. Die Menschen als Gottes Werkzeuge
III. Christliches Glaubensleben"[408]
Im Grunde werden schon längst behandelte Stoffe unter einem anderen Aspekt wieder aufgegriffen, z.B. unter I. Pfingsten - Paulus - Augustinus - Luther. Im 8. und 9. Schuljahr wird endlich der Katechismus ausführlich unter II. und III. behandelt. Die *Evangelische Unterweisung* geht offensichtlich davon aus, daß Luthers Katechismus nicht schon in seiner Ganzheit in der Grundschule behandelt werden sollte. Der Streit um die Behandlung des Katechismus zieht sich durch die einzelnen Lehrpläne und Schul-ordnungen hindurch. Während Bugenhagen den Katechismus noch als Grundlage betrachtet, warnt Adler schon vor einer Überforderung der Kinder. Bei Stiehl geschieht eine Aufwertung und Falk warnt wieder vor Überforderung. Unter dem Nationalsozialismus werden andere Prioritäten gesetzt (s. oben, 2.4).

Obwohl in den Richtlinien von 1954 noch von EU gesprochen wird, zeigen die Themen: "Familie, Stand, Volk" und "der Christ im Alltag",[409] daß die Ziele der *Evangelischen Unterweisung* nicht mehr ausschließlich die Themen des Lehrplanes bestimmen. Schon hier findet sich eine Nähe zu Kaufmanns Thesen, die er erst 1966 aufstellt: Lebens-fragen als ein Teil des Religionsunterrichtes.

Da die Richtlinien von 1954 für die Oberstufe der Volksschule nach den Richtlinien für die Grundschule geschrieben worden sind, konnte auf Erfahrungen im Unterricht zurückgegriffen werden.

1966 treten neue Richtlinien in Kraft, da die Einführung der Hauptschule Änderungen erfordert:

---

408 ebenda.

409 ebenda, S. 22.

Zur Problematik der Hauptschule vgl.: Ernst Roesner, Abschied von der Hauptschule, Folgen einer verfehlten Schulpolitik, Frankfurt a. M., 1989 und: Heinz-Jürgen Ipfling, Ulrike Lorenz (Hrsg.), Die Hauptschule. Materialien - Entwicklungen - Konzepte. Ein Arbeits- und Studienbuch, Bad Heilbrunn/Obb., 1991.

"Die vorliegenden Richtlinien für die Hauptschulen des Landes Schleswig-Holstein lösen die Richtlinien für die Oberstufe der Volksschule vom Januar 1954 ab. Die Umbenennung der Volksschuloberstufe in Hauptschule soll *mehr sein als eine Namensänderung.* Als eine der auf der Grundschule aufbauende Schule hat die Hauptschule die Aufgabe, die heranwachsende Jugend für eine Welt vorzubereiten, in der eine ehemals angestrebte volkstümliche Bildung nicht mehr ausreicht."[410]
Die Definition der Bildung wird auch in der pädagogischen Forschung reflektiert. Theodor Litt weist auf die Gefahren der Überbewertung technischer Bildung hin: "... daß durch eine Lebens- und Arbeitsordnung, deren Bau von der Sache her bestimmt ist, der innerhalb ihrer tätige und durch sie beschlagnahmte Mensch in seinem Menschsein bedroht wird - um so kräftiger bedroht wird, je allseitiger und folgerichtiger sie sich zur Perfektion durchbildet: das ist eine Wahrheit, die zu bestreiten ein Zeitgenosse W. von Humboldts vielleicht noch den Mut gehabt hätte, ein Zeitgenosse Henry Fords absurd finden müßte. Ist er doch Zeuge und Opfer."[411]
Dieser Bedrohung muß der Religionsunterricht entschieden entgegentreten, da sich der Mensch allein Gott unterordnen soll und von ihm als Wächter über die Schöpfung eingesetzt worden ist. Im HWPh wird von dem Verfasser E. Lichtenstein die Komplexität des Bildungsbegriffs und seine Wandlung durch die Jahrhunderte deutlich herausgestellt.[412] Auf diesem Hintergrund wird die Schwierigkeit deutlich, in einem Lehrplan für die Hauptschule einen Bildungsauftrag der Schule auszuweisen. Zu der grundlegenden Bildung der Hauptschüler gehört ein moralisch-sittlicher Teilbereich, der vom Fach Religion abgedeckt wird.
Die zunehmende Technisierung stellt an die Arbeitnehmer andere Anforderungen als diejenigen, die in einer vorindustriellen Epoche aufzustellen waren. Die Schule reagiert darauf mit veränderten Zielen:
"Ein großer Teil der heranwachsenden Jugend geht durch die Hauptschule. Sie hat daher in unserem Bildungswesen eine bedeutsame Aufgabe zu erfüllen. Durch eine grundlegende Bildung muß sie diese Jugend befähigen, in der Lebens- und Arbeits-

---

410 Richtlinien für die Lehrpläne der Hauptschulen des Landes Schleswig-Holstein, Kultusministerium des Landes Schleswig-Holstein (Hrsg.), Lübeck und Hamburg 1966, S. 3 (vgl. im übrigen unten, 3.2.5).

411 Th. Litt, Das Bildungsideal der deutschen Klassik und die moderne Arbeitswelt, in: Schriftenreihe der Bundeszentrale für Heimatdienst, Heft 15, Bonn 1959, S. 110.

412 E. Lichtenstein, Art. 'Bildung' in: HWPh, Bd. I, Basel 1971, Sp. 921 ff.

welt unseres Volkes zu bestehen und einen wesentlichen Beitrag zur Festigung unserer demokratischen Staatsordnung zu leisten.
Diese Aufgabe erfordert Persönlichkeitsbildung und Gemeinschaftserziehung. Die Hauptschule will den innerlich freien, lebenstüchtigen und verantwortungsbewußt handelnden Menschen heranbilden, der sich zu den Grundrechten der Person bekennt und sich der Gemeinschaft verpflichtet fühlt ... .
Dem Heranwachsenden muß dabei bewußt werden, daß neben dem Streben nach beruflicher Tüchtigkeit der Wille zu einem sittlichen Verhalten Voraussetzung für menschliche Bewährung ist. Durch das Erschließen relgiöser und ethischer Gehalte sowie durch die Auseinandersetzung mit rechtlichen und sozialen Problemen hat die Schule Maßstäbe für ein solches Verhalten aufzuzeigen. Der Schüler soll Ehrfurcht vor Gott und dem Leben empfinden, Mut zu persönlichem Einsatz zeigen und zum Helfen bereit sein."[413]
Die Erziehungsziele haben sich geändert. Nicht mehr der gläubige (s. oben, 2.9) Mensch ist das Ziel, sondern das Bestehen in der Arbeitswelt und die Festigung der demokratischen Staatsordnung. Zwar findet die religiöse Erziehung noch in der Ehrfurcht vor Gott und dem Leben ihren Platz, jedoch ist ihr Stellenwert nicht mehr der gleiche wie noch in den Richtlinien für die Grundschule von 1961.
In den Richtlinien für den evangelischen Religionsunterricht hat sich gegenüber den Richtlinien von 1954 an der Aufgabe nichts geändert. Hier stellt sich die Frage, ob der Religionsunterricht außerhalb der Ziele der Hauptschule steht und von der zunehmenden Technisierung nicht berührt wird (s. oben, 2.9). Oder ist diese Unveränderbarkeit unter Umständen ein Punkt, der das spätere Scheitern der *Evangelischen Unterweisung* mitverantwortet[414] (s. oben, 2.8)?
Die Antwort auf diese Fragen kann in den folgenden Kapiteln gegeben werden. Es zeigt sich aber, daß diese Problematik sich schon bei der *Allgemeinen Schulordnung* von 1814 findet. Adler stimmt die Lehrfächer auf die zukünftigen Berufe ab. Die Stoffülle, die sich aus den neuen Anforderungen ergibt, fängt er

---

413 Richtlinien für die Lehrpläne der Hauptschule der Volksschulen des Landes Schleswig-Holstein, Kultusministerium des Landes Schleswig-Holstein (Hrsg.), Lübeck und Hamburg 1966, S. 5.

414 Die Unveränderbarkeit ist ein Problem, das 1966 bei den Thesen Kaufmanns behandelt wird. Erst in den Grundschullehrplänen von 1975 werden Kaufmanns Vorschläge verarbeitet, sind aber in Ansätzen schon vor 1966 vertreten. Damit zeigt sich, daß Kaufmanns Thesen nicht plötzlich entstanden sind, sondern seine Gedanken bereits früher von anderen gedacht worden sind (s. oben, 2.8 und unten, Anm. 422).

durch eine Einschränkung der kirchlichen Dienstleistungen von seiten der Schüler auf (s. oben, 1.8 und unten, 3.2.5).
Eine Einschränkung des Religionsunterrichts ist aber jetzt kaum mehr möglich. In der Stundentafel sind bis zum 9. Schuljahr zwei Wochenstunden *Evangelische Unterweisung* vorgesehen und im 9. Schuljahr sogar nur noch eine Wochenstunde[415] (s. oben, Anm. 344).
Der Stoffplan der Richtlinien von 1966 ist wesentlich detaillierter als der vorausgegangene. Die Schuljahre sind nicht mehr zu Gruppen zusammengefaßt, sondern jedes Schuljahr erhält seinen eigenen Plan. Ein direkter Vergleich ist deshalb schwierig.
Im 5. Schuljahr finden sich zahlreiche Wiederholungen aus der Grundschulzeit: *Jesus beruft Menschen in seine Nachfolge, die Heilung des Gichtbrüchigen, Abraham, Isaak, Josef* und *Mose* sind nur einige Beispiele dafür.[416]
Altes und Neues Testament werden behandelt, wobei als Neuerung das Alte Testament die Hauptrolle spielt.
Unterrichtsthemen, Sprüche, Lieder und Katechismus sind sehr genau aufgeführt. Die Behandlung ist so aufgebaut, daß zu einer biblischen Geschichte möglichst ein Spruch oder ein Lied oder der Katechismus ergänzend hinzukommt.[417]
Im 6. Schuljahr nimmt die Kirchengeschichte einen weiten Raum ein. Sie umfaßt die Zeit der Christen im Römischen Reich bis zur Reformation. Aber auch das Kirchenjahr ist durch die Themen *Advent, Leiden und Sterben des Herrn Christus* und *Christus sammelt seine Apostel und gründet eine Kirche*, vertreten. Sprüche, Lieder und der Katechismus werden wie im 5. Schuljahr eingefügt. Das Alte Testament ist im 6. Schuljahr nur durch zwei Psalmen und Sprüche 3, 4 und 5 vertreten. Es ist durchaus möglich, daß auf die Entwicklung der Schüler eingegangen wurde und deshalb mehr kirchengeschichtliche Themen behandelt werden, um den Schülern Möglichkeiten der Identifikation zu geben.[418]
Das 7. Schuljahr beginnt mit einem ausführlichen Lutherteil. Daran schließt sich ein mehr geschichtlicher Abriß des Alten Testaments an. Die geschichtliche Behand-

---

415 Richtlinien für die Lehrpläne der Hauptschulen des Landes Schleswig-Holstein, Kultusministerium des Landes Schleswig-Holstein (Hrsg.), Lübeck und Hamburg 1966, S.11.

416 ebenda, S. 15.

417 ebenda.

418 ebenda, S. 16ff.

lung der Themen könnte eine Antwort auf die veränderten Erziehungsziele sein. Als Themen des Kirchenjahres sind im 7. Schuljahr das *Ostergeschehen* und die *Himmelfahrt* vorgesehen. So wird in jedem Schuljahr ein Teil des Kirchenjahres ausführlich behandelt.
Die kleine Bibelkunde wurde im vorhergegangenen Stoffplan von 1961 im 8. Schuljahr behandelt. Sie wird wohl in das 7. Schuljahr vorgelegt worden sein, weil im 8. Schuljahr kursorisches Lesen eines Evangeliums vorgesehen ist.[419]
Das 8. Schuljahr gliedert sich in zwei große Abschnitte: "Zeugen des Evangeliums von der Reformation bis zur Gegenwart und kursorisches Lesen eines Evangeliums."[420] Hier finden sich nun Themengebiete, die im Stoffplan von 1954 schon im 5. bis 7. Schuljahr behandelt wurden. Als Beispiele seien hier Bodelschwingh, Wichern und Zinzendorf genannt. Neu ist die Fortführung der Kirchengeschichte bis zur ökumenischen Bewegung. Zum ersten Mal wird auch die Situation der Kirche während der Naziherrschaft aufgearbeitet.
Es finden sich aber auch Gemeinsamkeiten mit dem vorausgegangenen Stoffplan. So sind Namen wie J.S. Bach und Matthias Claudius in beiden Stoffplänen vertreten.[421]
Das 9. Schuljahr nimmt eine Sonderstellung ein:
"Der Plan für das 9. Schuljahr nimmt die Lebensfragen der Jugendlichen zum Anlaß, um durch biblische Aussagen Hilfe zum Glauben zu bieten. Auf eine systematische Stoffsammlung wird daher verzichtet. Der Umfang der Behandlung dieser oder ähnlicher Themen wird von den jeweiligen Verhältnissen abhängen."[422]
Zwar wurde schon im Stoffplan von 1954 unter dem Oberbegriff "christliches Glaubensleben"[423] im 8. und 9. Schuljahr der Bezug zum Schüler und seiner Umwelt hergestellt, doch ist im Stoffplan von 1966 diesem Themenkreis ein ganzes Jahr gewidmet. Zu den 9 Themenkreisen sind jeweils biblische Stellen angegeben,

---

419 ebenda, S. 18ff.

420 ebenda, S. 19f.

421 ebenda, S. 20.

422 ebenda, S. 21.
Hier zeigt sich eine verblüffende Nähe zu den Thesen Kaufmanns von 1966, der schülerorientierte Unterricht ist hier bereits in Ansätzen vorhanden (s. oben, Anm. 414).

423 Der Begriff *christliches Glaubensleben* weist bereits auf Schülerorientierung hin. Ein weiterer Beleg dafür, daß die Forderungen Kaufmanns in Ansätzen im Lehrplan von 1954 vorhanden sind.

die aber neben aktuellen Fragen stehen. Es finden sich hier zaghafte Versuche, die im problemorientierten Religionsunterricht ausgeweitet werden. Die Themenkreise behandeln aktuelle Fragen, die zum Teil noch heute ihre Gültigkeit haben:
" 1. Der Mensch in dieser Welt
2. Christsein heute
3. Der Christ steht nicht allein
4. Soll ich tun, was alle machen?
5. Meine Arbeitskraft wird gebraucht
6. Die große Aufgabe: eine Familie
7. Christ und Staatsbürger sein
8. Der Glaube der anderen
9. Im Glauben wachsen."[424]

Die Richtlinien von 1966 zeigen schon eine Reaktion auf die Veränderungen in der Gesellschaft.[425] Ferner wird das Individuum im Unterricht stärker berücksichtigt. Der einzelne beschäftigt sich im Rahmen des Religionsunterrichts mit seinen Problemen und Fragen. Allerdings wird in den vorausgegangenen Klassenstufen ein Grundstock gelegt, der die Schüler zur sachlichen Auseinandersetzung befähigt. Es bleibt an den folgenden Richtlinien zu prüfen, ob diesem Anspruch genügt werden kann. Die *Evangelische Unterweisung* macht im Spiegel der Richtlinien eine Wandlung von einem streng bibelorientierten Unterricht mit Bibel, Katechismus und Kirchengesangbuch als Grundlage zu einem mehr schülerorientierten Unterricht durch.[426]

Im Lehrplan für Hauptschulen in der Erprobungsfassung von 1982 zeigt sich im Aufbau eine starke Ähnlichkeit mit dem Lehrplan für Grundschule und Vorklasse 1978.

In diesem Unterricht soll der Schüler die Möglichkeit erhalten, eine Sinngebung seines Lebens durch das Christentum zu erfahren. Dabei wird die besondere Situation der Hauptschüler berücksichtigt: "Der evangelische Religionsunterricht bietet vielen Hauptschülern für längere Zeit zum letzen Mal die Möglichkeit, sich in einer

---

424 Lehrplan Hauptschule, Kultusministerium des Landes Schleswig-Holstein (Hrsg.), Kiel 1982, S. 21ff.

425 Die Generation, die nicht mehr am Krieg teilgenommen hatte, drängte an die Universitäten und ins Berufsleben. Sie stellte die Werte der Älteren, wie z.B. *Gehorsam* in Frage. Es begann eine Liberalisierung, die die Ereignisse von 1968 vorbereitete (s. oben, 2.8).

426 Der Grundschullehrplan hat bis heute Gültigkeit, und erst 1992 wurde mit einer Revision begonnen.

vertrauten Gruppe intensiv mit religiösen Problemen und Fragen des Glaubens zu beschäftigen."[427]

Die Ziele des Lehrplans gliedern sich in Unterrichtseinheiten, die in jeder Klassenstufe wieder aufgenommen werden:

" I   Ich bin jemand
 II   Du bist anerkannt
 III Wir gehen miteinander um
 IV   Die Welt ist uns (auf)gegeben
 V   Und wenn wir scheitern?
 VI   Du darfst neu anfangen
 VII Begrenzt und doch geborgen."[428]

Während der Klassenstufen 5 - 9 sollten die Schüler fünf Kirchenlieder und fünf weitere Texte der christlichen Überlieferung auswendig lernen. Vergleicht man diese Forderung mit vorangegangenen Lehrplänen und Bestimmungen, so wird die Reduktion des Auswendiglernens deutlich. Auch hier ist der Religionsunterricht den anderen Fächern gefolgt. Wie im Grundschullehrplan von 1975/78 wird in der Hauptschule vom Kinde ausgegangen. Jedoch verzichtet der Hauptschullehrplan nicht auf die Bibel im Unterricht.

Die Stellung, die die Bibel in der *Evangelischen Unterweisung* innehatte, erreicht sie im jetzigen Religionsunterricht nicht mehr.

Jedoch läßt sich bei den Religionsbüchern für die Hauptschule die gleiche Tendenz wie bei den Grundschulreligionsbüchern feststellen. Zu jeder Unterrichtseinheit gibt es eine theologische Grundaussage und ein Lernziel.

Die theologische Grundaussage versucht, gleichzeitig den Bezug zur Wirklichkeit des Hauptschülers herzustellen. So heißt es z.B.:

"Der Hauptschüler muß sich früher als Gleichaltrige anderer Schularten der Frage stellen, wie es nach der Entlassung weitergehen soll. Dabei stehen der berufliche und der private Weg im Vordergrund des Interesses ...

---

[427] Lehrplan Hauptschule, Kultusministerium des Landes Schleswig-Holstein (Hrsg.), Kiel 1982, S. 3.

[428] ebenda, S. 5.

Hier findet sich eine erstaunliche Übereinstimmung von Lehrplan und wissenschaftlichen Erkenntnissen der Sozialpsychologie, wie z.B. Arbeit an der Identität (I), soziale Dimension der Identität (II) und soziale und ethische Konsequenzen (III und IV). Dabei wird vom *ich* über das *du* zum *wir* übergeleitet.

Bei all diesen Überlegungen ist mitzubedenken, was im jeweiligen Zusammenhang *Nachfolge Christi* bedeutet: Jesus nachzufolgen gilt Christen als der Weg, auf dem sie ihr wahres Leben finden:"[429]

Ein Vergleich mit dem Lehrplan von 1966 erweist sich als schwierig, da der Aufbau sehr unterschiedlich ist. Es läßt sich aber feststellen, daß die Stoffülle des Lehrplans von 1966 stark reduziert worden ist und die biblischen Texte nicht mehr eine führende Funktion im Plan von 1982 haben.[430]

Der Bezug zur Gegenwart und zur Situation des Schülers nimmt den Hauptplatz ein und beeinflußt auch die Gestaltung des Unterrichts. Der problemorientierte Unterricht ist in dem Hauptschullehrplan von 1982 in fast allen Themen zu finden. Verglichen mit dem Grundschullehrplan von 1978 ist sein Anteil wesentlich höher.

Es ist durchaus möglich, daß das Problem der Schulmüdigkeit der Hauptschüler durch den problemorientierten Religionsunterricht gelöst werden soll. Da sich der Hauptschullehrplan in der Erprobung befindet, können abschließende Aussagen noch nicht gemacht werden.

Die Situation der Hauptschule in Schleswig-Holstein ist ohnehin sehr schwierig, deshalb bleibt abzuwarten, was für eine Entwicklung der Religionsunterricht in dieser Schulart nehmen wird.

2.10 Die bleibende Bedeutung der Evangelischen Unterweisung für die Lehrpläne

In den Jahren 1949 bis 1975 wurde der Religionsunterricht als *Evangelische Unterweisung* erteilt.

Gerhard Bohnes Gedanken und Ideen spiegelten sich in den Lehrplänen dieser Zeit wieder.

Auch die Lehrer, die er an der damaligen PH-Kiel für das Fach Evangelische Religion ausbildete, setzten sich mit seiner Auffassung auseinander und gestalteten ihren Religionsunterricht auf den Grundlagen der *Evangelischen Unterweisung* und ihrer Lehrpläne.

---

429 Lehrplan Hauptschule, Kultusministerium des Landes Schleswig-Holstein (Hrsg.), Kiel 1982, S. 12.
Wird im Stoffplan von 1954 von *christlichem Glaubensleben* gesprochen, so steht im Lehrplan von 1982 der Begriff *wahres Leben*. Was darunter allerdings zu verstehen ist, wird nicht näher erläutert. Die Lebensthematik, die auch Kaufmann für den Religionsunterricht fordert, stellt sich also bereits im Stoffplan von 1954 im Bereich der Hauptschule.

430 ebenda, S. 8ff.

Helmuth Kittel, Theodor Heckel, Martin Rang und Oskar Hammelsbeck unterstützten durch methodische Anregungen und Vorschläge die Arbeit des Lehrers (s. unten, 3.2).

Elemente wie z.B. Gruppenunterricht sind auch heute noch pädagogisch anerkannt und gebräuchlich (s. unten, 3.2.5).

Die Ausführungen Bohnes über das Verhältnis Lehrer-Schüler, besonders während der schwierigen Phase der Pubertät (s. unten, 3.2.5), sind für den heute Unterrichtenden anregend und hilfreich.

Viele pädagogische Wertigkeiten der *Evangelischen Unterweisung* haben noch heute ihre Berechtigung im Unterricht und es stellt sich die Frage, welche Gründe dazu führten, daß die *Evangelische Unterweisung* und mit ihr Gerhard Bohne heute oft als pädagogisch überholt angesehen werden.

Die Lehrpläne, die 1975 folgen, reagieren auf die *Evangelische Unterweisung* so, wie der Lehrplan von 1949 auf die vorausgegangenen Ereignisse während der Hitlerzeit reagiert (s. oben, 2.8.3).

Es ist folglich wünschenswert, die *Evangelische Unterweisung* und ihre Lehrpläne zu kennen, um die Entwicklung nachvollziehen zu können und bei der Erstellung der folgenden Lehrpläne zu nutzen.

Bedenkenswert ist in diesem Zusammenhang auch die Beziehung zwischen der inneren Entwicklung des Faches und dem Lehrplan. Teilweise geht dabei die fachinterne Entwicklung dem Lehrplan voraus, wie z.B. die Gewichtung der Themen in Religionsbüchern zeigt (s. oben, 2.8).

Durch die vermehrt angebotenen biblischen Themen wird der Unterrichtende bei der Erstellung seines Stoffverteilungsplanes eventuell die biblischen Themen verstärkt berücksichtigen, weil das Religionsbuch ihn dazu anregt.

Der Lehrplan von 1954 deutet schon Möglichkeiten an, die im Fach *Evangelische Unterweisung* so nicht vorgesehen sind und von Kaufmann erst zu einem späteren Zeitpunkt gefordert werden (s. oben, 2.9).

Die Prägung, die das Fach Evangelische Religion unter dem Namen *Evangelische Unterweisung* durch Gerhard Bohne in Schleswig-Holstein erfahren hat, läßt es notwendig erscheinen, in einem anschließenden Kapitel die Entstehung und Methodik der *Evangelischen Unterweisung* zu behandeln, wie es bereits in Kapitel 2 mit der Barmer Theologischen Erklärung und ihren Auswirkungen auf die Lehrpläne geschehen ist.

3. Die Evangelische Unterweisung in Schleswig-Holstein

3.1 Die Entstehung der Evangelischen Unterweisung

In dem Lehrplan des Landes Schleswig-Holstein von 1949 läßt sich in der Konzeption eine Nähe zu Karl Barths dialektischer Theologie erkennen. So wird der Religionsunterricht als *Evangelische Unterweisung* bezeichnet (s. oben, 2.8). Deshalb wird an dieser Stelle der Begriff *Evangelische Unterweisung* genauer zu untersuchen sein.

Helmuth Kittel definiert in seinem Buch: *Vom Religionsunterricht zur Evangelischen Unterweisung* kurz und prägnant: "Evangelische Unterweisung ist Unterweisung im rechten Umgang mit der Bibel."[431]

Sicher ist diese Definition nicht erschöpfend und bedarf einiger Erläuterungen.

In den *Richtlinien für den Unterricht in der Höheren Schule - Evangelische Religionslehre*, ist die Definition ausführlicher: "Grund und Inhalt der Evangelischen Unterweisung ist die Offenbarung Gottes in Jesus Christus, wie sie in den Schriften des Alten und Neuen Testamentes bezeugt und in den altkirchlichen und reformatorischen Bekenntnisschriften und der Theologischen Erklärung von Barmen bekannt wird. Es ist die Aufgabe der Evangelischen Unterweisung, die Botschaft von Jesus Christus verstehen zu lehren. Dadurch wird den jungen Menschen auch der Weg gewiesen, als Glieder der Kirche in allen Gemeinschaften zu leben, in die sie in der Welt gestellt sind.

Die Evangelische Unterweisung ist Dienst der Gemeinde Jesu Christi an der heranwachsenden Jugend, zu dem die Gemeinde von ihrem Herrn beauftragt ist.

Der Lehrer ist zu dem Dienst der Evangelischen Unterweisung in der Schule durch die Kirche bevollmächtigt. Er kann seinen Auftrag nur erfüllen, wenn er im Leben der Kirche steht."[432]

---

431 H. Kittel, Vom Religionsunterricht zur Evangelischen Unterweisung, Wolfenbüttel-Hannover 1947, S. 8.
Karl Ernst Nipkow schreibt dazu: "Um der Eigenart des Evangeliums als Wort Gottes willen dient die Rede von der EU als kritische Rede der Abwehr eines historisierenden, psychologisierenden und moralisierenden Religionsunterrichts. Es soll auf diese Weise verhindert werden, daß das Evangelium als historische Religion, als Bildungsgut oder als ethische Weltanschauung mißverstanden und das Verhältnis des jungen Menschen zum Evangelium in falscher Weise pädagogisiert wird" (K.E. Nipkow, Evangelische Unterweisung oder evangelischer Religionsunterricht, Essen 1964, S. 11).

432 Helmuth Kittel, Freiheit zur Sache, Göttingen 1970, S. 17.

In dieser Definition wird die *Theologische Erklärung von Barmen* erwähnt. Die Grundlage für die *Evangelische Unterweisung* wurde aber mit G. Bohnes Buch *Das Wort Gottes und der Unterricht* (1929) schon früher gelegt, zusammen mit Karl Barths *Dialektischer Theologie* (s. oben, Anm. 353). Barth war an der *Barmer Theologischen Erklärung* maßgeblich beteiligt.

Evangelische Unterweisung hat einmal ihren Ursprung in dem Zusammenbruch des Kulturprotestantismus.[433] Gegen dessen liberale Theologie richtet Karl Barth 1891 seinen Römerbrief-Kommentar und löst so eine zunächst theologische Diskussion aus, die aber auch zu einer religionspädagogischen Neubesinnung 1924 führt.[434] Die Kriegserlebnisse vieler Deutscher und Europäer bewirken eine Auseinandersetzung mit den Methoden des Religionsunterrichts. Die Werte, die der Religionsunterricht vermitteln sollte, hatten den 1. Weltkrieg nicht verhindern können (siehe dazu *Die Allgemeinen Bestimmungen von 1872*).[435]

Die *Evangelische Unterweisung* löst einen Religionsunterricht ab, der von Kabisch maßgeblich beeinflußt worden war. Kabisch hält Religion für lehrbar, wie in seinem Buch *Wie lehren wir Religion* deutlich wird[436] (Diese Aussage könnte von einem Vertreter der EU niemals bejaht werden). Der Lehrer kann mit Hilfe bestimmter Methoden die Schüler zu einem religiösen Empfinden führen, das sie bisher noch nicht erlebt haben. Dabei überträgt der Lehrer seine eigenen religiösen Empfin-

---

433 Die Vertreter des Kulturprotestantismus (Heidemann rechnet dazu: Harnack, Herrmann, Seeberg, Schlatter) verloren mit dem Untergang des bürgerlichen Denkens ihre Vormachtstellung in der Theologie. Die Vorstellung von einer Gemeinsamkeit von Thron und Altar, die den sittlich guten Menschen erziehen könnte, wurde durch das Ende des 1. Weltkriegs zerschlagen. In: R. Heidemann, Religionspädagogik, Pädagogik und Entscheidung, Aachen 1988, S. 20 ff.

434 F. Krotz, Die religionspädagogische Neubesinnung, Göttingen 1982, S. 13. Krotz beschreibt in seinem Buch ausführlich die Rezeption Barths. Die einschlägigen Ausführungen von Krotz sind im folgenden immer mit zu bedenken. Bohne benutzt die Zitate aus Barths *Kurzer Erklärung des Römerbriefes von 1921*, um den eigenen Gedankengang weiterzuentwickeln. Er wirft Barth vor, bei dem Gegenüber Gott-Mensch das psychologische Problem nicht zu berücksichtigen und lediglich die christliche Rede als Aufgabe des Menschen zu kennen. Ebenda S. 145 und S. 232 (s. oben, Anm. 433).

435 D. Stoodt äußert sich folgendermaßen: "Von der liberalen Theologie wird der übliche Religionsunterricht (um 1900) als Vorenthalten nachprüfbarer Informationen und als gesetzlich-autoritative Vermittlung gebranntmarkt." In: D. Stoodt, Arbeitsbuch zur Geschichte des evangelischen Religionsunterrichts in Deutschland, Münster 1985, S. 212.

436 R. Kabisch und H. Tögel, Wie lehren wir Religion?[6], Göttingen 1923.
Gerhard Bohne, Lebendiges Wort in der Evangelischen Unterweisung, Itzehoe 1962, S. 14f.

dungen auf die Kinder. Damit ist durchaus die Gefahr einer Indoktrination gegeben, da den Kindern nicht eigenes sondern fremdes religiöses Empfinden aufgezwungen wird. Die *Evangelische Unterweisung* weist dagegen - wie die dialektische Theologie - eine Doppelstruktur auf. In der dialektischen Theologie steht die Offenbarung (Karl Barth) dem Kerygma (Rudolf Bultmann) gegenüber (s. oben, Anm. 349).

Dem Lehrer fällt in der *Evangelischen Unterweisung* die Aufgabe des *Dolmetschers* zu. Das Wort Gottes wird den Kindern verdolmetscht. Jetzt zählt nicht das subjektive religiöse Empfinden des Lehrers, sondern allein das Wort Gottes. Um seiner Dolmetscherrolle gerecht zu werden, hat der Lehrer zunächst die Aufgabe, dieses Wort gründlich zu lesen und zu verstehen. Er beginnt also auf der gleichen Stufe wie die Schüler auch. Erst nach intensiver Beschäftigung mit dem Bibeltext ist er in der Lage, *Dolmetscher* zu sein.

Durch die enge Beziehung auf die Bibel ist nicht das religiöse Empfinden des Lehrers von Bedeutung, sondern die Zusammenbindung des einzelnen Christen mit vielen anderen in Gottes Gemeinde.

Jesus Christus ist die zentrale Gestalt der Evangelien, die uns Gottes Wort, Gottes Heil und Gottes Vergebung predigen und bringen. Die Worte und Werke Jesu werden dem Kind durch den Lehrer nicht mit dem Ziel, einen moralischen Menschen aus ihm zu machen, vermittelt, sondern um ihm ein eigenes Verhältnis zu Gott zu ermöglichen, ihn zu einer persönlichen Entscheidung zu führen[437] (s. oben, 2.8).

Dabei ist die *Evangelische Unterweisung* eng an die Kirche gebunden, denn diese gestaltet im Fach Religion Lehrpläne mit und ist auch bei der Lehrerbildung beteiligt.

Evangelische Unterweisung ist Verkündigung. Der Lehrer verkündigt das Evangelium im Religionsunterricht und zeigt den Schülern die Grenze zwischen wissenschaftlicher Erkenntnis und göttlicher Offenbarung. G. Bohne formuliert so: "Die Evangelische Unterweisung legt die Grundlage unserer gesamten Erziehung. Da die Wissenschaft weder die letzten Gründe des Lebens aufdecken noch unserem Willen letzte Weisungen geben kann, können wir unser Leben in der rechten Weise nur führen auf der Grundlage des Glaubens".[438]

---

437 Helmuth Kittel, Evangelische Religionspädagogik, Berlin 1970, S. 298 ff.

438 Gerhard Bohne, Die Botschaft Jesu Christi in der Oberstufe der Volksschulen, in: Kultusministerium des Landes Schleswig-Holstein (Hrsg.), Wegweiser für die Lehrerfortbildung, Heft 6, Kiel 1955, S. 1f.

Diese maximalistischen Ansichten der *Evangelischen Unterweisung* sind allerdings nicht mit dem Art. 7 Abs. 3 GG in Einklang zu bringen (s. oben, 2.6). Bohne formuliert auch in der Spätphase nicht im Hinblick auf das GG, sondern im Rückblick auf die Erfahrungen des Kirchenkampfes.

Aus der Zentralstellung Jesu Christi bei der *Evangelischen Unterweisung* ergeben sich Probleme. Die Behandlung des Alten Testamentes erweist sich als äußerst schwierig. Wie ist die Stellung des Alten Testamentes? Ist es Evangelium? Verkündet es Jesus als den Sohn Gottes? Oder ist der Gott des Alten Testamentes der Gott des Gesetzes, der im Gegensatz zum Gott der Liebe im Neuen Testament steht?[439]

Ähnlich verhält es sich mit der Kirchengeschichte. Kittel beschreibt das Problem: "Kann Kirchengeschichte in irgendeinem Verstand des Wortes überhaupt jemals dazu helfen, eine Beziehung zum Evangelium zu gewinnen und zu bewahren oder zu vertiefen und zu klären? Oder sind nicht ihre Kenntnis und ihr Verständnis für den Christen ohne sachliche Notwendigkeit, ein geistiger Luxus, der deshalb auch nicht konstitutiv für die *Evangelische Unterweisung* sein kann?"[440]

Mit diesen Problemen muß sich der Lehrer, der *Evangelische Unterweisung* unterrichtet, auseinandersetzen, erhält aber durch den Lehrplan Hilfestellung (s. oben, 2.8).

G. Bohne, M. Rang und O. Hammelsbeck hatten bereits begonnen, die Theologie Karl Barths pädagogisch umzusetzen und die Grundlagen der *Evangelischen Unterweisung* gelegt. Im Dritten Reich war die Diskussion um den Religionsunterricht von dem Überlebenskampf des einzelnen und dem Kirchenkampf überlagert worden. Erst nach 1945, bei der Neuordnung der Verhältnisse zwischen Kirche und Staat, wird die Diskussion fortgesetzt und werden die Inhalte der *Evangelischen Unterweisung* erneut aufgearbeitet.

Kittel charakterisiert den Religionsunterricht unter den Nationalsozialisten wie folgt: "Dieser Religionsunterricht besaß nur noch so wenig christliche Substanz, daß ihm die Unterscheidungsfähigkeit abhanden gekommen war. Voraussetzungen für einen wirksamen Widerspruch gegen ihn war der Wandel, der in der evangeli-

---

439 Hier wird ein altes Problem der Christenheit aktuell. Marcion z.B. sieht das AT nicht als Evangelium an. Im Laufe der Geschichte gibt es immer neue Versuche, AT und NT zusammenzubringen. Manfred Oeming, Biblische Theologie - was folgt daraus für die Auslegung des AT? in: Der evangelische Erzieher, Heft 3, 37. Jg., Frankfurt/M 1985 (s. oben, 2.8).

440 Helmuth Kittel, Evangelische Religionspädagogik, Berlin 1970, S. 331.

schen Theologie durch das Denken Karl Barths und Friedrich Gogartens und die neue Lutherforschung vor sich gegangen war."[441]

3.2 Methodik der Evangelischen Unterweisung

Die *Evangelische Unterweisung* kann nicht an die Methodik des vorher erteilten Religionsunterichtes anknüpfen. Zu verschieden sind die Zielvorstellungen. Im folgenden werden einige Gedanken damaliger Religionspädagogen vorgestellt. So äußert sich G. Bohne zur Frage der Methodik in einem Zeitschriftenaufsatz von 1930:
"Meine Methode? Oder gar meine Didaktik? Ich habe keine, wenigstens keine, die man verallgemeinern könnte und die sich notwendig aus meiner Forderung ergäbe. Ich meine das auf S. 214/16 meines Buches auch durchaus eindeutig gesagt zu haben. Trotzdem wissen andere, daß ich eine habe. Wenn ein praktischer Theolog lehrt, daß die Aufgabe des Seelsorgers ist, die Menschen aus ihrer Not heraus zu Gott hinzuführen, so hat er doch damit noch keine Methode angegeben. Dasselbe gilt vom Religionsunterricht! Voraussetzung dafür, daß ich dem Schüler das Wort Gottes an ihn in seiner Lage hörbar zu machen suche, ist doch, daß ich diese Lage kenne. Die werde ich aber nicht kennen, wenn sie mir der Schüler nicht im Vertrauen selbst zeigt, wenn er nicht offen ist!"[442]
Trotz dieser Äußerung entstehen natürlich in der folgenden Zeit verschiedene Konzepte.

3.2.1 Theodor Heckel

Theodor Heckel wirft in seinem Buch *Zur Methodik des evangelischen Relgionsunterrichts* die Frage nach der Einordnung der Methodik des Religionsunterrichts in die Methodik der anderen Schulfächer auf. 1928 war das Fach Religion *ordentliches Lehrfach* an den Schulen (s. oben, Anm. 225).
War die Methodik der anderen Fächer nun übertragbar auf das Fach Religion? Als Ergebnis sieht Heckel "die Geltung des Religionsunterrichtes, zum Fach neben

---

441 ebenda, S. 288.

442 D. Stoodt, Arbeitsbuch zur Geschichte des evangelischen Religionsunterrichts in Deutschland, Münster 1985, S. 244.

Fächern herabgemindert, weder dem Pädagogischen Anspruch gewachsen noch der rationalisierten Wirklichkeit überlegen."[443]

In dem Lehrplan für Grundschulen von 1921 werden durch Lehrererzählungen von Geschichten des Alten und Neuen Testaments die Wege vorgeschrieben, die zur Erreichung der Ziele beschritten werden sollen. Die Bibel ist hier nur Mittel zum Zweck, nicht Gottes Wort. Die Lehrererzählung wird durchaus auch in anderen Fächern als geeignete Methode angesehen: "Erzählung und Darstellung ('Dramatisierung') von Märchen (auch neuerer Kunstmärchen), Fabeln und ähnlichen Geschichten, sowie Singen und Sagen von Volks- und Kinderreimen, älteren und neueren Kinderliedern tragen zur Belebung bei."[444]

Heckel wehrt sich nun nicht gegen die Lehrererzählung, sondern gegen die Herabminderung des Evangeliums zum bloßen Material (Heckel gebraucht hier *Evangelium* in unspezifischer Weise. Vgl. oben, Anm. 71 und Georg Strecker, Literarkritische Überlegungen zum εὐαγγέλιον-Begriff im Markusevangelium, in: Georg Strecker, Eschaton und Historie, Göttingen 1979, S.76 - 90). Eine Gleichstellung der Fächer mit dem Religionsunterricht kann es für Heckel nicht geben, da der Lehrer durch keine Methode in der Lage ist, Glauben zu lehren: "Gottes Offenbarung kommt nur da zur Wirklichkeit, wo Gott sich selbst offenbart und Glaube entsteht nur da, wo Gott ihn selbst schafft."[445]

Er bringt damit zum Ausdruck, was schon in Luthers Kleinem Katechismus steht: "Ich glaube, daß ich nicht aus eigener Vernunft noch Kraft an Jesum Christum, meinen Herrn glaube oder zu ihm kommen kann; sondern der Heilige Geist hat mich durch das Evangelium berufen ..."[446]

Wenn der Religionsunterricht Pädagogik vorbehaltlos unter den theologischen Offenbarungsanspruch stellt, dann wird die Methodenqualität oder -berechtigung problematisch, wenn andererseits umgekehrt der *Religionsunterricht* vorbehaltlos unter den Methodenanspruch der anderen Fächer gestellt wird, dann wird seine *Berechtigung* problematisch.

---

443 Horst Klaus Berg, Einleitung, in: H. K. Berg (Hrsg.), Religionspädagogische Stundenbücher, Die Methodik in der Evangelischen Unterweisung [2], Berlin 1966, S. 8f.

444 W. Landé, Die Grundschule in Preußen, Heft 18, Weidmannsche Taschenausgaben, Berlin 1925, S. 27f.

445 Horst Klaus Berg, Einleitung, in: H. K. Berg (Hrsg.), Religionspädagogische Stundenbücher, Die Methodik in der Evangelischen Unterweisung [2], Berlin 1966, S. 9.

446 Martin Luther, Der Kleine Katechismus[3], Hamburg 1982, S.24

3.2.2 Martin Rang

Martin Rang entwickelt 1946 eine besondere Methode, nachdem er in seinem Buch *Handbuch für den biblischen Unterricht* 1939 die *Evangelische Unterweisung* folgendermaßen beschreibt: "Der Religionsunterricht ist Kirche in der Schule."[447] Daraus ergibt sich natürlich eine spezielle Methode, die dem Gottesdienst ähnlich sein muß. Das Kind wird nicht zum Handelnden, sondern zum Hörenden.
Es ist nur zu verständlich, daß diese Methode in der Grundschule Schwierigkeiten bereitet. Martin Rang entwickelt deshalb als Mittel der Veranschaulichung des gesprochenen Wortes und der biblischen Geschichte die Methode des Schemas und der Lebenslinien.
"Nur auf ein weiteres Mittel der Veranschaulichung möchte ich hinweisen: das Schema.

Altes Testament ================>> Erwartung	+	Neues Testament ================>> Zeugnis

Die 'Linie' der Geschichte Jesu Christi, wie sie zum Beispiel in Phil. 2,5 ff. dargestellt ist, stellen wir in solchem Schema dar und stellen ihr die Lebenslinie manches großen Mannes (Napoleons etwa) gegenüber:

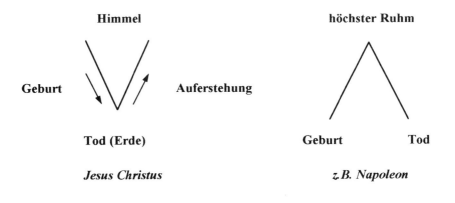

---
447 Horst Klaus Berg, Einleitung, in: H. K. Berg (Hrsg.), Religionspädagogische Stundenbücher, Die Methodik in der Evangelischen Unterweisung², Berlin 1966, S. 12f.

... Die Kleinen arbeiten daran mit großem Eifer und wiederholen nicht nur auf diese Weise die Geschichte bis in ihre Einzelheiten, sondern gewinnen dadurch ein eindrückliches Bild von der Führung des Lebens durch Gott."[448]
Da im Lehrplan für Grundschulen Schleswig-Holsteins von 1946 bis auf das 1. Schuljahr nur biblische Stoffe ausgewählt werden, eignet sich Rangs Methode für den Unterricht im Fach Religion sehr, obwohl der Name *Evangelische Unterweisung* noch nicht genannt wird.
Auch die Richtlinien von 1949 entsprechen ihrem Inhalt nach einem Unterricht nach Rangs Vorstellungen. Es sind hier also keine Unterschiede festzustellen, die eine Umbenennung des Faches in *Evangelische Unterweisung* rechtfertigen könnten.

3.2.3 Oskar Hammelsbeck

Oskar Hammelsbeck ist wie Rang ein Befürworter des Religionsunterrichtes als *Kirche in der Schule*. Auch er fordert eine besondere Methode (s. oben, 3.1). Gemeinde und Gottesdienst haben folglich in enger Beziehung zum Religionsunterricht zu stehen.
"*Evangelische Unterweisung* statt Religionsunterricht ist zu verstehen als Hilfe zum Glauben an das Evangelium von Jesus Christus.
... Diese *Evangelische Unterweisung* sind wir den Kindern schuldig, weil und insofern sie getauft sind und somit Glieder der Gemeinde Christi".[449]
Die Methodik der *Evangelischen Unterweisung* muß sich folglich eng auf die Gemeinde beziehen, Kirche in der Schule sein.
Natürlich drängt sich hier sofort Heckels Problematik (s. oben, 3.1) in bezug auf die Lehrbarkeit der Religion auf, denn kein Pfarrer wird ernsthaft behaupten, in der Lage zu sein, durch seinen Unterricht in der Kirche gläubige Christen erziehen zu können, ohne auf die Hilfe Gottes angewiesen zu sein.
Daraus zieht Hammelsbeck das Unterrichtsfach Religion betreffend die Folgerung, daß die Methoden der anderen Schulfächer nicht übernommen werden können:

---

448 D. Stoodt, Arbeitsbuch zur Geschichte des evangelischen Religionsunterrichts in Deutschland, Münster 1985, S. 247.

449 Horst Klaus Berg, Einleitung, in: Religionspädagogische Stundenbücher, H. K. Berg (Hrsg.), Die Methodik in der Evangelischen Unterweisung², Berlin 1966, S. 15.

"Die Evangelische Unterweisung ist auf Verkündigung bezogen. Das scheidet sie methodisch von allen anderen Unterrichten trotz weitgehender Gleichartigkeit. Das methodische 'Verhalten' achtet die Kraft des Evangeliums."[450]
Dennoch hat sich Hammelsbeck über die Unterrichtsgestaltung in der *Evangelischen Unterweisung* schriftlich geäußert und sogar ein Schema für einen Stundenablauf erarbeitet. Dabei versucht er, die im vorausgegangenen beschriebenen Kritikpunkte in seinen Vorschlag einzuarbeiten.
"Klärung des Vorverständnisses
Erzählung
Bündelung (Skopus)
Bogen (vom Skopus zur Eisernen Ration im Lernwort)
Bibeltext
Vorher und nachher Gebet und Lied."[451]
Hammelsbeck zeigt in seinem Schema eine beachtenswerte Nähe zu Zillers Formalstufen.
Der Unterricht wird von Ziller in fünf Phasen eingeteilt: Analyse, Synthese, Association, System und Methode.[452]
Die Analyse dient der Vorbereitung des Stoffes. Den Schülerinnen und Schülern werden Kenntnisse vermittelt, die für das Verständnis des Folgenden wichtig sind, z.B. geographische oder geschichtliche Informationen.
Demgegenüber steht bei Hammelsbeck "die Klärung des Vorverständnisses".[453]
Um biblische Texte verstehen zu können, war es für Hammelsbeck unabdingbar,

---

450 ebenda, S. 16.

451 ebenda.

452 F. Kopp, Lehrstufen, in: Lexikon der Pädagogik⁴, Bd. III, Freiburg, Basel, Wien 1965, Sp. 274.

453 Hammelsbeck greift hier auf eine Vorgehensweise zurück, die schon Griechen und Juden anwendeten: die Hermeneutik. Dieser Begriff ist von dem griechischen Verb ἑρμηνεύω abgeleitet, mit der Bedeutung: aussagen, auslegen, übersetzen. Während Plato ἑρμηνευτική (Auslegekunst) als Gegenüber von μαντική (Wahrsagekunst) sieht - also im Bereich der Vermittlung zwischen Göttern und Menschen -, bestimmt im Judentum die Bindung an den Willen Jahves die Auslegung des Gesetzes und der heiligen Schriften. Im Christentum ging es zunächst um eine Interpretation des AT. Mit der Konstituierung des NT wurde auch dieses Gegenstand der Hermeneutik. Im Laufe der Zeit entstand eine Wechselbeziehung zwischen theologischer und profaner Hermeneutik. Die theologische Hermeneutik büßte ihre Vormachtstellung gegenüber der profanen Hermeneutik ein und übernahm gleichzeitig ihre Regeln. Nach dem ersten Weltkrieg wurden verstärkt hermeneutische Probleme in der Theologie diskutiert.

über das Leben und die Umwelt der jeweiligen Person informiert zu sein. Bei der Behandlung der Abrahamsgeschichte im Unterricht könnten z.b. die damaligen Familienstrukturen und das Nomadenleben im Unterricht vorgestellt werden.
Die Synthese sieht Ziller als Stufe der Darbietung an. Als dafür geeignete Form schlägt er die Lehrererzählung oder das Lesen des Textes vor. Dabei sollte ein Wechsel von Vertiefung und Besinnung erreicht werden. So steht neben Lesen oder Erzählen auch eine Erarbeitung des Textes.
Bei Hammelsbeck müssen *Erzählung und Bündelung* der *Synthese* gleichgesetzt werden. Auch Hammelsbeck sieht in der Lehrererzählung eine geeignete Möglichkeit, den Kindern biblische Texte nahezubringen. *Die Bündelung* - von Hammelsbeck als eigenständige Stufe betrachtet - bildet mit der Lehrererzählung die Phase der Vertiefung und Besinnung.
Die Association ist die Phase der Verknüpfung. Der Bibeltext wird chronologisch eingeordnet. Dabei geschieht eine Wiederholung bisher gelernter Stoffe und gleichzeitig eine Verknüpfung mit unserer Wirklichkeit.
Bei Hammelsbeck steht an dieser Stelle *der Bogen*. Der Bibeltext soll auf seinen Gehalt untersucht werden. Damit eröffnet sich den Schülern die Möglichkeit, für sich den Gehalt des biblischen Textes anzunehmen. Die vierte Phase bezeichnet Ziller als *System*. Hier wird der Bibeltext gelesen und z.B. schriftlich zusammengefaßt, d.h. die Erkenntnisse der vorausgegangenen Phasen werden schriftlich fixiert. Bei Hammelsbeck steht an dieser Stelle der Bibeltext - und nicht die Bearbeitung desselben - im Vordergrund. Damit ergibt sich in diesem Punkt keine Übereinstimmung mit den Zillerschen Formalstufen.
Die Methode ist als Phase der Anwendung gedacht, in der Schülerinnen und Schüler zeigen sollen, daß sie das bisher Erarbeitete beherrschen. Hammelsbeck sieht an dieser Stelle Gebet und Lied vor, doch könnte die Phase der Anwendung bei Hammelsbecks *Bogen* angesetzt werden. Die Anwendung ist für ihn nicht von herausragender Bedeutung, da er den Unterricht als Katechese, also Kirche in der Schule, versteht.
Es bleibt anzumerken, daß Ziller seine Formalstufen nicht ausschließlich auf den Religionsunterricht bezieht, sondern für jedes Fach als geeignet erachtet. Die o.a. Beispiele stammen aus dem Religionsunterricht, um einen besseren Vergleich mit Hammelsbeck zu ermöglichen.[454]

G. Ebeling: Art. 'Hermeneutik', in: RGG³, Bd. III, Tübingen 1959, Sp. 242ff.
Vgl. auch H.G. Gadamer, Art. 'Hermeneutik', in: HWPh, Bd.III, Basel 1974, Sp. 106ff.

454 D. Stoodt, Arbeitsbuch zur Geschichte des evangelischen Religionsunterrichts in Deutschland, Münster 1985, S. 236 ff.

3.2.4 Helmuth Kittel

1947 schreibt H. Kittel in seinem Buch *Vom Religionsunterricht zur Evangelischen Unterweisung* ausführlich über die Methodik der *Evangelischen Unterweisung*. In Schleswig-Holstein gilt noch der Lehrplan von 1946. Die Unterbrechung, die die Religionspädagogik durch die Geschehnisse im Dritten Reich erfahren hat, ist überwunden, jedoch die Schrecken des Krieges sind noch nicht verarbeitet. Wie schon beschrieben, muß sich die Kirche auch in bezug auf den Religionsunterricht neu orientieren. Kittel leistet mit seinem Buch einen nicht unerheblichen Beitrag.
Kittel bestreitet zunächst entschieden, daß es eine alleinige Methode für die *Evangelische Unterweisung* gibt:
"Der Mannigfaltigkeit der Unterrichtsmethoden steht der ev. Lehrer in ev. Freiheit gegenüber"[455] (s.oben, 2.2).
Allerdings stellt auch Kittel gewisse Bedingungen an den Unterricht. Die Methode muß sich der Sache (dem Evangelium) unbedingt unterordnen und darf nicht Hauptgegenstand des Unterrichts sein. Gottes Wort soll den Schülern nahegebracht werden und sie ansprechen. Dabei ist jeglicher Zwang zu vermeiden, um den Kindern die Möglichkeit zu geben, aus eigener Entscheidung sich von Gott ansprechen zu lassen.[456]
Kittel läßt dem Lehrer also die Freiheit der Methodenwahl. Damit überträgt er dem Erzieher eine große Verantwortung, da es ja um die Begegnung des Kindes mit Gottes Wort geht.
Doch zeigt Kittel in seinen Arbeitshilfen, daß er sich durchaus darüber im klaren ist, daß eine solche Freiheit nur durch eine besonders gute Ausbildung an der Pädagogischen Hochschule zu erreichen ist.[457]
In den Lehrplänen und Richtlinien, die zu dieser Zeit gültig sind, wird dem Lehrer keine methodische Hilfe in ausreichendem Maße gegeben.[458]
Wie schon in den vorangegangenen Kapiteln an einigen Stellen erwähnt, fordern die hohen Ansprüche und Ziele, die mit der *Evangelischen Unterweisung*

---

455 H. Kittel, Vom Religionsunterricht zur Evangelischen Unterweisung, Wolfenbüttel-Hannover 1947, S. 21.

456 ebenda, S. 21f.

457 ebenda, S. 86.

458 vgl. die Lehrpläne und Richtlinien des Landes Schleswig-Holstein von 1946 und 1949.

einhergehen, auch den besonders gut ausgebildeten Pädagogen, der den Schülern das Wort Gottes in *rechter Weise* darbringen soll (s. oben, 3.1).

3.2.5 Gerhard Bohne

Gerhard Bohne findet sich bereits in den Kapiteln 2.8 und 3.1 dieser Arbeit unter den Stichworten *Lehrplan* und *Offenbarung in der Evangelischen Unterweisung*. Hier geht es nun um eine fachwissenschaftliche Problematik, nämlich um das Methodenproblem bei Bohne im Hinblick auf den historischen Jesus.
Gerhard Bohne sieht in der theologischen Wissenschaft eine Schwierigkeit für den Religionsunterricht. Einerseits kann man an den Erkenntissen der theologischen Wissenschaft nicht vorbeigehen. Auch der Schüler hat das Recht auf die sich aus der Forschung ergebenden Erkenntnisse, ist aber bei der Auseinandersetzung mit diesen theologischen Fragen vielfach überfordert. Für Bohne versteht das Kind "die Jesusgeschichte gar nicht so 'historisch' wie viele Erwachsene."[459]
Daraus ergeben sich natürlich Konsequenzen für den Unterricht. Das Kind nimmt die Geschichten so an, wie sie der Evangelist erzählt. Der Lehrer kann also getrost dem Schüler das Evangelium darbieten und ihm lediglich dabei helfen, den Verkündigungsgehalt der Geschichte zu erkennen.[460]
Andererseits benötigt man für den Unterricht diese Erkenntnis zunächst nicht, weil das Ziel des Religionsunterrichts nach G. Bohne: "nicht mehr oder weniger intellektuelle Aufnahme richtiger theologischer Erkenntnisse, sondern die Hinführung zu einer lebendigen Begegnung, die - wenn Gott seinen Segen dazu gibt - Vertrauen zur biblischen Wahrheit weckt und zum Gehorsam ruft."[461]

---

459 G. Bohne, Evangelische Unterweisung und theologische Wissenschaft, in: Evangelische Unterweisung, Monatsblatt für Erziehung und Unterricht, 15. Jg., Dortmund 1960, S. 21. Zu G. Bohne vgl. S. von den Steinen, Pädagogik und Theologie im Werk des Religionspädagogen Gerhard Bohne, Münster 1975 (Diss).

460 Karl Ernst Nipkow führt Untersuchungen an, die zeigen, daß Kinder den Fragen des Lehrers und dem Stoff oft nicht gewachsen sind. Langeveld schreibt dazu: "Es (das Kind) konstruiert spielenderweise, zu nichts verpflichtet. Im nächsten Augenblick sagt es über dieselbe Sache etwas anderes. 'Das hat Gott getan', sagt es in dem einen Augenblick, sehr zur Zufriedenheit des Fragenden. 'Das macht der Wind', sagt es über dieselbe Sache ein andermal." In: K.E. Nipkow, Evangelische Unterweisung oder evangelischer Religionsunterricht? Neue pädagogische Bemühungen, Essen 1964, S. 26.

461 s. oben, Anm. 28.

Dieses Ziel läßt sich doch nun nicht durch eine besondere Methode erreichen (s. oben, 3.1), weil sich die Methode "immer nur auf die Psyche und auf die Religion als menschliche Tatsache beziehen kann, und daß ihre Mittel immer nur dieser menschlichen Psyche entsprechende Mittel sind ... Aus der durchaus richtigen Erkenntnis der Sache - eben des Evangeliums - folgt noch keineswegs eine richtige Methode, da diese ja immer durch den Menschen mitbedingt ist. So gibt es also nicht *die* richtige, sondern nur gute und schlechte Methoden, die immer aber menschliche und psychologische Methoden bleiben, gefunden durch Nachdenken über die Sache und den Menschen."[462]

Dennoch bietet auch Bohne verschiedene Methoden an, um den Schülern das Wort Gottes nahezubringen. Die Aufgabe des Lehrers ist es dabei "das heranwachsende Geschlecht auf die göttliche Wahrheit als das Maß unseres Lebens hinzuweisen und ihnen den Helfer und Beistand mitzugeben, der in alle Wahrheit leitet."[463]

G. Bohne schlägt für den Unterricht zunächst eine Sammlung der Schüler vor, damit sie auf Gottes Wort hören können. Diese Sammlung kann z.B. durch ein Lied geschehen. Dabei kann zugleich eine Einführung in das Gesangbuch erfolgen, ohne daß die Schüler einen Zwang empfinden. Aber nicht nur geistliche Lieder sollen Gegenstand der Sammlung sein, denn auch andere Lieder regen zu Lob und Dank an.

Eine andere Möglichkeit ist der Stundenspruch. Vor Beginn der Stunde von dem Lehrer an die Tafel geschrieben, bietet er durch stilles Lesen der Schüler und einer kurzen Erklärung des Lehrers eine Sammlung und Vorbereitung auf das folgende. Am Ende der Stunde kann er wieder aufgegriffen werden. Außerdem können die Schüler ihn in ein Heft übertragen und sich als Merkspruch einprägen. Als "stärkste gemeinsame Sammlung" sieht Bohne das Gebet.[464]

Dabei ist er sich durchaus der Schwierigkeiten bewußt, die bei dieser Form auftreten können. Nicht jede Klasse ist dazu bereit. Es stellt sich ferner die Frage nach dem freien oder formulierten Gebet. Hier muß vom Lehrer die Situation der Klasse berücksichtigt werden.

---

462 G. Bohne, Das Wort Gottes und der Unterricht, Berlin 1964³, S. 201f.

463 G. Bohne, Ansprache an die jungen Lehrer, in: *Evangelische Unterweisung*, Monatsblatt für Erziehung und Unterricht, 17. Jg., Dortmund 1962, S. 110.

464 Gerhard Bohne, Die Botschaft Jesu Christi in der Oberstufe der Volksschulen in: Kultusministerium des Landes Schleswig-Holstein (Hrsg.), Wegweiser für die Lehrerfortbildung, Heft 6, Kiel 1955, S. 18.

Als letzte Möglichkeit führt G. Bohne die Stille an. Einige Minuten dürfen die Schüler still die zu besprechende Geschichte lesen oder über den Stundenspruch nachdenken. Bohne warnt allerdings vor einer Stille, die ohne Inhalt ist, weil diese Stille "auch der Torheit die Tür" öffnet.[465]
Nach dieser Phase der Einführung beginnt die Phase des Hörens.
Auch hier weist Bohne auf verschiedene Methoden hin. Zunächst einmal nennt er die Lehrererzählung. Der Lehrer kann die zu behandelnde Geschichte wörtlich oder frei erzählen.
Bei der freien Erzählung muß darauf geachtet werden, daß der Sinn durch phantasievolle Ausschmückungen nicht verfälscht wird.
Als Bedingung bei der freien Erzählung ist die wörtliche Wiedergabe des Jesuswortes zu beachten, die keinesfalls verletzt werden darf.
Als weitere Bedingung muß das Kind die gehörte Geschichte auch später erkennen, wenn es den biblischen Text liest. Keinesfalls darf es das Gefühl haben, "das hat unser Lehrer aber anders erzählt."[466]
Bohne sieht zusammenfassend die Lehrererzählung als "anschauliche Auslegung und als solche eine ebenso schöne wie ernsthafte theologische Aufgabe."[467]
Hier wird wieder der hohe Anspruch deutlich, den Bohne an den Lehrer stellt. Schon die Lehrererzählung fordert nicht nur den Pädagogen, sondern auch den Theologen oder zumindest solide theologische Kenntnisse. Durch die Ausbildung an der Pädagogischen Hochschule versucht Bohne, diese Voraussetzungen zu schaffen.
Neben der Lehrererzählung ist die Lektüre des Textes eine weitere Möglichkeit, den Schülern das Wort Gottes nahezubringen. Der Lehrer sollte allerdings darauf achten, daß nicht ein Schüler den Text zuerst vorliest, sondern der Lehrer selbst gut vorträgt. So kann der Sinn der Geschichte vom Schüler durch das Zuhören erfaßt werden. Sind die Schüler ausreichend geübt, kann in einer Phase der Stille der Text von jedem Schüler gelesen werden und anschließend von einem Schüler vorgetragen werden. Auf versweises Lesen sollte verzichtet werden, da oft der Vortrag darunter leidet. Weiterhin können die Schüler als Hausaufgabe das Lesen des Textes zur nächsten Stunde vorbereiten. Bohne warnt allerdings davor, die

---

465 ebenda, S. 19.

466 ebenda.

467 ebenda.

Schüler anschließend die Geschichte nacherzählen zu lassen, da das Kind seine Fragen zum Text noch nicht beantwortet bekommen hat.
Nach der Sammlung und dem Hören folgt das Nachdenken. Die Kinder sollen zusammen mit dem Lehrer Gottes Wort für sich annehmen. Das freie Unterrichtsgespräch zeigt dem Lehrer die Schwierigkeiten, die die Schüler mit dem Text haben. Bei diesem freien Gespräch müssen Regeln beachtet werden: Jeder muß dem Redenden zuhören, jedes Kind darf sich frei äußern und Stellung nehmen.
Die Kinder stellen dem Lehrer Fragen und erhalten ehrliche Antworten, die auch in dem Eingeständnis des Nichtwissens bestehen können. Das Kind wird in allen Fragen ernst genommen, damit es den Sinn erfassen kann.
Der Lehrer erfährt durch das Gespräch nicht nur die Fragen des Kindes, sondern auch seinen Standort. Jetzt kann er behutsam die Schüler zu dem Gehalt des Textes führen. Bohne beachtet auch die unterschiedliche Haltung der Schüler in der Phase der Pubertät. Er warnt ausdrücklich den Lehrer davor, den Schüler in dieser Phase als Gegner zu sehen, der ständig widerspricht. Hier ist der Lehrer als einfühlsamer Pädagoge angesprochen, der auch den Schüler als höchstes Ziel zu einer eigenen Stellungnahme führt, ohne ihn zu beeinflussen. Bohne betont also die Rolle des Gesprächs im Unterricht und nimmt damit ein Anliegen des späteren problem- und schülerorientierten Unterrichts vorweg. Gleichzeitig entkräftet er Argumente gegen die *Evangelische Unterweisung.*
Bohne zeigt an diesen Beispielen, daß bei ihm das Kind als Individuum an erster Stelle steht. Der Unterricht wird auf seine Möglichkeiten und Bedürfnisse eingerichtet.[468]
Neben dem *freien Unterrichtsgespräch* gibt es für G. Bohne das *gelenkte Unterrichtsgespräch.* Hier versucht der Lehrer, durch gezielte Fragen den Kindern zu helfen. Die Form des gelenkten Unterrichtsgespräches birgt aber auch Gefahren, auf die Bohne nicht versäumt hinzuweisen. Das Kind erkennt nicht von allein den Sinngehalt, sondern wird durch Mitdenken zu dem gewünschten Ergebnis geführt.

---

468 Peter Biehl stellt in seinem Aufsatz *Erfahrungsbezogener themenzentrierter Religionsunterricht* Aufgaben und Ziele des Religionsunterrichts vor: "Er (der Religionsunterricht) befähigt die Schüler zu einem theologisch reflektierten Umgang mit der eigenen religiösen Tradition, nichtchristlichen Religionen und religiös deutbaren Phänomenen."
Zumindest die erste Aufgabe, die Fähigkeit des Schülers, die eigene religiöse Tradition theologisch zu reflektieren, wird durch einen Unterricht, der, wie Bohne ihn oben beschrieben hat, verläuft, erfüllt. Ein Teil der Forderungen der Gegner der Evangelischen Unterweisung wurde offenbar von der Evangelischen Unterweisung, so wie Bohne sie versteht, erfüllt. P. Biehl, Erfahrungsbezogener, themenzentrierter Religionsunterricht, in: U. Becker, F. Johannsen (Hrsg.), Lehrplan - Kontrovers, Frankfurt a.M. 1979, S. 47.

Aber es gibt auch Themen, die nur mit Hilfe dieser Methoden behandelt werden können. Die Frage bleibt allerdings, ob die Schüler nur die Antworten geben, die der Lehrer gerne hören möchte oder wirklich von der Geschichte angerührt worden sind. Bohne formuliert folgendermaßen: "Der lebendige Gegenpol für das Kind ist also nicht das biblische Wort, sondern der Lehrer."[469]

Die Kurzpredigt[470] gibt dem Lehrer die Möglichkeit, auf Einsichten hinzuweisen, die auch durch das geführte Unterrichtsgespräch nicht vom Kind zu erreichen sind. Will er sie aber dem Kind zumindest vorstellen, wählt er die Form der Kurzpredigt. Für Bohne hat die Kurzpredigt immer *den Charakter des Bekenntnisses* und geht über das Erkenntnisvermögen des Kindes hinaus. Vielleicht erinnert sich das Kind später an das Dargebotene, wenn es zu der Erkenntnis fähig ist.

Bohne favorisiert keine der vorgestellten Methoden, sondern spricht sich für den Einsatz der einzelnen Methoden zum gegebenen Zeitpunkt aus. In dem Buch *Unterrichtswerk zum NT*, das er zusammen mit H. Gerdes verfaßt hat, zeigt er im pädagogischen Teil, den er allein geschrieben hat, zu einigen Geschichten aus dem NT die jeweiligen Anwendungsmöglichkeiten.[471]

Die Gruppenarbeit ist für Bohne auch in schwachen Klassen zum Verständnis des Textes geeignet. Gruppen von vier oder acht Personen besprechen zunächst den Text. Dabei gibt es bestimmte Rollen, die von einigen Gruppenmitgliedern gespielt werden: "Vorleser (Luthertext), einen Dolmetscher (moderne Übersetzung), einen Wächter, damit das Gespräch nicht abirrt und einen Gesprächsleiter."[472]

---

469 Gerhard Bohne, Die Botschaft Jesu Christi in der Oberstufe der Volksschulen in: Kultusministerium des Landes Schleswig-Holstein (Hrsg.), Wegweiser für die Lehrerfortbildung, Heft 6, Kiel 1955, S. 25.

470 Bei der Kurzpredigt handelt es sich um eine freie Rede des Lehrers, um das Kind auf Einsichten hinzuweisen, die es auf andere Art nicht erreichen kann.
G. Bohne, Die Botschaft von Jesus Christus, in: K. H. Berg (Hrsg.), Religionspädagogische Stundenbücher, Die Methodik in der Evangelischen Unterweisung ², Berlin 1966, S. 65.
Hier zeigt sich Kirche in der Schule - Methodenfragen, die pädagogisch gelöst werden müßten, werden an die Kirche delegiert, weil eine pädagogische Lösung nicht möglich zu sein scheint!

471 G. Bohne, H. Gerdes, Unterrichtswerk zum Neuen Testament, Berlin und Schleswig-Holstein 1973. Durch diesen Methodenpluralismus läßt Bohne Spannung zu. Diese Spannung sieht er als Notwendigkeit für den Religionsunterricht an (s. oben, 2.9).

472 Gerhard Bohne, Die Botschaft Jesu Christi in der Oberstufe der Volksschulen in: Kultusministerium des Landes Schleswig-Holstein (Hrsg.), Wegweiser für die Lehrerfortbildung, Heft 6, Kiel 1955, S. 27.

Der Text wird in der Gruppe besprochen und Fragen, die nicht beantwortet werden können, für das Gesamtgespräch aufgehoben.
Als letzte Unterrichtsphase schlägt G. Bohne das Anschauen vor. Nach dem Bedenken soll den Schülern nun noch die Möglichkeit gegeben werden, sich noch einmal in die Geschichte zu vertiefen. Die Kinder sollen im wahrsten Sinne des Wortes die Geschichte *anschauen*. Das kann dadurch geschehen, daß das Kind sie nachgestaltet, also sie zeichnet oder malt.[473]
Anschließend werden die Zeichnungen noch einmal gemeinsam angeschaut und besprochen.
In der Oberstufe bieten sich Gemeinschaftsarbeiten, wie z.B. Friese, Transparente oder geschnitze Figuren an.
Das Anschauen einiger Kunstwerke ist neben dem Vorhergehenden durchaus auch eine gute Möglichkeit, um die Geschichte noch einmal zu schauen und zu vertiefen.[474]
Vergleicht man die Anregungen Bohnes mit den heutigen Lehrplänen für das Fach Religion, so entdeckt man viele Gemeinsamkeiten. Gespräch, Lied, Gebet, Gruppenarbeit und Bilder gehören auch heute noch in den Religionsunterricht und werden im Lehrplan beschrieben.
Die *Evangelische Unterweisung* wird als religionspädagogische Antwort auf den Zusammenbruch des Kulturprotestantismus gesehen (s. oben, 2.1). Ihre Gedanken sind jedoch schon früher gedacht worden, also nicht so vollständig neu, wie so oft behauptet wird. Die *Evangelische Unterweisung* läßt sich zwar auf einen bestimmten Zeitraum begrenzen, gibt aber auch für die folgende Zeit Impulse. Liest man die *Grundlinien einer Theorie des Lehrplans* von F.W. Dörpfeld, so finden sich hier schon Gedanken, die von der *Evangelischen Unterweisung* aufgenommen wurden. Dörpfeld bedient sich zwar einerseits noch der Begrifflichkeit des späten 19. Jh., zeigt aber andererseits neue Wege auf, die stark auf die *Evangelische Unterweisung* hinweisen.
Wie Bohne teilt auch Dörpfeld den Unterricht so auf, daß die Schüler zunächst mit dem Stoff vertraut gemacht werden, ihn *anschauen* (s. oben, 3.2.4). In der anschließenden Behandlung sollen die Kinder auch durch das Denken eine abstrakte Vorstellung erreichen können.

---

473 ebenda, S. 29.

474 K. Frör gab sogar ein Buch zu diesem Thema heraus: Das Zeichnen im kirchlichen Unterricht, München 1954.

Die letzte Phase beschäftigt sich dann mit dem Anwenden der erworbenen Begriffe.[475] Hier könnte nun eingewandt werden, daß dieser Aufbau durchaus auch auf andere Fächer ausgedehnt werden kann und nicht allein typisch für die *Evangelische Unterweisung* sei. Wie sieht es mit den Zielvorstellungen auf beiden Seiten aus?
Bohne will die Kinder zu einer lebendigen Begegnung mit dem Evangelium führen (s. oben, 3.2.3). Auch Dörpfeld wählt für den Religionsunterricht ein abstraktes Ziel: "Gottes Heilsabsicht und Walten und der Menschen Gesinnung wie sie im Dichten, Trachten und Verhalten kund wird."[476]
Der 1. Teil dieses Zieles läßt sich durchaus mit Bohnes Position und Konzeption vergleichen. Beide wollen den Kindern eine Begegnung mit Gott ermöglichen, wobei sie selbstverständlich nicht dem Irrtum unterliegen, dieses Ziel aus eigener Kraft und mit vorgegebenen pädagogischen Mitteln erreichen zu können. Beide stellen die Bibel in den Vordergrund[477] und regen an, Lieder, Sprüche und Psalmen der jeweiligen biblischen Geschichte zuzuordnen (s. oben, 2.2.4).[478]
Der Lehrer stellt dann durch die Erzählung ein Band zwischen Schüler und Lehrer her.
Auch Dörpfeld will den Unterricht der Entwicklung des Kindes angepaßt wissen[479] und lehnt aus diesem Grunde den frühzeitigen Einsatz des Katechismus ab, da die Schüler z.B. im 1. Schuljahr Teile des Katechismus ohne rechtes Verständnis nur auswendig wiedergeben können.
Dabei will er - wie Bohne - psychologische Erkenntnisse durchaus eingebracht wissen und dem Schüler auch geographische und geschichtliche Erklärungen zukommen lassen, um das Verständnis zu vertiefen.
Dieser hohe Anspruch verlangt natürlich einen besonders gut ausgebildeten Lehrer, wie auch Bohne ihn fordert.

---

475 F.W. Dörpfeld, Grundlinien einer Theorie des Lehrplans zunächst für Volks- und Mittelschulen - Nebst dem Ergänzungsaufsatz: Die unterrichtliche Verbindung der sachkundlichen Fächer³, Gütersloh 1898, S. 32.

476 ebenda, S. 90.

477 ebenda, S. 89.

478 ebenda, S. 114.

479 ebenda, S. 119.

Natürlich gibt es zwischen Bohne und Dörpfeld Unterschiede. Dörpfeld will den Religionsunterricht als Zentralfach an die Spitze der Schule stellen und die anderen Fächer um dieses Fach gruppieren. Er wählt z.b. eine biblische Geschichte und nimmt in Biologie, Geschichte und Geographie die dazugehörigen Themen durch.[480]
Hier findet sich also ein Vorläufer des heute vieldiskutierten ganzheitlichen Unterrichts nur unter religiösem Primat.

Die auf die *Evangelische Unterweisung* folgenden didaktischen Ansätze konnten zumindest im Lehrplan die *Evangelische Unterweisung* nicht vollständig verdrängen. Die Phase der *Evangelischen Unterweisung* ist zwar beendet, nicht jedoch ihre Sache. Da ist z.b. das Ernstnehmen des Kindes als Gegenüber, das Bohne anspricht (s. oben, 3.2.5). Auch seine Mahnung, daß der Schüler in der Pubertät nicht der Gegner des Lehrers sein will, sondern in der Abgrenzung seine eigene Identität zu finden versucht, ist heute noch aktuell (s. oben, 3.2.5). Die wichtige Rolle des Unterrichtsgesprächs, die Notwendigkeit von Gruppenunterricht und die Herstellung von Friesen, Transparenten und geschnitzten Figuren im Religionsunterricht sind auch heute noch anerkannt und haben ihren Platz im Religionsunterricht (s. oben, 3.2.5).

---

480 ebenda, S. 101.

Schlußbemerkung

Kind und kirchliche Gemeinde

Bei der Besprechung der einzelnen Lehrpläne und Richtlinien war des öfteren auch die Bindung des Kindes an die kirchliche Gemeinde Thema des Unterrichts. Schon Bugenhagen beschäftigte sich in seiner Kirchen- und Schulordnung vom 9. Mai 1542 mit der Kirchenbindung des Faches Religion. Diese Bindung mußte also verständlicherweise nach der Reformation neu bedacht werden (s. oben, 1.5).
Den Schülerinnen und Schüler müssen nach Bugenhagens Vorstellung einmal die Heilige Schrift und zum anderen alles, was der Erhaltung der weltlichen Ordnung dient, erklärt werden. Mit dem ersten Teil bejaht Bugenhagen die Bindung des Kindes an die kirchliche Gemeinde und zwar an erster Stelle. Jedoch ist die Anbindung an die Gemeinde nicht aussschließliches Ziel der Schule. An die zweite Stelle tritt die Bewährung in der Welt, als nützliches Glied der weltlichen Gemeinde. Das Nebeneinander von kirchlicher und weltlicher Gemeinde findet sich auch in der *Allgemeinen Schulordnung* von 1814 (s. oben, 1.8). Der Verfasser der Schulordnung von 1814, J.G.C. Adler, versucht jedoch, die enge Verflechtung zwischen Lehrtätigkeit und Kirchendienst zu lockern (s. oben, 1.8).
In den *Stiehlschen Regulativen* von 1854 stehen die Erziehung zu christlicher und vaterländischer Gesinnung gleichberechtigt an erster Stelle (s. oben, 2.1). F.M. Kuhlemann sieht in der Bindung an kirchliche Schulaufsicht und in der Dominanz religiöser Inhalte im Unterricht ein Kennzeichen für eine traditionelle Gesellschaft.[481] Damit versuchen die *Stiehlschen Regulative* von 1854, auch durch die Festschreibung des kirchlichen Einflusses auf die Schule das bestehende politische System zu stützen und zu bewahren.
Dies gelingt jedoch nicht, wie die *Allgemeinen Bestimmungen* von 1872 zeigen. Die Vormachtstellung des Faches Religion muß aufgegeben werden (s. oben, 2.2.1). Nach wie vor wird aber die Erziehung des Kindes zu einem nützlichen Glied der kirchlichen Gemeinde als Ziel beibehalten (s. oben, 2.2.1).
1919 fordert die evangelische Kirche in ihrem Dresdener Programm die Bewahrung des christlichen Charakters der öffentlichen Schulen (s. oben, 2.3). Sie versucht damit, der Trennung von Staat und Kirche durch die Weimarer Verfassung

---

481 Frank-Michael Kuhlemann, Modernisierung und Disziplinierung, Sozialgeschichte des preußischen Volksschulwesens 1794-1872, in: Helmut Berding, H. Jürgen Kocka, Hans-Ulrich Wehler (Hrsg.), Kritische Studien zur Geschichtswissenschaft 96, Göttingen 1992, S. 43.

entgegenzuwirken. In der Schule wird ein Religionsunterricht erteilt, der die Schüler zu religiösem Empfinden führt. Kabisch vertritt die These, daß *Religion lehrbar ist* (s. oben, 2.1).
Durch die Dialektische Theologie und Vertretern der Bekennenden Kirche wird ein Rückzug von Theologie und Kirche aus der Religion eingeleitet, der in der Situation nach dem 2. Weltkrieg seinen Höhepunkt findet: Glaube wird zur Sache des einzelnen, der in einer eigenen Entscheidung sein persönliches Verhältnis zu Gott findet (s. oben, 3.1). Damit wird ein anderer Religionsunterricht erforderlich: die *Evangelische Unterweisung.*
Im Jahre 1921 treten die Richtlinien zur Aufstellung von Lehrplänen für die Grundschule in Kraft. Hier zeigt sich nun verstärkt die Trennung von Staat und Kirche. Der religiöse Bildungsauftrag der Schule wird in der Präambel nicht mehr erwähnt (s. oben, 2.3).
Im Vordergrund steht nicht mehr der Mensch in seiner Bindung an kirchliche und weltliche Gemeinde, sondern die Individualisierung des einzelnen (s. oben, 2.3).
Während des Nationalsozialismus wird in der Schule die Anbindung des Kindes an die kirchliche Gemeinde nicht mehr gewünscht. Allein die Bindung an den Führer Adolf Hitler ist nunmehr Ziel des Unterrichts (s. oben, 2.4). Bei der Erfüllung dieses Zieles würde sich eine Bindung des Kindes an die kirchliche Gemeinde nur störend auswirken.
Im Volksschullehrplan für Schleswig-Holstein von 1946 wird auf die Lehrpläne des Dritten Reiches reagiert. Jedoch wird eine enge Anbindung an die Kirche vermieden, und auch die Erziehung des Kindes zu einem Glied der kirchlichen Gemeinde wird nicht mehr als schulisches Ziel erwähnt (s. oben, 2.8).
Dieses ändert sich im Lehrplan für Schleswig-Holstein von 1949. Die Schülerinnen und Schüler erhalten durch den Unterricht in Bibelkunde ein gutes Fundament, um sich in der kirchlichen Gemeinde zurechtzufinden. Im 4. Schuljahr ist dann das gegenwärtige Leben der Kirche Thema des Religionsunterrichts (s. oben, 2.8). Natürlich ist dieser Bezug nicht so stark wie zur Zeit Bugenhagens oder Adlers, wo der Lehrer die Kinder des Sonntags zum Gottesdienst führte und die Predigt besprach. Aber der Religionsunterricht, der in *Evangelische Unterweisung* umbenannt worden ist, sieht doch wieder verstärkt die Schüler als Glieder der kirchlichen Gemeinde. Der damalige Kultusminister von Schleswig-Holstein, Edo Osterloh, postuliert klar die Einheit von Schule und Kirche als Zeugnis vom lebendigen Herrn, der seine Gemeinde erhält und regiert (s. oben, 2.8).
Im Lehrplan von 1961 verstärkt sich diese Tendenz noch, wenn gesagt wird, daß das Kind nicht nur auf das *Wort Gottes hören*, sondern auch *in die Heimatge-*

meinde hineinwachsen soll (s. oben, 2.8). Dieses *Hineinwachsen* wird dem Kind auch durch die Auswahl der Lieder erleichtert, die überwiegend aus dem Kirchengesangbuch stammen (s. oben, 2.8).
In den Richtlinien von 1975 hat sich wieder der Name geändert. Die *Evangelische Unterweisung* heißt jetzt erneut Religionsunterricht. Das Kind wird nicht mehr vorwiegend als Glied der kirchlichen Gemeinde gesehen, sondern mehr als Individuum behandelt wie auch schon zur Weimarer Zeit. Damit ist erneut ein Höhepunkt der Anbindung des Kindes an die Gemeinde überschritten. Bemerkenswert ist dabei der relativ schnelle Wandel im Gegensatz zur vergangenen Zeit, in der sich die Loslösung der Bindung in einem wesentlich längeren Zeitraum vollzog.

Religionsunterricht als ordentliches Lehrfach

Als im Schulartikel 149 der Reichsverfassung vom 11. August 1919 der Religionsunterricht ordentliches Lehrfach der Schulen wird, erübrigt sich die Forderung nach Konfessionsschulen, da sie auf der Ebene des Faches erfüllt wird (s. oben, Anm. 225). Es gibt jetzt einen katholischen und evangelischen Religionsunterricht. Auch Art. 7.3 GG hält am Status des ordentlichen Lehrfaches fest. (s. oben, Anm. 227 und 401).
Mit diesem historischen Kompromiß sind die Teilnehmer der Kirchenkonferenz in Treysa 1945 nicht einverstanden. Sie fordern jedoch nicht mehr Konfessionsschulen, sondern eine christliche Schule mit evangelischen Lehrerbildungsanstalten und die Bildung Evangelischer Schulgemeinden unter Aufsicht der Kirche (s. oben, 2.6).
Der alte Begriff der *Konfessionsschulen* aus der Weimarer Zeit wird hier durch *christliche Schule* ersetzt. Die maximalistischen Forderungen von Treysa können nicht durchgesetzt werden. Der *Religionsunterricht* bleibt ordentliches Lehrfach, wenn auch mit einer Doppelstruktur (s. unten). Er sollte seine Selbständigkeit gegenüber Kirche und Staat weiterhin bewahren, um seine Legitimation auch weiterhin zu behalten.

G. Bohne: Entscheidung und Entwicklung

G. Bohne zeigt in seinem Buch: *Das Unterrichtswerk zum neuen Testament*, daß er die Entwicklung der Schüler berücksichtigt. Der gleiche Evangelientext wird verschieden gewichtet. Damit erreicht G. Bohne, daß jeder Schüler seiner Entwicklungsstufe gemäß unterrichtet wird (s. oben, 2.8). Hierzu wäre kritisch anzumerken, daß sich nicht alle Schüler einer Klasse auf genau den gleichen Entwicklungsstufen befinden. Sollte der Anspruch G. Bohnes verwirklicht werden, müßte der Religionslehrer zunächst die Entwicklungsstufen der Kinder untersuchen. Sind die Schülerinnen und Schüler in ihrer jeweiligen Entwicklung zu weit auseinander, müßte der Lehrer durch umfangreiche Differenzierungsmaßnahmen auf die Schülerinnen und Schüler eingehen.

Eine weitere Schwierigkeit im heutigen Religionsunterricht sind die unterschiedlichen Voraussetzungen der Schülerinnen und Schüler in bezug auf ihre Bibelkenntnisse. Es kann keinesfalls bei der Mehrheit von grundlegenden Bibelkenntnissen beim Eintritt in die Schule ausgegangen werden. Für Bohne ist ein Unterricht, der sich an die jeweiligen Entwicklungsstufen anpaßt, unabdingbar, um sein Ziel zu erreichen: den Schüler im Unterricht zur Entscheidung zu führen (s. oben, 2.8).

Allerdings ist diese Entscheidung eine *große Störung der Entwicklung* (s. oben, 2.8). Hier zeigt sich, was Bohne wirklich will: Das Evangelium soll nicht dem Kind angepaßt werden. Alles, was von Gott kommt, stört den Menschen in seiner Sicherheit (Barth/Bohne). Zwei Grundbegriffe, nämlich *Entscheidung* und *Entwicklung*, treffen aufeinander. Eine Verschmelzung beider ist nicht möglich, denn sie passen nicht zusammen. Es handelt sich folglich nicht um einen harmonischen Prozeß, an dessen Ende die Entscheidung des Schülers steht und auch nicht um eine kindgerechte Entwicklung (Auch in der Praktischen Theologie stellt sich dieses Problem. Vgl. Viktor Weichbold, Zum Verhältnis empirischer und theologischer Sätze in der Praktischen Theologie, Hamburg 1992). Die *Evangelische Unterweisung* ist für Bohne damit nicht mit anderen Schulfächern vergleichbar, sondern nimmt eine Sonderstellung ein. In den Richtlinien für die Hauptschulen von 1966 ist auf den ersten Blick eine Übereinstimmung mit Bohne zu verzeichnen: die stärkere Berücksichtigung des Individuums im Unterricht. Aber sowohl Weg als auch Ziel unterscheiden sich. Bei Bohne ist die Heilige Schrift der Ausgangspunkt und das Ziel die Entscheidung des Schülers. In den Richtlinien von 1966 ist der kindliche Heranwachsende der Ausgang und das Ziel Hilfe zum Glauben.

So beginnen sowohl der Lehrplan von 1975 für die Grundschule als auch der Lehrplan für die Hauptschule von 1982 mit der Einheit: *Ich bin jemand*. Auch hier wird die Entwicklung des einzelnen Schülers beachtet und als Grundlage für den Unterricht genommen, jedoch im Gegensatz zur *Evangelischen Unterweisung* nach dem Verständnis G. Bohnes. Der Lehrplan Religion reagiert damit ein weiteres Mal auf die Gegebenheiten in der Gesellschaft und ist wiederum ein Spiegel für ihren Wandel.

Der Bildungsbegriff im Wandel

Wie die Arbeit zeigt, hängt die Lehrplanentwicklung des Faches Religion auch von der Entwicklung des Verhältnisses Staat-Kirche ab, das oft unter dem Stichwort *Säkularisierung* gesehen und diskutiert wird. Damit muß jedoch nicht eine Abwertung des Christlichen gemeint sein, denn vom Glauben wird gefordert, daß er sich darüber klar wird, wie er sich zu der Welt verhält.

Für Luther ist z.B. auch die Hochzeit ein *weltlich Ding*. Der Begriff *weltlich*[482] ist nicht identisch mit *säkularisieren*,[483] wie bereits in Joh. 3,16 gesagt wird: "Also hat Gott die Welt geliebt, daß er seinen eingeborenen Sohn gab".[484]

Dadurch wird das positive Verhältnis Gottes zu der Welt deutlich. Sie ist Gegenstand seiner Liebe. Dieses Weltverständnis ist zweifellos positiv. Weil Gott diese Welt liebt, kann folglich das, was in ihr geschieht, dem Glauben nicht gleichgültig

---

482 Zur Einschätzung der Ehe *als weltlich Ding* siehe W.D. Marsch, Institution im Übergang, Göttingen 1970, S. 35f.

483 Der Begriff *Säkularisierung* bedeutet zunächst den "Übertritt eines Klerikers von der Ordensgeistlichkeit zur Weltgeistlichkeit" (G. Marramao, 'Säkularisierung' in: HWPh, Bd. 8, Basel 1992, Sp. 1133f). Später wird mit diesem Wort auch die Enteignung der Kirchengüter bezeichnet und damit eine allmähliche "Verdrängung der kirchlichen Autorität aus dem Bereich der weltlichen Herrschaft" beschrieben (ebenda, Sp. 1134). Im heutigen Sprachgebrauch bedeutet *Säkularisierung* Verdrängung des christlichen Glaubens. In diesem Sinne wird der Begriff in dieser Arbeit nicht verwendet. Die streng rechtliche Anwendung des Begriffes erfährt eine "methaphysische Ausweitung, die in die philosophische Dimension hineinreicht" (ebenda, Sp. 1134). Es entstehen im 19. Jh. zahlreiche Varianten eines Säkularisierungsverständnisses. Im 20. Jh. entwickelt sich der Säkularisierungsbegriff weiter, wie es Marramao oben, Sp. 1134, beschreibt. Jetzt bezeichnet der Begriff im Grunde das Ende der Christlichkeit. Für M. Weber ist die Säkularisierung ein Prozeß, der die Entwicklung der europäisch-okzidentalen Gesellschaft darstellt (ebenda, Sp. 1133ff). Aus den Überlegungen ergibt sich, daß die sogenannte *Säkularisierung* nicht das Ende des christlichen Glaubens in der Welt bedeutet, sondern eine jeweils zu bestimmende Form christlicher Weltverantwortung meint.

484 Das Neue Testament nach der deutschen Übersetzung D. Martin Luthers, Priv. Württemb. Bibelanstalt, Stuttgart.
Im Johannesevangelium wird *Welt* ambivalent gebraucht. Es ist der Ort der Liebe, aber auch der Ort des Gerichts (Joh. 16,8). Daraus ergibt sich die Notwendigkeit, das Verhältnis zum Kosmos (Welt) jeweils kritisch im johannäischen Sinne neu aufzuarbeiten.
Joachim Matthes, Religion und Gesellschaft, Reinbek 1967, S. 74ff.
H.-T. Wrege, Reformation und Säkularisierung, in: Klaus Kürzdörfer (Hrsg.), Öffentliche Vorlesungsreihe der Pädagogischen Hochschule Kiel zum Lutherjahr 1983, Obertshausen 1983, S. 79ff.

sein. Daraus ergibt sich für niemanden mehr die Notwendigkeit, sich im Glauben aus dieser Welt zurückzuziehen.

Die Reformation bringt durch Luther noch zusätzlich eine Veränderung des Bildungsbegriffes: Bildung wird ein *weltlich Ding* und sollte jedermann zugänglich sein (s. oben, 1.5).

Als Luther erkennt, daß Gottes Zuwendung nicht durch fromme Werke verdient werden kann, entsteht für ihn ein neues Berufsverständnis. Dieser Begriff bedeutet bis dahin nämlich nur die Berufung durch Gott zum Kleriker. Der Mensch - im Sinne Luthers - kann sich seinem Beruf widmen und so seinem Nächsten dienen, denn Gott schenkt seine Zuwendung aus Gnade.[485] So muß der Mensch nicht mehr bei Gott sein Heil verdienen, sondern kann dem Nächsten im Beruf dienen. Luther sieht, wie Joh. 3,16, die Welt positiv. Das bedingt eine Änderung der Einschätzung von Bildung und Beruf. Dieses neue Berufsverständnis bewirkt zugleich eine Änderung des Bildungsverständnisses. Ähnlich wie beim Beruf ist das Bildungsverständnis Luthers am Nächsten - am Kinde - orientiert. Bildung und Beruf sind jetzt Berufung zum Dienst am Nächsten. Jeder sollte die Möglichkeit haben, diesen Dienst zu tun. Jeder sollte also die Möglichkeit der Bildung haben. Aus diesem Grund ist Luther an der Einrichtung von Schulen interessiert und fördert sie, wo er kann.[486] So ist es für Luther bezeichnend, daß er dasselbe Wort *Beruf* in der Bibelübersetzung von z.B. 1. Kor. 1,26 (Berufung durch Gott); 7,20 (die empirisch-soziale Rolle, in der uns der Ruf Gottes erreicht) und vor allem Sirach 11,20f (die soziale Rolle, die einer z.B. als Handwerker in der Gesellschaft ausübt) gebraucht. Darin drückt sich nicht nur die grundsätzliche Gleichwertigkeit des geistlichen und der weltlichen *Berufe* aus. Sondern da der Mensch in Folge der voraussetzungslosen Gnade seine Berufung im geistlichen Sinne nicht mehr durch religiöse Werkerei sichern muß, kann er die neu auf Gnade gestellte Berufung Gottes in der Arbeit zum weltlichen Wohl verwirklichen."[487] Aus dieser Auffassung heraus kann die verfaßte Kirche die Bildungsarbeit an den Rat der Stadt delegieren, natürlich unter der Voraussetzung, daß der Rat christlich handelt. Die Kirchenordnung Bugenhagens weist den Städten eine derartige Verantwortung zu. Diese honorieren das in

---

485 Max Weber, Gesammelte Aufsätze zur Religionssoziologie[7], Tübingen 1978, S.63ff.

486 Klaus Westphalen, Sonst bleiben's eitel Holzböcke, in: Klaus Kürzdörfer (Hrsg.), Öffentliche Vorlesungsreihe der Pädagogischen Hochschule Kiel zum Lutherjahr 1983, Obertshausen 1983, S.42

487 Hans-Theo Wrege, Reformation und Säkularisierung, a.a.O., S. 81.

sie gesetzte Vertrauen und geben dem Fach Religion einen festen Platz in der Schule (s. oben, 1.5).

Unter den Bedingungen der Aufklärung kann es zur Trennung zwischen Kirche und weltlicher Obrigkeit kommen (s. oben, 1.8).

Der Religionsunterricht bleibt in Folge dieser reformatorischen Voraussetzung in Deutschland Teil der gesellschaftlichen Kultur und Grundlage der Bildung. Deshalb kann Religionsunterricht später ordentliches Fach an der Schule werden. Ziel des Unterrichts ist dabei nicht nur Kenntnis der Bibel und des Katechismus, sondern Erziehung zur Moral.

Im 20. Jh. regeln Gesetze das Verhältnis von Staat und Kirche. Damit wird der jeweilige Wirkungsbereich der beiden Institutionen auch in der Bildung abgegrenzt (s. oben, 2.3). Mit dieser Abgrenzung respektiert die staatliche Bildung Religion als ordentliches Schulfach.

An den Lehrplänen für das Fach Religion läßt sich die jeweilige politische Veränderung und auch die Veränderung des Bildungsbegriffs deutlich ablesen.[488]

Natürlich trägt auch die Pädagogik dem Wandel Rechnung. Otto Friedrich Bollnow fordert in seinem Vortrag *Das veränderte Bild vom Menschen und sein Einfluß auf das pädagogische Denken* " ... die klassische Pädagogik der stetigen Erziehungsform durch eine entsprechende Pädagogik unstetiger Formen zu erweitern."[489]

Die Pädagogik der unstetigen Erziehungsformen soll dabei auf der Grundlage der Existenzphilosophie entwickelt werden. Bollnow wählt drei sich daraus ergebende Grundbegriffe: die Ermahnung, die Begegnung und das Engagement.

---

488 Während Adler in seiner *Allgemeinen Schulordnung* den Anspruch moralisch-religiöser Bildung erhebt, fehlt dieser bei den Allgemeinen Bestimmungen des Ministers Falk (s. oben, 2.3).
Unter den Nationalsozialisten gibt es keine verbindlichen Lehrpläne im Fach Religion. Die Aufgabe der deutschen Schule ist es jetzt, Männer und Frauen zu erziehen, die zum vollen Einsatz für Führer, Volk und Vaterland bereit sind. Das Alte Testament sollte im Religionsunterricht möglichst nicht mehr behandelt werden, da es nach Ansicht der Nationalsozialisten als sittliches Vorbild nicht mehr taugt (s. oben, 2.4).
Nach dem Ende des zweiten Weltkrieges gibt es bereits 1946 in Schleswig-Holstein wieder einen Lehrplan für das Fach Religion.
In der Präambel wird der Bildung einer Herrenrasse eine klare Absage erteilt. Die Erziehung zur Moral ist nicht mehr Gegenstand des Religionsunterrichtes (oben, 2.8).

489 Otto Friedrich Bollnow, Das veränderte Bild vom Menschen und sein Einfluß auf das pädagogische Denken, in: Erziehung wozu? Das Heidelberger Studio, eine Sendereihe des Süddeutschen Rundfunks, Stuttgart 1955, S. 39.

Bei der Ermahnung sieht Bollnow in der *Predigt* eine Möglichkeit, "den Menschen in dem innersten Bereich seiner Existenz zu berühren, wo Stetigkeit und Fortschritt - und mit ihnen Bildung und Bildsamkeit - ihren Sinn verloren haben und es nichts gibt als die reine Augenblicklichkeit der ergriffenen Existenz."[490]
In der *Begegnung* soll das Kind dann zur Auseinandersetzung gezwungen werden. Damit ist zugleich eine Erschütterung in seinen Tiefen verbunden.
Engagement will Bollnow so verstanden wissen, " ... daß sich der Mensch bewußt in die Gegensätze hineinstellt, sich für das eine und damit gegen das andere entscheidet, denn ohne diese Entscheidung zerfließt im Wesenlosen."[491]
Es ist bemerkenswert, daß Bollnow die Pädagogik der unstetigen Formen mit Begriffen vorstellt, die Gerhard Bohne für die *Evangelische Unterweisung* in Anspruch nimmt (s. oben, S.168ff). Existenzphilosophie und *Evangelische Unterweisung* zeigen hier eine Nähe, die bisher so noch nicht erkannt worden ist.
Schon im AT wird der Begriff des Bildes anthropologisch verwandt. In Gen. 1,27 heißt es: "So schuf Gott den Menschen nach seinem Bilde; nach Gottes Bild schuf er ihn; männlich und weiblich schuf er sie." (Elberfelder Bibel, 2. Sonderauflage 1989, Wuppertal und Zürich, 1885, S. 2).
Im hebräischen Urtext steht für Bild: צלם. Das Verb, von dem dieser Begriff abgeleitet wird, ist צלם mit der Bedeutung: schneiden, schnitzen. *Bild* bedeutet hier also das Ergebnis einer handwerklichen Tätigkeit.
Im NT findet sich in den Paulusbriefen, z.B. Röm. 1,23; 1.Kor. 15,49 und 2.Kor. 4,4, das griechische Wort εἰκών (Bild, Gleichnis, Vorstellung). Christus und Adam bezeichnen für Paulus zwei Existenzweisen des Menschen, der sich von beiden prägen lassen kann. Bild bedeutet an dieser Stelle: Prägung der Existenz (1.Kor. 15,49).[492]
Zunächst wird in althochdeutscher Zeit (800 - 1100 n.Chr.) das Verb *bilden* im Sinne von *körperlich gestalten* und *sich ähnlich sein* oder *sich gleichen* benutzt. In der spätmittelhochdeutschen Zeit (1400 - 1500 n.Chr.) wird der Begriff auf die philosophisch religiöse Ebene ausgedehnt.

---

490 ebenda, S. 41.

491 ebenda, S. 45.

492 In Paulinischen Texten spielt die Prägung durch Adam und Christus eine große Rolle. Zur religionsgeschichtlichen Diskussion vgl. Hans-Heinrich Schade, Apokalyptische Christologie bei Paulus, in: Georg Strecker (Hrsg.) Göttinger Theologische Arbeiten, Bd. 18, Göttingen 1981, S. 69ff, Ernst Käsemann, 1. Korintherbrief, Handbuch zum NT, Bd. 8.

In der Zeit der Mystik sieht Ekkehard in seiner Bildungslehre das höchste Ziel des Bildungsprozesses folgendermaßen: "Gott nahm aus sich Göttliches und bildete so den Menschen; der Mensch fügt diesen Teil dem Göttlichen wieder zu, hebt sich auf (sic!)."[493] D.h. Bildung bedeutet Rückkehr zu Gott, von dem der Mensch hergekommen ist.

Luther gibt dem Wort *bilden* eine moralische Dimension und deutet *einbilden* als *einprägen der Lehre, der Vorschrift*.[494]

Im 18. Jh. setzt Gichtel *bilden* für organisches Formen und Erzeugen, doch der religiöse Bezug fehlt auch hier nicht. Für den Pietismus ist "Moral das Mittel, den Geist zur Tugend zu bilden."[495]

Bei Herder gesellt sich zu der religiösen Dimension eine philosophisch-ästhetische. Der religiöse Kernbereich des Begriffes Bildung wird für das jeweilige zeitgemäße Wirklichkeitsbild erschlossen und durch die Hinzunahme des philosophisch-ästhetischen Bereichs ergänzt.

F.W. Dörpfeld setzt den Bildungsbegriff in Relation zum Lehrplan. Das Ziel der Schule - dem Schüler eine allgemeine Bildung zu vermitteln - prüft er kritisch auf seinen Gehalt. Er stellt fest, daß der Begriff *Allgemeine Bildung* sehr unbestimmt ist und mit den verschiedensten Inhalten gefüllt werden kann.[496]

---

493 I. Schaarschmidt, Der Bedeutungswandel der Worte *bilden* und *Bildung* in der Literatur - Epoche von Gottsched bis Herder, Elbing 1931, S. 13.
Josef Dolch, Neuformungen des Bildungsbegriffs in der Pädagogik der Gegenwart, in: J. Göttler (Hrsg.), XIX. Jahrbuch des Vereins für christliche Erziehungswissenschaft.

494 ebenda, S. 14.

I. Schaarschmidt verkürzt Luthers Auffassung vom Begriff *bilden* sehr stark und nennt zudem keine Belegstellen aus Luthers Schriften. Für Luther bedeutet *Bildung* die "Ausbildung geistiger und leiblicher Fähigkeiten" (An die Ratsherren aller Städte, Luth. Päd. Schriften, ausgewählt von U. Moldehn, Breslau 1913, S. 74. Luthers Auswahl aus pädagogischen Schriften, Dr. K. Raßfeld (Hrsg.), Bielefeld, Leipzig, Berlin 1909, S. 93f). Dabei ist die Ausbildung - die die Griechen ihrer Jugend angedeihen ließen (s. oben, 1.1) - ihm Vorbild. (An die Ratsherren aller Städte, Luth. Päd. Schriften, ausgewählt von U. Moldehn, Breslau 1913, S. 76). Scharf wendet er sich gegen die Ausbildung der geistigen Fähigkeiten, wie sie bis dahin in Deutschland üblich waren. Ebenda S. 77ff (s. oben, 1.5).

495 I. Schaarschmidt, Der Bedeutungswandel der Worte *bilden* und *Bildung* in der Literatur - Epoche von Gottsched bis Herder, Elbing 1931, S. 49.

496 F. W. Dörpfeld, Grundlinien einer Theorie des Lehrplans, S. 152.

Die Wandlung des Begriffes *Bildung* beschreibt I. Schaarschmidt: "Bildung war Religion. Bildung war Natur. Bildung war Kunst."[497]
Diese Entwicklung hat eine gewisse Entsprechung darin, daß der Einfluß der Institution Kirche auf das Bildungswesen abnimmt bis hin zum Erlöschen (extreme Beispiele sind die Lehrpläne für den *Religionsunterricht* zur Zeit des Nationalsozialismus und in der DDR), ohne daß die religiöse Substanz aufgebraucht wäre. Das wird dadurch deutlich, daß nach dem 2. Weltkrieg das Fach Religion im Lehrplan Schleswig-Holsteins sofort wieder vorhanden ist.[498]
In den Thesen Kaufmanns wird ebenfalls deutlich, daß das Fach Religion in der Schule neu gefordert ist, um verstärkt die Schülerinnen und Schüler in ihrer Lebenswirklichkeit zu begreifen und hilfreich zu begleiten: "Es ist an der Zeit, Ort und Auftrag des Religionsunterrichts an unseren Schulen pädagogisch, theologisch und gesellschaftspolitisch neu zu konzipieren und dabei zu beachten, was an Einsichten an anderer Stelle in der Diskussion um eine zeitgemäße Theorie der Schule vorgelegt worden ist"[499] (s. oben, 2.8, Anm. 404 und Anm. 414).
Hier spricht Kaufmann eine Legitimationsproblematik an, die nicht nur für das Fach Religion gilt. Die sich verändernde Gesellschaft fordert eine Schule, die sich anpaßt. Damit ist gleichzeitig die schulbezogene Pädagogik einem ständigen Wandel unterworfen. Im Grundschulbereich zeigt die Entwicklung des Faches Heimat- und Sachunterricht, wie Teile der Biologie, Physik, Chemie und Geographie zu einem neuen Fach zusammengefaßt werden.
Das Fach *Wirtschaft-Politik* in der Hauptschule nimmt Teilbereiche der Fächer Geschichte und Geographie in sich auf. Diesen Fächern fehlt nun ein Teil ihrer Stoffgebiete, folglich auch ein Teil ihrer Legitimation.
Der Einfluß der Barmer Theologischen Erklärung auf die Entwicklung des Faches Religion und die Relevanz für die Lehrpläne ist durch die politischen Umstände (britische Besatzungsmacht) gegeben (vgl. J. Kahle, Der Einordnungsprozeß der

---

497 I. Schaarschmidt, Der Bedeutungswandel der Worte *bilden* und *Bildung* in der Literatur - Epoche von Gottsched bis Herder, Elbing 1931, S. 77.

498 Die Mitsprache der Kirche kann während der Zeit des Nationalsozialismus an den Lehrplänen nur schwer vollzogen werden, da es für das Fach Religion keine verbindlichen Lehrpläne mehr gibt. Eine einheitliche Lösung nach dem Ende des 2. Weltkrieges wurde durch Aufteilung Deutschlands in Zonen verhindert (s. oben, 2.6). Zu den Sonderregelungen Berlin und Bremen s. oben, Anm. 312.

499 D. Stoodt, Arbeitsbuch zur Geschichte des evangelischen Religionsunterrichts, Münster 1984, S. 391.

Deutschen Evangelischen Kirche in das demokratische Funktionssystem der Nachkriegsära in den Westzonen) und zeigt erneut, wie abhängig die Lehrpläne von den politischen Konstellationen sind. Dabei gründen sich die staatsbürgerlichen Freiheiten zumindest im angelsächsischen Kulturkreis auf die Religionsfreiheit. Es gehört zum westlichen Demokratieverständnis, daß man sich der religiösen Herkunft der staatsbürgerlichen Freiheit bewußt bleibt (vgl. K.D. Erdmann: Roger Williams, Das Abenteuer der Freiheit, s. oben, Anm. 300).

Die Arbeit zeigt ferner die Wandlung des Bildungsbegriffes, der sich auch in den Lehrplänen widerspiegelt. Bildung, zunächst nur für einzelne Privilegierte, wird durch den Anspruch der Reformation zum Allgemeingut.

Die Gewichtung der berufsbezogenen Bildung unterliegt ebenfalls der Veränderung und wird bei uns wieder neu diskutiert.

Die reformatorische Dimension brachte die Aufwertung der berufsbezogenen Bildung. Bildung und Beruf sind also reformatorisch umgeprägt (s. oben, 1.5). Diese Entwicklung wird viel zu wenig beachtet und in den Lehrplänen nicht angemessen berücksichtigt.[500]

J.W. Dörpfeld ordnet der Schule vier Aufgaben zu, die sie zu erfüllen hat. An erster Stelle nennt er die Vorbereitung auf den Beruf und nimmt damit eine entgegengesetzte Haltung zu den Forderungen Wilhelm von Humboldts ein (s. oben, Anm.156). Hier zeigt sich sicher auch eine gewisse Nähe zu Luther (s. oben). Die zweite Aufgabe gilt der Gesundheitspflege. Die dritte beinhaltet die Pflichten, die aus der sozialen Stellung des einzelnen erwachsen. Die vierte Aufgabe ist dann die vornehmste: die religiös-sittliche! Um diese angemessen zu erfüllen, ist aber Religionsunterricht unabdingbar, wie Dörpfeld schreibt (s. oben, 3.2.5).[501]

In der gegenwärtigen Situation sieht sich das Fach Religion in dieser Hinsicht einer Konkurrenz ausgesetzt, weil Erziehung zur Moral von den Fächern Philosophie

---

500 Üblicherweise wird die Rolle von Religion in Schule und Gesellschaft, unter dem Vorzeichen einer einseitg verstandenen Säkularisierungsthese, als fortschreitender Verlust religiösen Einflusses und religiöser Relevanz verstanden. Jedoch ist diese Säkularisierungsthese kritisch zu überprüfen (s. oben, Schlußbemerkung meiner Arbeit, G. Marramao, 'Säkularisierung' in: HWPh, Bd. 8, Sp. 1133. Hans Theo Wrege, Reformation und Säkularisierung, in: Klaus Kurzdörfer (Hrsg.), Öffentliche Vorlesungsreihe der Pädagogischen Hochschule Kiel zum Lutherjahr 1983, Obertshausen 1983, S. 79ff.

501 F.W. Dörpfeld, Grundlinien einer Theorie des Lehrplanes zunächst für Volks- und Mittelschulen - nebst dem Ergänzungsaufsatz: Die unterrichtliche Verbindung der sachunterrichtlichen Fächer[3], Gütersloh 1898, S.155.

und Soziologie mitgetragen wird. Religion hat allerdings im Hinblick auf die Zehn Gebote eine besondere Verantwortung in der moralisch-ethischen Erziehung.
Moral ist also eine traditionelle Dimension der Religion. Sie ist insofern für die Lehrpläne von großer Bedeutung (s. oben, 1.8.).
In areligiösen Erziehungssystemen ist *Moral* ebenfalls unverzichtbar. Andere Dimensionen der Religion (wie z.B. die Gottesbeziehung) können jedoch nicht von Nachbarfächern übernommen werden (s. oben, 2.10).
Ein Bewußtwerden dieser Zusammenhänge könnte für die Entwicklung des Religionsunterrichtes und des Religionslehrplanes von Bedeutung sein und helfen, nicht nur bei der Neuordnung der ehemaligen DDR im Fach Religion, Fehler zu vermeiden. Religionsunterricht, der die Werte seiner Begrifflichkeit noch kennt, kann nicht auf die Zehn Gebote verzichten. Wer der Moral ihre religiöse Dimension nimmt, muß sich fragen lassen, ob er die Konsequenzen dieses Verzichts tragen will! Die Zehn Gebote, als Erbe der jüdischen Tradition, sind unverzichtbar.
Die Stellung des Religionsunterrichtes ist durch verschiedene Aspekte gekennzeichnet. Einerseits nimmt er eine gewisse Ausnahmestellung durch das Mitspracherecht der verfaßten Kirche ein, andererseits besteht der Artikel 7 GG darauf, daß der Religionsunterricht als ordentliches Lehrfach den gleichen schulpädagogischen Grundsätzen verpflichtet ist wie die anderen Fächer auch. Daraus ergibt sich die Nötigung zu einer ständigen Standortbestimmung des Faches, um den Sinn einer religiösen Bildung für die Schülerinnen und Schüler zu erschließen.
Daher dürfen im Religionsunterricht nicht Methodenprobleme im Vordergrund stehen, sondern Inhalte.[502]
Schleswig-Holstein besaß in J.G.C. Adler einen Mann, der mit seinen *Allgemeinen Bestimmungen* einen *fortschrittlichen* Standpunkt vertrat, ohne die Religion aus den Schulen zu verdrängen (s. oben, 1.8). Es ist bemerkenswert, daß ein Land wie Schleswig-Holstein gegenüber Preußen eine liberalere Haltung einnahm. Der Bildungsbegriff muß neu definiert und den Gegebenheiten der Zeit angepaßt werden. Dabei ist auch sorgfältig zu bedenken, inwiefern die schulische Bildung auf Berufe bezogen werden kann. Der Berufsbezug der Bildung kündigt sich als Problem und Aufgabe schon in der Reformation an (s. oben, 1.5 und Schlußbemerkung).
Theodor Kaftan war durch seine Berufe als Pastor, Schulrat und Generalsuperintendent (s. oben, Anm. 209) für eine Beurteilung des Religionsunterrichtes prädestiniert. Er sah den kommenden Konflikt zwischen Religion und Nation voraus,

---

502 Hier zeigt sich eine Übereinstimmung mit Gerhard Bohne (s. oben, 3.1).

der während des Nationalsozialismus in seiner ganzen Schärfe offenbar wurde (s. oben, 2.4). Für Kaftan war die Christusherrschaft in der Schule die Hauptsache, eine Forderung, die sich auch in der späteren *Evangelischen Unterweisung* (s. oben, 2.8) findet.[503] Bei der Erreichung dieses Zieles durfte die Sprache kein Hemmnis sein. Richtig verstandener Religionsunterricht mußte von der Sprache unabhängig sein. Die Religion sollte Deutsche und Dänen verbinden, auch wenn der Religionsunterricht in deutscher oder dänischer Sprache stattfand.[504] Damit hatte für Kaftan die Kirchlichkeit internationalen und interkulturellen Charakter.
Für die Bildung des einzelnen Menschen forderte Kaftan freie Arbeit in Kirche und Schule. Dazu gehörte für ihn auch die Einrichtung von Privatschulen (s. oben, 2.2.2).
Der Religionsunterricht soll "notwendige Voraussetzungen für die Erschließung der 'Dimension des Glaubens' aus den existentiellen Bezügen des Kindes" sein.[505] Damit ist er in der Lage, den Schülerinnen und Schülern bei ihrem Weg zu mündigen Bürgern unseres Staates ein gutes Rüstzeug zu geben.
Der evangelische Religionsunterricht ist doppelt strukturiert (s. oben, 2.6). Deshalb ist er von staatlich politischen Vorgaben nicht unabhängig. "Der evangelische Religionsunterricht wird vom 1. Schuljahr an als Fachunterricht mit 2 Wochenstunden erteilt. Alle Grundsätze der Unterrichtsgestaltung, die für andere Fächer wichtig sind, gelten ebenfalls für den evangelischen Religionsunterricht."[506]
Dabei darf nicht die fachinterne Entwicklung vergessen werden (s. oben, 2.6).
W. Sturm schreibt in seinem Aufsatz über die Aufgaben, die heute Religionsunterricht aus dieser Doppelstruktur heraus erfüllen muß: "Religionsunterricht, der in der öffentlichen Schule bleiben und zugleich sein Proprium bewahren will, muß sowohl pädagogisch von den Determinanten Schüler und Gesellschaft, als auch

---

503 Kaftan, Theodor, Erlebnisse und Beobachtungen des ehemaligen Generalsuperintendenten von Schleswig D. Theodor Kaftan, Kiel 1924, S.134.

504 ebenda, S. 126ff.
Das Sprachproblem stellte sich besonders in Schleswig-Holstein, das durch seine wechselvolle politische Geschichte aus einer dänisch- und deutschsprachigen Bevölkerung bestand.

505 Lehrplan für Grundschulen und Vorklassen in Schleswig-Holstein, Kultusminster Schleswig-Holstein (Hrsg.), Kiel 1978, S. 4.

506 ebenda, S. 3.

theologisch von den Determinanten Kirche und Fachwissenschaft Theologie her begründet und verantwortet werden" (vgl. zur Fachproblematik oben).[507]
Als Forderung für die Zukunft ergibt sich daraus eine "theologisch und pädagogisch verantwortete Konzeptionspluralität."[508]
Diese Prämisse muß sich dann aber auch in den zukünftigen Lehrplänen niederschlagen und bedeutet für die Lehrenden wiederum eine fundierte Ausbildung in Theorie und Praxis.
Ein ständiger Dialog zwischen Theologie und Pädagogik erscheint unabdingbar, um die notwendigen Voraussetzungen für die Forderung nach Konzeptionspluralität zu verwirklichen. Dem Religionsunterricht bleibt nur die Chance, sich im Rahmen der Schule zu etablieren, um seinen Platz im Fächerkanon zu erhalten. Die Überarbeitung der Lehrpläne bietet Möglichkeiten, den Stellenwert des Faches durch gute Begründungen zu stärken. Gelingt dieses nicht, wird es auf die Dauer schwer sein, das Fach Religion in der Schule zu erhalten.

---

507 W. Sturm, Religionspädagogische Konzeptionen des 20. Jahrhunderts, in: G. Adam, R. Lachmann (Hrsg.), Religionspädagogisches Kompendium. Ein Leitfaden für Lehramtsstudenten, Göttingen 1990, S. 57.
Sturm spricht ein Verständnis der lutherischen Reformation an, das Ehe, Beruf und Bildung unter das Vorzeichen von Joh. 3,16 rückt. Die Liebe Gottes zu dieser Welt ermöglicht Luther, diese drei als Möglichkeit des Dienstes am Nächsten zu verstehen. So werden Ehe, Beruf und Bildung zu Bereichen, in denen Sinnerfahrung und Liebeserfahrung gemacht werden können (s. oben, Anm. 500).

508 ebenda, S. 61.

Abkürzungsverzeichnis

HWPh	Historisches Wörterbuch der Philosophie
RGG	Religion in Geschichte und Gegenwart, 1. Aufl. 1909-1913; 2. Aufl. 1927-1932; 3. Aufl. 1955, Tübingen
ThWNT	Theologisches Wörterbuch zum Neuen Testament, begr. von G. Kittel, Hrsg. G. Friedrich, 1933 ff.
TRE	Theologische Realenzyklopädie 1979, Walter de Gruyter, Berlin, New York
WUNT	Wissenschaftliche Untersuchungen zum Neuen Testament
ZTHK	Zeitschrift für Theologie und Kirche
AT	Altes Testament
EU	Evangelische Unterweisung
NT	Neues Testament
RU	Religionsunterricht

Literaturverzeichnis

Adam, Gottfried, Rainer Lachmann, (Hrsg.): Religionspädagogisches Kompendium - Ein Leitfaden für Lehramtsstudenten[3], Göttingen 1990

Ahlers, Botho: Die Unterscheidung von Theologie und Religion, Gütersloh 1980

Aland, Barbara: Christentum und römische Oberschicht. Zum Octavius des Minucius Felix, Festschrift für Heinrich Dörrie, in: Horst Dieter Blume, Friedhelm Mann (Hrsg.), Jahrbuch für Antike und Christentum - Ergänzungsband 10, Münster, Westfalen 1983

Aland, Kurt und Barbara: Der Text des Neuen Testaments[2], Stuttgart 1989

Allgemeine Bestimmungen des Herrn Ministers der geistlichen Unterrichts- und Medizinalangelegenheiten vom 15. Oktober 1872, betreffend das Volksschul-Präparanden- und Seminar-Wesen, Schleswig-Holsteinisches Landesarchiv, Abt. A, Nr. 20

Alwast, Jendris: Orthodoxie und Pietismus, in: Verein für Schleswig-Holsteinische Kirchengeschichte (Hrsg.), Schleswig-Holsteinische Kirchengeschichte Bd. 4, Neumünster 1984

Bauernfeind, Otto: Art. 'ἀρετή', in: ThWNT, Band I, Stuttgart 1953, S. 457-461

Becker, C.: Art. 'Marcus Minucius', RGG[3], Bd. IV, Tübingen 1960, Sp. 962

Becker, Jürgen: Die Testamente der zwölf Patriarchen, in: Werner Georg Kümmel (Hrsg.), Jüdische Schriften aus hellenistisch-römischer Zeit, Bd. III, Gütersloh 1974

Becker, Jürgen: Johannes der Täufer und Jesus von Nazareth, in: Helmut Gollwitzer, Ferdinand Hahn, Hans-Joachim Kraus (Hrsg.), Biblische Studien, Heft 63, Neukirchen-Vluyn 1972

Becker, Jürgen, Hans Conzelmann, Gerhard Friedrich: Die Briefe an die Galater, Epheser, Philipper, Kolosser, Tessalonicher und Philemon, in: Das Neue Testament Deutsch, Teilband 6, Göttingen und Zürich 1985

Becker, Ulrich, Friedrich Johannsen (Hrsg.): Lehrplan Kontrovers: Fachdidaktische Ansätze in der Religionspädagogik, Frankfurt a.m., Berlin, München 1979

Beckmann, Joachim (Hrsg.): Kirchliches Jahrbuch 1933 - 1944, 60.-71. Jg., Gütersloh 1976

Berg, Horst Klaus: Religionspädagogische Studienbücher, Bd. 2, Die Methodik in der Evangelischen Unterweisung, Berlin 1966

Biehl, Peter: Erfahrungsbezogener, themenzentrierter Religionsunterricht, in: Ulrich Becker, Friedrich Johannsen (Hrsg.), Lehrplan - Kontrovers, Frankfurt a.M. 1979

Biehl, Peter: Zur Anlage und Bedeutung von Rahmenrichtlinien für den Religionsunterricht, in: Ulrich Becker, Friedrich Johannsen (Hrsg.), Lehrplan-Kontrovers, Frankfurt am Main 1979

Blankertz, Herwig: Zur Geschichte der Berufsausbildung in: H.H. Groothoff (Hrsg.), Die Handlungs- und Forschungsfelder der Pädagogik, Königstein/Ts. 1979

Bloth, Peter Constantin: Religion in den Schulen Preußens, Heidelberg 1968

Bockwoldt, Gerd: Religionspädagogik, Stuttgart, Berlin, Köln, Main 1977

Bohne, Gerhard: Die Botschaft Jesu Christi in der Oberstufe der Volksschulen, in: Kultusministerium des Landes Schleswig-Holstein (Hrsg.), Wegweiser für die Lehrerfortbildung, Heft 6, Kiel 1955

Bohne, Gerhard: Evangelische Unterweisung und theologische Wissenschaft, in: Evangelische Unterweisung, Monatsblatt für Erziehung und Unterricht, 15. Jg., Dortmund 1960

Bohne, Gerhard: Ansprachen an die jungen Lehrer, in: Evangelische Unterweisung, Monatsblatt für Erziehung und Unterricht, 17. Jg., Dortmund 1962

Bohne, Gerhard: Lebendiges Wort in der Evangelischen Unterweisung, Itzehoe 1962

Bohne, Gerhard: Das Wort Gottes und der Unterricht[3], Berlin 1964

Bohne, Gerhard, Hayo Gerdes: Unterrichtswerk zum Neuen Testament, Berlin 1973

Bollnow, Otto Friedrich: Das veränderte Bild vom Menschen und sein Einfluß auf das pädagogische Denken, in: Erziehung wozu? Das Heidelberger Studio, eine Sendereihe des Süddeutschen Rundfunks, Stuttgart 1955, S. 35-47

Brandt, Otto: Geschichte Schleswig-Holsteins[7], Kiel 1976

Brunotte, Heinz: Die Evangelische Kirche in Deutschland, Geschichte, Organisation und Gestalt der EKD, in: Helmut Thielicke, Hans Thimme (Hrsg.), Evangelische Enzyklopädie, Bd. I, Gütersloh 1964

Buchner, R.: Art. 'Goten,' in: RGG[3], Bd. II, Tübingen 1958, Sp. 1697-1699

Bultmann, Rudolf: Theologie des Neuen Testaments[9], Tübingen 1984

Conzelmann, Hans: Heiden, Juden, Christen, Tübingen 1981

Cordier, Leopold: Evangelische Pädagogik, Bd. II, Schwerin 1938

Cölln, Detlef: Lehrplan für den deutschen Religionsunterricht, Kiel 1935

Das Neue Testament, nach der deutschen Übersetzung D. Martin Luthers, Priv. Württemb. Bibelanstalt, Stuttgart

Der evangelische Religionsunterricht, Heft 1, Volkserziehung und Verkündigung, Frankfurt am Main 1937

Dohrn, Peter Heinrich: Verflachung und moderne Schule, Schleswig 1869

Dolch, Josef: Lehrplan des Abendlandes, Zweieinhalb Jahrtausende seiner Geschichte, Ratingen 1959

Dörpfeld, Friedrich Wilhelm: Grundlinien einer Theorie des Lehrplans zunächst für Volks- und Mittelschulen - Nebst dem Ergänzungsaufsatz: Die unterrichtliche Verbindung der sachunterrichtlichen Fächer³, Gütersloh 1898

Dross, Reinhard: Religionsunterricht und Verkündigung, Hamburg 1964

Drygalski, Reinhart v.: Die Einwirkungen der Kirchen auf den Religionsunterricht an öffentlichen Schulen, Göttingen 1967

Ebeling, Gerhard: Art. 'Hermeneutik', in: RGG³, Bd. III, Tübingen 1959, Sp. 242-262

Ebeling, Gerhard: Leitsätze zur Zwei-Reiche-Lehre, in: ZTHK, 69 Jg., Heft 3/1972

Eisinger, Walther: Lernen was glauben heißt - die notwendige Wiedergewinnung des Katechismusunterrichts, in: Theologische Fakultät der Universität Basel (Hrsg.), Theologische Zeitschrift, 43. Jg., Basel 1987

Elberfelder Bibel: 2. Sonderauflage 1989, Wuppertal und Zürich 1985

Ellwein, Thomas u.a. (Hrsg.): Erziehungswissenschaftliches Handbuch, Bd. I, Berlin 1969

Ellwein, Thomas: Christ und Nationalsozialist, in: Der evangelische Religionsunterricht, Heft 1, Volkserziehung und Verkündigung, Frankfurt am Main 1937

Erdmann, Karl Dietrich: Roger Williams, das Abenteuer der Freiheit, Rede anläßlich der feierlichen Eröffnung des Rektoratsjahres 1966/67 am 23. Mai 1966, in: Veröffentlichungen der Schleswig-Holsteinischen Universitätsgesellschaft, Neue Folge - Nr. 46, Kiel 1967

Erichsen, Ernst, Heinrich Sellschopp: Die Allgemeine Schulordnung für die Herzogtümer Schleswig und Holstein, in: Kultusministerium des Landes Schleswig-Holstein (Hrsg.), Wegweiser für die Lehrerfortbildung, Heft 43/44, Kiel 1964

Evangelisch-Lutherisches Consistorium, Nr. I 348, Kiel, Februar 1920

Evangelische Unterweisung, Monatsblatt für Erziehung und Unterricht, 15. Jg., Dortmund 1960

Evangelische Unterweisung, Monatsblatt für Erziehung und Unterricht, 17. Jg., Dortmund 1962

Ewig, E.: Art. 'Isidor von Sevilla', in: RGG³, Bd. III, Tübingen 1959, Sp. 90

Feddersen, Ernst: Kirchengeschichte Schleswig-Holsteins, Kiel 1938

Franz, Erich: Religion und Schule, in: Kieler Ausschuß (Hrsg.), Schriften zur Frage der Trennung von Staat und Kirche, Heft 1, Kiel 1919

Frick, Heinrich: Zusammenarbeit von Kirche und Staat am evangelischen Erziehungswerk, in: Der evangelische Religionsunterricht, Heft 1, Volkserziehung und Verkündigung, Frankfurt am Main 1937

Fridh, Åke: Art. 'Cassiodor', in: TRE, Bd. VII, Berlin 1981, S. 657-662

Friedrich, Gerhard: Art. 'εὐαγγέλιον', in: ThWNT, Bd. II, Stuttgart 1935, S. 718-734

Friedrich, Gerhard: Die Verkündigung des Todes Jesu im Neuen Testament, Neukirchen-Vluyn 1982

Frör, Kurt: Das Zeichnen im kirchlichen Unterricht, München 1958

Gadamer, H-G: Art. 'Hermeneutik', HWPh, Bd. 3, Basel 1974, Sp.1061-1073

Gennep, Arnold v.: Die Übergangsriten, in: Carl August Schmitz (Hrsg.): Akademische Reihe, Religionsethnologie, Frankfurt a.M. 1964

Geppert, H.J.: Götter mit beschränkter Haftung, München 1985

Gestrich, Christoph: Neuzeitliches Denken und die Spaltung der Dialektischen Theologie, Tübingen 1977

Goltzen, Herbert, Johann Schmidt, Henning Schröer: Art. 'Hans Asmussen', in: TRE, Bd. IV, Berlin 1979, S. 259-265

Grassi, Ernesto (Hrsg): Platon 'Nomoi', Hamburg 1959

Gregor-Dellin, M.: Deutsche Schulzeit, in: D. Stoodt, Arbeitsbuch zur Geschichte des evangelischen Religionsunterrichtes in Deutschland, Münster 1984

Groothoff, Hans-Hermann, (Hrsg.): Die Handlungs- und Forschungsfelder der Pädagogik (Differentielle Pädagogik), in: Erziehungswissenschaftliches Handbuch, Bd. V, Königstein Taunus 1979

Grönhoff, Johann: Die Berufsausbildung der Lehrer und Lehrerinnen in Schleswig-Holstein, in: Kultusministerium des Landes Schleswig-Holstein, (Hrsg.), Wegweiser für Lehrerfortbildung, Bd. 37/38, Kiel 1963

Heckel, Martin: Die Vereinigung der evangelischen Kirchen in Deutschland, in: JUS Ecclesiasticum, Bd. 40, Tübingen 1990

Heidemann, Rudolf: Religionspädagogik. Pädagogik und Entscheidung, Aachen 1988

Helmreich, Ernst Christian: Religionsunterricht in Deutschland, Hamburg 1966

Henselmann, P.: Schule und evangelische Kirche in Preußen, Langensalza 1928

Hermelink, Heinrich (Hrsg.): Kirche im Kampf, Tübingen und Stuttgart 1950

Hettwer, Hubert: (Hrsg): Lehr- und Bildungspläne 1921-1974, Klinkhardts Pädagogische Quellentexte, Bad Heilbrunn/Obb. 1976

Hettwer, Hubert: Richtlinien, Lehrpläne, in: Leo Roth (Hrsg.), Handlexikon zur Erziehungswissenschaft, München 1976

Hiltbrunner, Otto, Kleines Lexikon der Antike^3, Bern 1946

Hohlwein, H.: Art. 'Theophil Wurm', in: RGG^3, Bd. VI, Tübingen 1962, Sp. 1848

Holfelder, Hans-Hermann: Art. 'Bugenhagen', in: TRE Bd. VII, S. 354-363, Berlin 1981

Hopmann, Stephan: Lehrplanarbeit als Verwaltungshandeln, Kiel 1988

Humboldt, Wilhelm v., in: Michael Böhler (Hrsg.), Schriften zur Sprache, Stuttgart 1973

Hummel, Reinhart: Gurus in Ost und West, Stuttgart 1984

Illmer, Detlef: Erziehung und Wissensvermittlung im frühen Mittelalter, Kastellaun / Hunsrück 1979

Immer, Karl (Hrsg.): Entchristlichung der Jugend, Eine Materialsammlung, Barmen 1936

Ipfling, Hans-Jürgen, Ulrike Lorenz (Hrsg.): Die Hauptschule. Materialien - Entwicklungen - Konzepte. Ein Arbeits- und Studienbuch, Bad Heilbrunn / Obb. 1991

Jaeger, Werner: Das frühe Christentum und die griechische Bildung, übersetzt von Walter Eltester, Berlin 1963

Jeremias, Joachim: Die Gleichnisse Jesu^8, Zürich 1947

Kabisch, R., H. Tögel: Wie lehren wir Religion?^{6}, Göttingen 1923

Kaftan, D. Theodor: Erlebnisse und Beobachtungen des ehemaligen Generalsuperintendenten von Schleswig, in: Schriften des Vereins für Schleswigholsteinische Kirchengeschichte, 1. Reihe, Heft 14, Kiel 1924

Kahle, Johannes: Der Einordnungsprozeß der Deutschen Evangelischen Kirche in das demokratische Funktionssystem der Nachkriegsära in den Westzonen, Kiel 1987

Kähler, Martin: Der sogenannte historische Jesus und der geschichtliche, biblische Christus, Vortrag auf der Wupperthaler Pastoralkonferenz, Leipzig 1892

Käsemann, Ernst: 1. Korintherbrief, in: Handbuch zum Neuen Testament, Bd. 8

Kaufmann, Hans Bernhard (Hrsg): Gerhard Bohne Erziehung ohne Gott, Neukirchen-Vluyn 1995

Kirchenamt im Auftrag des Rates der Evangelischen Kirche in Deutschland (Hrsg.): Evangelische Kirche und freiheitliche Demokratie, Eine Denkschrift der Evangelischen Kirche in Deutschland, Gütersloh 1985

Kirchliches Amtsblatt des Königlichen evangelisch-lutherischen Consistoriums in Kiel vom 26. März 1873

Kirchliches Gesetz- und Verordnungsblatt für den Amtsbezirk des Königlichen evangelisch-lutherischen Consortiums in Kiel vom 23. Februar 1885

Kittel, Helmuth: Freiheit zur Sache, Göttingen 1970

Kittel, Helmuth: Evangelische Religionspädagogik, Berlin 1970

Kittel, Helmuth: Vom Religionsunterricht zur Evangelischen Unterweisung, Wolfenbüttel, Hannover 1947

Kitto, H.D.F.: Die Griechen, Stuttgart 1957

Klappert, Berthold: Barmen I und die Juden, J. Moltmann (Hrsg.), Bekennende Kirche wagen, Barmen 1934-1884, München 1984

Klemenz, Dieter: Der Religionsunterricht in Hamburg von der Kirchenordnung von 1529 bis zum staatlichen Unterrichtsgesetz von 1870, Beiträge zur Geschichte Hamburgs, Bd. 5, Hamburg 1971

Klinkenberg, H.M.: Art. 'Artes liberales/artes mechanicae', HWPh Bd. 1, Basel 1971, Sp. 531-535

Klose, Olaf (Hrsg.): Zeitschrift der Gesellschaft für Schleswig-Holsteinische Geschichte, Bd. 82, Neumünster 1958

Knab, D.: Lehrer und Lehrplan, Geschichte in Wissenschaft und Unterricht 20, 1969

Knoop, Karl: Zur Geschichte der Lehrerbildung in Schleswig-Holstein: 200 Jahre Lehrerbildung vom Seminar bis zur Pädagogischen Hochschule 1781-1981, Husum 1984

Koch, H.A: Schleswig-Holsteinisches Biographisches Lexikon, Olaf Klose, Eva Rudolph (Hrsg.), Bd. 3, Neumünster 1974

Kopp, F.: Lehrstufen, in: Lexikon der Pädagogik^4, Bd. III., Freiburg, Basel, Wien 1965

Königlich evangelisch-lutherisches Consistorium in Kiel, Nr. 44 vom 13. Juli 1901

Krockow, Christian Graf von: Die Entscheidung, Stuttgart 1958

Krotz, Fritz: Die religionspädagogische Neubesinnung, Göttingen 1982

Kupisch, K.: Art. 'Falk', in: RGG^3, Bd. II, Tübingen 1958, Sp. 862-864

Kuhlemann, Frank-Michael: Modernisierung und Disziplinierung, Sozialgeschichte des preußischen Volksschulwesens 1794-1872, in: Helmut Berding, Jürgen Kocka, Hans-Ulrich Wehler (Hrsg.), Kritische Studien zur Geschichtswissenschaft, Bd. 96, Göttingen 1992

Landé, Walter: Die Grundschule in Preußen, Weidmannsche Taschenbuchausgabe, Heft 18, Berlin 1925

Landwehrmann, Fr.: Art. 'Arbeitsteilung', in: HWPh, Bd. I, Basel 1971, Sp. 489-490

Larrson, Rune: Religion zwischen Kirche und Schule, Malmö 1980

Lehrplan für die Grundschulen Schleswig-Holsteins, Schulabteilung der Regierung zu Schleswig (Hrsg.), 1946

Lehrplan für Grundschule und Vorklasse in Schleswig-Holstein, Kultusminister Schleswig-Holstein (Hrsg.), Kiel 1978

Lehrplan Hauptschule, Kultusministerium des Landes Schleswig-Holstein (Hrsg.), Kiel 1982

Lehrplan in Schleswig-Holstein, Kultusminister Schleswig-Holstein (Hrsg.), Kiel 1949

Lehrplan in Schleswig-Holstein, Kultusminister Schleswig-Holstein (Hrsg.), Kiel 1975

Licht auf unserem Weg, Religionsbuch für das 1./2. Schuljahr, Düsseldorf 1986

Lichtenstein, E.: Art. 'Bildung,' in: HWPh, Bd. I, Basel 1971, Sp. 922-938,

Lindemann, Andreas: Der Kolosserbrief, Zürcher Bibelkommentare NT 10, Zürich 1983

Lindemann, Andreas: Die Clemensbriefe, Handbuch zum Neuen Testament 17, Die Apostolischen Väter I, Tübingen 1992

Litt, Theodor: Das Bildungsideal der deutschen Klassik und die moderne Arbeitswelt, in: Schriftenreihe der Bundeszentrale für Heimatdienst, Heft 15, Bonn 1959

Luther, Martin: Der Kleine Katechismus mit Erklärung³, Hamburg 1982

Luther, Martin: An die Ratsherren aller Städte, Luth. Päd. Schriften, ausgewählt von U. Moldehn, Breslau 1913

Luther, Martin: Auswahl aus Pädagogischen Schriften, Dr. K. Raßfeld (Hrsg.), Bielefeld, Leipzig, Berlin 1909

Løgstrup, K. E.: Art. 'Verkündigung', in: RGG³, Bd. VI, Tübingen 1962, Sp.1358-1360

Marramao, G.: Art. 'Säkularisierung', in: HWPh, Bd. 8, Basel 1992, Sp. 1133-1161

Marrou, Henri-Irénée, in: Richard Harder (Hrsg.), Geschichte der Erziehung im klassischen Altertum, Freiburg 1957

Marsch, W.D.: Institution im Übergang, Göttingen 1970

Matthes, Joachim: Religion und Gesellschaft, Reinbek bei Hamburg 1967

Menze, Clemens: Die Bildungsreform Wilhelm von Humboldts, Hannover 1965

Menze, Clemens: Wilhelm von Humboldt, Bildung und Sprache³, Paderborn 1979

Meyer, Adolf: Wilhelm von Humboldt, in: Hans Scheuerl (Hrsg.), Klassiker der Pädagogik, Bd. I, München 1979

Meyer, Folkert: Schule der Untertanen, Hamburg 1976

Moltmann, Jürgen (Hrsg.): Bekennende Kirche wagen, Barmen 1934-1984, München 1984

Müller, Caspar Detlef Gustav: Art. 'Alexandrien I', in: TRE, Bd. II, Berlin 1978, S. 248-261,

Münchow, Christoph: Ethik und Eschatologie, Ein Beitrag zum Verständnis der frühjüdischen Apokalyptik, Göttingen 1981

Mynors, R.A.B.: Magnus Aurelius Cassiodor, Institutiones, Oxford 1961

Neumann, Peter: Die Jungreformatorische Bewegung, in: Arbeiten zur Geschichte des Kirchenkampfes, Bd. 25, Göttingen 1971

Nicolaisen, Carsten: Art. 'Martin Niemöller'Traugott Bautz (Hrsg.), Biographisch - Bibliographisches Kirchenlexikon, Herzberg 1993, Sp. 741-748

Niemöller, Gerhard: Die erste Bekenntnissynode der Deutschen Evangelischen Kirche zu Barmen, in: Kurt Dietrich Schmidt (Hrsg.), Arbeiten zur Geschichte des Kirchenkampfes, Bd. 5, Göttingen 1959

Nipkow, Karl Ernst: Evangelische Unterweisung oder evangelischer Religionsunterricht?, Essen 1964

Noormann, Harry: Protestantismus und politische Macht 1945-1949, Bd. I, Gütersloh 1985

Oeming, Manfred: Biblische Theologie - was folgt daraus für die Auslegung des AT?, in: Der evangelische Erzieher, Heft 3, 37. Jg., Frankfurt/M 1985

Osterloh, Edo: Schule und Kirche nach dem Zusammenbruch 1945, in: Joachim Beckmann (Hrsg.), Kirchliches Jahrbuch 1950, 77. Jg., Gütersloh 1951

Paulsen, Friedrich: Geschichte des gelehrten Unterrichts auf den deutschen Schulen und Universitäten, Leipzig 1885

Pältz, E. H.: Art. 'Kaftan', in: RGG³, Bd. III, Tübingen 1959, Sp. 1088

Petschenig, Michael (Hrsg.): Der kleine Stowasser, München 1971

Pieper, Annemarie: Art. 'Ethik', HWPh, Bd. 2, Basel 1972, Sp. 759-809

Preul, Reiner: Luther und die Praktische Theologie, in: Wilfried Härle, Dieter Lührmann (Hrsg.), Beiträge zum kirchlichen Handeln in der Gegenwart, Marburg 1989

Preul, Reiner: Lutherisch erziehen - mit dem Gesetz oder mit dem Evangelium, Kassel 1984

Rädle, Fidel: Art. 'Hrotsvith v. Gandersheim', in: TRE, Bd. XV, Berlin 1986, S. 610-611

Reble, Albert (Hrsg.): Geschichte der Pädagogik, Dokumentationsband II, Stuttgart 1971

Rendtorff, F.M.: Die schleswig-holsteinischen Schulordnungen vom 16. bis zum Anfang des 19. Jahrhunderts, in: Schriften des Vereins für Schleswig-holsteinische Kirchengeschichte, 1. Reihe, Heft 14, Kiel 1902

Rendtorff, Trutz: Der Kulturprotestantismus, Permanente Krise der Religion, in: Gesellschaft ohne Religion, München 1975

Richtlinien für die Lehrpläne der sechsjährigen Grundschulen Schleswig-Holsteins, Ministerium für Volksbildung in Kiel (Hrsg.), Kiel 1949

Richtlinien für die Lehrpläne der Oberstufe (7. bis 9. Schuljahr) der Volksschule Schleswig-Holsteins, Ministerium für Fortbildung in Kiel (Hrsg.), Kiel 1950

Richtlinien für die Lehrpläne der Grundschulen Schleswig-Holsteins, Kultusminister des Landes Schleswig-Holstein (Hrsg.), Kiel 1952

Richtlinien für die Lehrpläne des 5. bis 9. Schuljahres der Volksschulen des Landes Schleswig-Holstein, Kultusministerium des Landes Schleswig-Holstein (Hrsg.), Kiel 1954

Richtlinien für die Lehrpläne der Grundschulen des Landes Schleswig-Holstein, Kultusministerium des Landes Schleswig-Holstein (Hrsg.), Lübeck und Hamburg 1961

Richtlinien für die Lehrpläne der Hauptschulen des Landes Schleswig-Holstein, Kultusministerium des Landes Schleswig-Holstein (Hrsg.), Lübeck und Hamburg 1966

Ristow, Helmut, Karl Matthiae (Hrsg.): Der historische Jesus und der kerygmatische Christus, Berlin 1960

Ritter, Joachim (Hrsg.): HWPh, Bd. 1, Basel 1971

Ritter, Joachim (Hrsg.): HWPh, Bd. 2, Basel 1972

Ritter, Joachim (Hrsg.): HWPh, Bd. 3, Basel 1974

Ritter, Joachim, Karlfried Gründer (Hrsg.): HWPh, Bd. 4, Basel 1976

Ritter, Joachim (Hrsg.): HWPh, Bd. 8, Basel 1992

Roesner, Ernst: Abschied von der Hauptschule. Folgen einer verfehlten Schulpolitik, Frankfurt a.M. 1989

Robinsohn, Saul: Bildungsreform als Revision des Curriculums, 1967

Rolff, Hans-Günter, Klaus Klemm, Hermann Pfeiffer und Ernst Rösner (Hrsg.): Jahrbuch der Schulentwicklung 5, Daten, Beispiele und Perspektiven, Weinheim und München 1988

Roloff, Jürgen: Das Kerygma und der irdische Jesus, Göttingen 1970

Roloff, Jürgen: Das Neue Testament[2], Neukirchen Vluyn 1979

Roth, Leo (Hrsg): Handlexikon zur Erziehungswissenschaft, München 1976

Ruhbach, Gerhard: Klerusausbildung in der Alten Kirche, in: Helmut Krämer (Hrsg.), Wort und Dienst, Jahrbuch der Kirchlichen Hochschule Bethel, Neue Folge, Bd. 15

Sach, August: Joachim Rachel, ein Dichter und Schulmann des siebzehnten Jahrhunderts, Schleswig 1869

Sänger, Dieter: Die Verkündigung des Gekreuzigten und Israel, in: WUNT 75/93

Schaal, R.: Volksschule und religiöse Erziehung, in: Der evangelische Religionsunterricht, Heft 1, Volkserziehung und Verkündigung, Frankfurt am Main 1937

Schaarschmidt, Ilse: Der Bedeutungswandel der Worte *bilden* und *Bildung* in der Literatur-Epoche von Gottsched bis Herder, Elbing 1931

Schade, Hans-Heinrich: Apokalyptische Christologie bei Paulus, in: Georg Strecker (Hrsg.), Göttinger Theologische Arbeiten, Bd. 18, Göttingen 1981

Scheffler, Gerhard: Staat und Kirche, Die Stellung der Kirche im Staat nach dem Grundgesetz, Hamburg 1973

Schmidt, Jochen (Hrsg.): Aufklärung und Gegenaufklärung in der europäischen Literatur, Darmstadt 1989

Schmidt, Kurt Dietrich (Hrsg.): Dokumente des Kirchenkampfes II, in: Arbeiten zur Geschichte des Kirchenkampfes, Bd. 14, Göttingen 1965

Schmidt, Wilhelm (Hrsg.): Gesellschaftliche Herausforderung des Christentums, München 1970

Schmitz, Carl August (Hrsg.): Akademische Reihe Religionsethnologie

Schneider, K., E. von Bremen: Das Volksschulwesen im preußischen Staate, Bd. 1, Berlin 1886

Schneider, K., E. von Bremen: Das Volksschulwesen im preußischen Staate, Bd. 3, Berlin 1887

Schrage, Wolfgang, Zur Ethik der neutestamentlichen Haustafeln, New Testament Studies, Bd. 21, Cambridge 1975

Schrey, Heinz Horst (Hrsg.): Reich Gottes und Welt, Die Lehre Luthers von den zwei Reichen, Darmstadt 1969

Schriften zur Frage der Trennung von Staat und Kirche, Kieler Ausschuß (Hrsg.), Heft 1, Kiel 1919

Schubert, Hans v.: Kirchengeschichte Schleswig-Holsteins, Kiel 1907

Schwab, Martin: Luther und die Reformation, Impulse für Schulerziehung und Schulunterricht aus der und während der Ursprungssituation, in: Klaus Kürzdörfer (Hrsg.), Öffentliche Vorlesungsreihe der Pädagogischen Hochschule Kiel zum Lutherjahr 1983

Schwarz, E.: Das leitende geistliche Amt in Schleswig-Holstein unter Berücksichtigung seiner Beziehung zur landeskirchlichen Behörde 1668-1968, in: Festschrift zum Hundertjährigen Bestehen des Evangelisch-Lutherischen Landeskirchenamtes in Kiel, Flensburg 1967/68

Spölgen, Johannes: Den Glauben als organische Ganzheit lassen, Der Katechismusunterricht, Anfragen und Probleme heute, in: Kurt Krenn, Leo Scheffczyk, Anton Ziegenaus (Hrsg.), Forum Katholische Theologie, 5. Jg., Pottloch 1989

Steinen, S. v.den: Pädagogik und Theologie im Werk des Religionspädagogen Gerhard Bohne (Diss.), Münster 1975

Stenzel, Julius: Platon der Erzieher, Leipzig 1928

Stiehl, Ferdinand: Die drei Preußischen Regulative[10], Berlin 1872

Stoodt, Dieter: Arbeitsbuch zur Geschichte des evangelischen Religionsunterrichts in Deutschland, Münster 1985

Strecker, Georg: Literarkritische Überlegungen zum 'εὐαγγέλιον' Begriff im Markusevangelium, in: Georg Strecker, Eschaton und Historie, Göttingen 1979, S.76-90

Stuhlmacher, Peter: Jesus von Nazareth, Christus des Glaubens, Stuttgart 1988

Sturm, Wilhelm: Religionspädagogische Konzeptionen des 20. Jahrhunderts, in: Gottfried Adam, Rainer Lachmann (Hrsg.): Religionspädagogisches Kompendium, ein Leitfaden für Lehramtsstudenten[3], Göttingen 1990

Theismann, U.: Art. 'Fromm, Frömmigkeit', HWPh, Bd. 2, Basel 1972, Sp. 1123-1125

Theunissen, M.: Art. 'Ich-Du-Verhältnis', HWPh, Bd. 4, Basel 1976

Ulrich, Winfried (Hrsg.): Mädchen und Junge - Mann und Frau: Geschlechtsspezifik von Verhalten und Erziehung? Folia didactica, Bd. 2, Frankfurt a.M. 1991

Verein für Schleswig-Holsteinische Kirchengeschichte (Hrsg.): Kirche im Umbruch, Schleswig-Holsteinische Kirchengeschichte, Bd. 5, Neumünster 1989

Walz, H.H.: Art. 'Kirchentag', RGG[3], Bd. III, Tübingen 1959, Sp. 1528-1531

Weber, Max: Gesammelte Aufsätze zur Religionssoziolgie I.[7], Tübingen 1959

Weichbold, Viktor: Zum Verhältnis empirischer und theologischer Sätze in der Praktischen Theologie, Hamburg 1992

Weinstock, H.: Wilhelm von Humboldt, Auswahl und Einleitung, Frankfurt a.M. 1957, in: D. Stoodt, Arbeitsbuch zur Geschichte des evangelischen Religionsunterrichts in Deutschland, Münster 1984

Weniger, Erich: Didaktik der Bildungslehre, Teil 1: Theorie der Bildungsinhalte und des Lehrplans[5], Weinheim 1963

Westphalen, Klaus: 'Sonst bleiben's eitel Holzböcke' - ein pädagogisches Gespräch mit Martin Luther, in: Klaus Kürzdörfer (Hrsg.), Öffentliche Vorlesungsreihe der Pädagogischen Hochschule Kiel zum Lutherjahr 1983, Obertshausen 1983

Westphalen, Klaus: Praxisnahe Curriculumentwicklung, Donauwörth 1973

Willmann, Otto: Aristoteles, in: Rudolf Lehmann (Hrsg.): Die großen Erzieher, Bd. III, Berlin 1909

Wolf, Ernst: Art. 'Adler', in: RGG^3, Bd. I, Tübingen 1957, Sp. 96/97

Wolf, Ernst: Art. 'Barmen', in: RGG^3, Bd. III, Tübingen 1959, Sp. 873-879

Wrege, Hans-Theo: Reformation und Säkularisierung, in: Klaus Kürzdörfer (Hrsg.), Öffentliche Vorlesungsreihe der Pädagogischen Hochschule Kiel zum Lutherjahr 1983, Obertshausen 1983

Wrege, Hans-Theo: Wirkungsgeschichte des Evangeliums, Göttingen 1981

Wurm, Franz F.: Vom Hakenpflug zur Fabrik, Wirtschafts- und Sozialgeschichte Mitteleuropas bis 1850, Frankfurt am Main 1966

Beiträge zur Erziehungswissenschaft und biblischen Bildung

Herausgegeben von Hans-Theo Wrege

Band 1 Hans-Theo Wrege: Religion, Bibel, Bildung. Untersuchungen zur Fachwissenschaft und Fachdidaktik der Evangelischen Religion. 1997.

Band 2 Gudrun Philipp: Lehrplanentwicklung im Fach Evangelische Religion in Schleswig-Holstein. 1997.

Risto Ahonen

Evangelisation als Aufgabe der Kirche

Theologische Grundlegung kirchlicher Evangelisation

Frankfurt/M., Berlin, Bern, New York, Paris, Wien, 1996. 174 S.
Forschungen zur praktischen Theologie. Herausgegeben von Ulrich Nembach. Bd. 15
ISBN 3-631-30034-4   br. DM 49.–*

Evangelisation ist eines der herausforderndsten Themen der ökumenischen Diskussion. Diese Arbeit ist aus der Notwendigkeit heraus entstanden, den lutherischen Beitrag zur ökumenischen Evangelisations-Diskussion zu klären. Sie beginnt mit einer Darstellung ihres historischen Verlaufs in der ökumenischen Bewegung, der Lausanne-Bewegung und der römisch-katholischen Kirche. Ausgehend vom Heilshandeln Gottes als Schöpfer, in Jesus Christus und durch den Heiligen Geist werden darüber hinaus Einzelfragen zum Verhältnis zwischen Evangelisation und Diakonie bzw. Mission behandelt. Zielvorstellung ist eine missionarische und diakonische Gemeinde.
Aus dem Inhalt: Evangelisation in der internationalen Diskussion · Das Handeln Gottes in der Welt · Die Gemeinde als Basiseinheit der Evangelisation

Frankfurt/M · Berlin · Bern · New York · Paris · Wien
Auslieferung: Verlag Peter Lang AG
Jupiterstr. 15, CH-3000 Bern 15
Telefon (004131) 9402131
*inklusive Mehrwertsteuer
Preisänderungen vorbehalten